税理士損害賠償請求事例にみる事故原因と予防策

日本税理士会連合会 推薦

税理士 齋藤 和助 著

清文社

推薦のことば

近年、税理士に対する損害賠償請求事件は税理士業界における関心事のひとつとなっています。税理士損害賠償請求に係る保険適用件数は年々増加しており、1件当たりの賠償金額も高額となる傾向にあります。まさに、税理士の専門家としての責任が注視されるとともに、税理士業務における注意義務の在り方が問われています。

税賠事故は、必ずしも法律を犯しているとは限りません。したがいまして、法律問答や執筆者の独自な判断よりも、税理士のみなさまが事前に注意すべきことを現実の失敗例から学び、毎日の業務に活かすことが必要です。

本書は「税理士職業賠償責任保険」の対象となった案件を多数取り上げ、訴訟案件ではなく税賠事例の審査判断・審査議論が整理された損害賠償請求事故の事例集として発刊されたものです。時系列図を挿入して事故の顛末がわかりやすく解説されており、税理士のみなさまが日常業務のミスをなくすためのバイブルとして大変参考になる書籍です。

ぜひ、本書をお手元に置き、事故を未然に防ぐための道しるべとしていただくとともに、日々の税理士業務を行うに際し、関与先に万全なサービスを提供するための一助としていただければ幸いです。

平成28年10月

日本税理士会連合会

会長　**神津　信一**

はしがき

この事故事例集はProfession Journal（株式会社プロフェッションネットワーク）に毎月1回のペースで連載中の「税理士損害賠償請求頻出事例に見る原因・予防策のポイント」の掲載事例をベースに作成されている。もともとの連載の趣旨は、『実務において頻出しているミスや、起こりうる事故を事例として紹介し、どのようにして事故が起きたのか、事故のポイントはどこか、税理士の責任はどこにあるのか、そしてどのようにすれば事故は防げたのかを考え、その予防策を探っていこう』というものである。今回、この趣旨をそのままに、事例数を大幅に増やし、頻出事例を網羅することによって、類似の事例を探し出し、実務上注意すべき点を事前に抑えたり、トラブルが発生した際の、損害額や回復額の考え方、さらには、採りうる回復の手段の有無を確認できるような、いわば辞書のような使い方のできる事例集をイメージして一冊の本にまとめたものである。

具体的には次のような点が本書の特徴である。

まずは税目を「法人税」「消費税」「所得税」「相続税・贈与税」「その他の税目」に分けて合計100の頻出事例を掲載した。また、税目ごとに一覧表を作成し、「キーワード」を昇順に並べて探しやすいように工夫するとともに、その横に「タイトル」欄を設け、それを読んだだけである程度事例の内容が判るような記述を心がけている。そのほかにも「責任」「損害額」「控除できる額」「回復の手段」「未然防止策」欄を設け、事例のポイントが一覧で見られるようにした。

各事例については、「事例の概要」に加え、内容が把握しやすいように「ミスに至った経緯」を時系列にまとめた。「基礎知識」は事例を確認する際に助けとなる最低限の内容にとどめた。そして、核心部分である「ミスの原因」「責任の所在」の次に「負担すべき損害額」を設け、事例における損害額とはどの部分をいい、いくらになるのか、「損害額から控除できる額」では、損害額から控除できる損益相殺等はあるのか、「損害を回復する手段」では、採りうる回復手段には何があるのかを記載した。「未然防止策」は、事例の内容をコンパクトにまとめるため、タイトルだけにとどめ、章立てを変えてまとめて掲載した。

ここに掲載した事例のほとんどは税理士の通常業務において起こる事故であり、税理士自身が責任を感じ、二度と同じ過ちを繰り返したくないと思っているものである。これらの事例には事故を起こさないためのいくつかのポイントがある。本書においてこのポイントを抑え、同じ過ちを繰り返さない工夫をしていただきたい。また、類似の事例にあたって、それぞれの場面で辞書代わりに活用し、実務に役立てていただければ幸いである。

平成28年10月

税理士　齋藤和助

Contents

第2章 消費税編

第3章 所得税編

第4章 相続税·贈与税編

第8章 未然防止策

参考資料　意思決定通知書のひな型

巻頭資料　税賠事故事例一覧表

〈法人税〉

掲載順	税目	キーワード	タイトル	責任	損害額	控除できる額	回復の手段	未然防止策(注)
1	法人税	青色申告承認申請書	「青色申告の承認申請書」の提出失念により「中小企業者の少額減価償却資産の取得価額の損金算入の特例」等の適用が受けられなくなってしまった事例	有	無	有	減価償却	 1❶
2	法人税	青色申告承認申請書	「青色申告の承認申請書」の提出を失念したため、青色欠損金の繰越控除ができなくなってしまった事例	有	有	有	無	 1❶
3	法人税	外形標準課税	外形標準課税の資本割計算において、「特定子会社の株式又は出資に係る控除措置」を適用せずに申告してしまった事例	有	有	有	更正の請求	7 8 1❹
4	法人税	外国子会社合算税制	外国子会社合算税制において適用除外に該当しているにもかかわらず、別表の添付をしなかったため、適用除外が認められなかった事例	有	有	有	無	7 8 16
5	法人税	貸倒損失の計上もれ	再生計画の認可の決定により預託金の一部が切り捨てられていたゴルフ会員権を代表者に時価で売却し、簿価と時価の差額を売却損として計上してしまった事例	有	有	有	更正の請求	7 8 14
6	法人税	過年度売掛金を売上値引きとして処理	売掛金で回収できないと思われるものを過年度売上値引として計上したところ、税務調査で否認され、修正申告となってしまった事例	有	無	有	期ずれ	5
7	法人税	組合事業による損失がある場合の課税の特例	損金不算入とすべき組合等損失超過額を損金算入してしまった事例	有	無 (本来納付すべき本税)	有	期ずれ	3 17
8	法人税	欠損金の繰戻しによる還付請求書	「欠損金の繰戻しによる還付請求書」の提出を失念したため還付が受けられなくなってしまった事例	有	有	無	無	7 8 1❷

(注) 386頁～400頁までの未然防止策と対応しており、上段は全科目共通の防止策を、下段は税目別の防止策を示しています。

掲載順	税目	キーワード	タイトル	責任	損害額	控除できる額	回復の手段	未然防止策(注)
9	法人税	欠損金の繰戻還付（及び保証債務の履行）の適用失念	保証債務を履行するために資産を譲渡した場合の所得税の特例及び貸倒損失を計上して繰戻還付を行わなかったことにつき損害賠償請求を受けた事例	有	有	無	更正の請求	12 14
10	法人税	雇用者給与等支給額が増加した場合の法人税額の特別控除	所得拡大促進税制の適用を満たしていたにもかかわらず、これを適用せずに申告したため、「雇用者給与等支給額が増加した場合の法人税額の特別控除」の適用が受けられなくなった事例	有	有	無	無	3 4 5
11	法人税	雇用者の数が増加した場合の法人税額の特別控除	雇用促進税制の適用を満たしていたにもかかわらず、事前アドバイスを怠ったため、「雇用者の数が増加した場合の法人税額の特別控除」の適用が受けられなくなった事例	有	有	無	無	3 4 5
12	法人税	事前確定届出給与	定期同額給与を増額支給したため、事前確定届出給与の全額が否認されてしまった事例	有	有	有	無	5 14 17
13	法人税	事前確定届出給与に関する届出書	「事前確定届出給与に関する届出書」の提出を失念したため、社会保険料の減額及び受取年金を増加させることができなくなってしまった事例	有	有	有	無	7 8 1 ❷
14	法人税	収用換地等の場合の所得の特別控除	「収用等のあった日」に「収用等の特別控除」を適用しなかったため適用が受けられなくなってしまった事例	有	有	有	無	7 8 1 ❸
15	法人税	収用換地等の場合の所得の特別控除	「収用等の特別控除」の適用が受けられたにもかかわらず、その適用をせずに申告してしまった事例	有	有	有	無	7 8 12 1 ❸

掲載順	税目	キーワード	タイトル	責任	損害額	控除できる額	回復の手段	未然防止策[注]
16	法人税	所得税額控除	持株会社が関係会社から受ける配当に係る源泉所得税につき、完全支配関係であることから、赤字であれば全額還付になると説明して実行させたが、配当計算期間中3ヶ月しか株式を所有していなかったため、按分計算により2分の1しか還付を受けることができなかった事例	有	有	有	無	10 13
17	法人税	中小企業者等が機械等を取得した場合の法人税額の特別控除	「中小企業者等が機械等を取得した場合の法人税額の特別控除」の適用を失念してしまった事例	有	有	無	無	3 7 8 17
18	法人税	中小企業者等が機械等を取得した場合の法人税額の特別控除	親会社の減資により特定中小企業者に該当することとなり、「中小企業者等が機械等を取得した場合の法人税額の特別控除」の適用ができたはずとして賠償請求を受けた事例	有	有	無	無	7 8 1 ❺
19	法人税	定期同額給与	「事前確定届出給与に関する届出書」の提出失念及び遡っての定期同額給与の増額支給により役員給与が一部損金不算入となってしまった事例	有	有	有	無	7 8 1 ❷
20	法人税	特定株主等によって支配された欠損等法人の欠損金の繰越しの不適用	「特定株主等によって支配された欠損等法人の欠損金の繰越しの不適用」により、欠損金の繰越控除ができなかった事例	対象外（業務範囲外）	—	—	—	3 10 13
21	法人税	特定資産の買換えの圧縮記帳	土地の売却益を圧縮するため、特定資産の買換えの圧縮記帳を適用して申告したが、土地の面積制限により修正申告となった事例	対象外（業務範囲外）	—	—	—	3 7 8
22	法人税	特定資産の買換えの圧縮記帳	買換え取得資産である借地権の取得価額に算入すべき媒介手数料及び解体工事費を経費として処理してしまったため、圧縮限度額が下がってしまった事例	有	無	有	売却時に全額回復	7 8

掲載順	税目	キーワード	タイトル	責任	損害額	控除できる額	回復の手段	未然防止策[注]
23	法人税	役員退職給与	退職の事実がないとして税務調査により代表取締役の役員退職給与が否認された事例	無	—	—	—	5 15
24	法人税	連結納税制度	連結納税制度を選択したが、親法人が株式交換により別法人の100％子会社となったため適用が受けられなくなってしまった事例	無	—	—	—	11 14

〈消費税〉

掲載順	税目	キーワード	タイトル	責任	損害額	控除できる額	回復の手段	未然防止策[注]
1	消費税	外国公館等に対する消費税免税指定店舗申請書（提出失念）	A国大使館からの賃貸料収入を国税庁長官の指定を受けずに免税売上として申告した事例	有	有	有	無	2❶
2	消費税	課税事業者選択届出書（誤記載）	「消費税課税事業者選択届出書」を提出したが、適用開始事業年度を平成X9年3月期からと誤記載したため、還付が受けられなくなってしまった事例	有	有	有	無	8
3	消費税	課税事業者選択届出書（誤提出）	新たに事業を開始した長男につき、父親の基準期間の課税売上高が1,000万円超であったことから「消費税課税事業者届出書」を出したつもりが誤って「消費税課税事業者選択届出書」を提出したため、開業後2年間につき、課税事業者となってしまった事例	有	有	有	無	8 12 2❶❷
4	消費税	課税事業者選択届出書（誤提出）	旧ビル解体工事費を、新ビルの取得価額に含めて還付申告をしてしまったため、結果として還付を受けることができなくなってしまった事例	有	有	有	無	7 8
5	消費税	課税事業者選択届出書（提出失念）	課税資産の譲渡等に係る事業を開始した日の属する事業年度においては、その事業を開始した日の属する課税期間の末日までに「消費税課税事業者選択届出書」を提出すれば、課税事業者を選択できたにもかかわらず、これを失念したため、設備投資に係る消費税の還付が受けられなくなってしまった事例	有	有	有	無	1 2 12 14
6	消費税	課税事業者選択届出書（提出失念）	輸出売上がほとんどで、還付が恒常的である依頼者につき、「消費税課税事業者選択届出書」の提出を失念したため、還付を受けることができなくなってしまった事例	有	有	有	期間短縮	1 2 2❶❷

掲載順	税目	キーワード	タイトル	責任	損害額	控除できる額	回復の手段	未然防止策(注)
7	消費税	課税事業者選択不適用届出書（提出失念）	仕事初めの１月５日に「消費税課税事業者選択不適用届出書」を提出したため、期限後提出となり、消費税を納付することになってしまった事例	有	有	有	期間短縮	7 8
8	消費税	簡易課税制度選択届出書（誤提出）	マンション新築に係る消費税は課税売上が生じないため、仕入税額控除ができないものと思い込み、簡易課税を選択してしまった事例	有	有	有	無	1 2 2 ❸
9	消費税	簡易課税制度選択届出書（提出失念）	課税仕入の大幅な減少が予測され、簡易課税が有利であったにもかかわらず、「消費税簡易課税制度選択届出書」の提出失念により、不利な原則課税での申告となってしまった事例	有	有	有	無	1 2
10	消費税	簡易課税制度選択届出書（提出失念）	相続開始年において「消費税簡易課税制度選択届出書」の提出を失念してしまった事例	有	有	有	無	1 2 7 8
11	消費税	簡易課税制度選択届出書（提出失念）	特定目的会社の消費税選択につき「消費税課税期間特例選択届出書」及び「消費税簡易課税制度選択届出書」の提出を失念した事例	有	有	有	無	7 8 18 2 ❻
12	消費税	簡易課税制度選択不適用届出書（提出失念）	「消費税簡易課税制度選択不適用届出書」の提出失念により、不利な簡易課税での申告になってしまった事例	有	有	有	無	1 2 2 ❺
13	消費税	簡易課税制度選択不適用届出書（提出失念）	賃貸用マンションの購入に係る消費税の還付を受けようとしたが、過去に提出された「消費税簡易課税制度選択届出書」の効力により還付を受けることができなくなってしまった事例	有	有	有	無	1 2 2 ❺
14	消費税	簡易課税制度選択不適用届出書（提出失念）	合併があった場合の簡易課税制度の判定を納税義務の判定と同じであると思い込み、原則課税で行ってしまった事例	有	有	有	無	8 2 ❺

掲載順	税目	キーワード	タイトル	責任	損害額	控除できる額	回復の手段	未然防止策(注)
15	消費税	旧消費税法施行規則22条1項の経過措置（適用失念）	旧消費税法施行規則22条1項の経過措置の適用が受けられたにもかかわらずこれを失念したまま申告してしまった事例	有	有	有	無	11 16
16	消費税	個別対応方式か一括比例配分方式か	個別対応方式が有利であったにもかかわらず、不利な一括比例配分方式により税額を計算してしまった事例	有	有	有	無	1 2 2 ❷❸
17	消費税	個別対応方式か一括比例配分方式か	個別対応方式が有利であったにもかかわらず、有利選択を行わず、不利な一括比例配分方式により税額を計算していた事例	有	有	有	無	1 2 16 2 ❷❸
18	消費税	個別対応方式か一括比例配分方式か	「課税売上と非課税売上に共通して要するもの」を計上しなかったため、課税仕入等の区別がされていないとして税務調査により否認され、結果として不利な一括比例配分方式により修正申告することとなってしまった事例	有	有	有	無	1 2 16 2 ❸
19	消費税	資本金（設立時の資本金が1,000万円未満）	新設法人の期末資本金額で判定したため、課税事業者と誤認し、設立初年度の設備投資に係る消費税の還付が受けられなかった事例	有	有	有	無	12 2 ❶❺
20	消費税	特定期間における納税義務者の免除の特例	特定期間の課税売上高が1,000万円を超えていたため、課税事業者と誤認して消費税の申告及び納付をしてしまった事例	有	有	有	無	3 7 8 11 2 ❹
21	消費税	特定期間における納税義務者の免除の特例	特定期間の課税売上高が1,000万円超であったが、給与等支払額の合計額については、事前に説明をしていれば1,000万円以下に抑えることは可能であった事例	有	有	有	無	3 4 5 14 2 ❷❹
22	消費税	特定期間における納税義務者の免除の特例	設立事業年度を11ヶ月としたため、「特定期間における課税売上高による納税義務の免除の特例」により2期目から消費税の課税事業者となってしまった事例	対象外（業務範囲外）	—	—	—	4 2 ❹❼

掲載順	税目	キーワード	タイトル	責任	損害額	控除できる額	回復の手段	未然防止策[注]
23	消費税	特定期間における納税義務者の免除の特例（簡易課税制度選択届出書の提出失念）	特定期間の課税売上高が1,000万円超であり、かつ、給与等支払額の合計額が1,000万円超であったため、課税事業者となるにもかかわらず、事前に有利選択を行わなかったため、不利な原則課税となってしまった事例	有	有	有	無	1 2 3 2 ❹
24	消費税	特定期間における納税義務者の免除の特例（簡易課税制度選択届出書の提出失念）	特定期間における課税売上高が5,000万円超であったため、簡易課税は選択できないものと誤認し、「消費税簡易課税制度選択届出書」を提出しなかった事例	有	有	有	無	1 2 3 2 ❹
25	消費税	特定新規設立法人の納税義務の免除の特例	設立初年度より「特定新規設立法人の納税義務の免除の特例」により課税事業者となっていたが、これに気付かず、結果として不利な簡易課税での申告となってしまった事例	有	有	有	無	3 4 5 14 2 ❷
26	消費税	非課税売上を課税売上として計上（自賠責保険の支払を受けて行われる医療）	自由診療報酬のうち、非課税売上である自動車損害賠償保障法の規定による損害賠償額に係る売上を、課税売上と誤認して申告し続けてしまった事例	有	有	有	更正の請求	7 8 12 16 2 ❸
27	消費税	非課税仕入と非課税売上対応課税仕入の誤認	非課税売上対応課税仕入が多額にあったため、一括比例配分方式が有利であったにもかかわらず、非課税仕入との思い込みから不利な個別対応方式で申告してしまった事例	有	有	有	無	1 2 2 ❸
28	消費税	不課税仕入として処理（金地金）	金地金の取得を不課税仕入として計上したため、仕入税額控除ができなくなってしまった事例	有	有	無	更正の請求	7 8 12
29	消費税	不課税売上として処理（利用分量配当金）	利用（事業）分量配当金の支払額を利益の配当と同様に不課税として処理してしまった事例	有	有	有	更正の請求	7 8 12 16

〈所得税〉

掲載順	税目	キーワード	タイトル	責任	損害額	控除できる額	回復の手段	未然防止策(注)
1	所得税	青色申告承認申請書（提出失念）	「青色申告承認申請書」及び「青色事業専従者給与に関する届出書」の提出失念により白色での申告となってしまった事例	有	有	有	無	 3 ❶
2	所得税	青色申告承認申請書（提出失念）	相続人の「青色申告承認申請書」の提出を失念してしまった事例	有	有	有	無	14 3 ❶
3	所得税	青色事業専従者給与（誤指導）	青色事業専従者給与の誤指導によりその一部が否認された事例	有	有	有	無	7 8 12
4	所得税	外国上場株式の配当所得（不利な総合課税で申告）	外国で所有する上場株式に係る配当所得について、申告分離課税が有利であったにもかかわらず不利な総合課税で申告してしまった事例	有	有	無	無	1 2 7 8
5	所得税	確定申告作業遅延	確定申告書の作成が遅れ、融資審査が遅延し、結果として一括借上げ契約に係る家賃2ヶ月分が受領できなくなったとして損害賠償請求を受けた事例	有	無	有	期ずれ	14
6	所得税	寡婦控除（適用失念）	寡婦控除を適用せずに申告してしまった事例	有	有	無	更正の請求	3 7 8 16 3 ❷
7	所得税	居住用財産を譲渡した場合の3,000万円の特別控除（誤指導）	遺産分割につき誤った説明をしたため「居住用財産を譲渡した場合の3,000万円の特別控除」の適用が受けられなくなってしまった事例	対象外（免責事由に該当）	—	—	—	6 12
8	所得税	居住用財産の買換え等の場合の譲渡損失の損益通算の特例（適用失念）	「居住用財産の買換え等の場合の譲渡損失の損益通算の特例」の適用が受けられたにもかかわらず、適用を失念したまま申告してしまった事例	有	有	無	無	7 8 11 12
9	所得税	居住用財産の買換え等の場合の譲渡損失の損益通算の特例（誤指導）	「居住用財産の買換え等の場合の譲渡損失の損益通算及び繰越控除」は、株式の譲渡所得と損益通算ができると誤った説明を行った事例	有	無（本来納付すべき本税）	—	—	6 11

掲載順	税目	キーワード	タイトル	責任	損害額	控除できる額	回復の手段	未然防止策[注]
10	所得税	繰延資産償却（償却失念）	保証金の償却を失念したまま申告したため、所得税等につき過大納付が発生した事例	有	有	有	更正の請求	7 8 16 3 ❷
11	所得税	減価償却の誤適用（耐用年数誤り）	誤った耐用年数で減価償却費を計算してしまった事例	有	有	有	更正の請求	7 8 16 3 ❷
12	所得税	減価償却の誤適用（被相続人の未償却残高で引き継ぎ）	被相続人から相続により取得した貸店舗について、被相続人の取得価額で引き継ぐべきところ、未償却残高で引き継いでしまった事例	有	有	有	更正の請求	7 8 16 3 ❷
13	所得税	先物取引の差金等決済に係る損失の繰越控除（計算明細書及び付表の添付失念）	付表及び計算明細書の添付を失念したため、先物取引に係る損失の繰越控除の適用を受けることができなくなってしまった事例	有	有	無	無	7 8
14	所得税	社会保険診療報酬の所得計算の特例（自由診療経費を過少計上）	自由診療のみに使用されるワクチン購入費用を自由診療の経費として区分しなかったため、措置法差額が過少となり、所得税額等が過大となった事例	有	有	無	更正の請求	7 8 16 3 ❷
15	所得税	純損失の繰戻しによる還付請求（適用失念）	準確定申告において、純損失の繰戻しによる還付を失念してしまった事例	有	有	有	無	7 8
16	所得税	上場株式等に係る譲渡損失の損益通算及び繰越控除（付表の添付失念）	確定申告書に付表「上場株式等に係る譲渡損失の損益通算及び繰越控除用」を添付しないまま繰越控除の適用をしてしまった事例	有	有	無	無	6 7 8
17	所得税	上場株式等に係る譲渡損失の損益通算及び繰越控除（付表の誤記載）	「上場株式等に係る譲渡損失の損益通算及び繰越控除用」を誤記載してしまったため、損益通算ができなくなってしまった事例	有	有	無	無	7 8
18	所得税	上場株式等に係る譲渡損失の損益通算及び繰越控除（適用失念）	平成X7年分の所得税につき、平成X6年分の確定申告書を期限後申告しなかったため、平成X5年に生じた上場株式に係る譲渡損失の繰越控除の適用ができなくなってしまった事例	有	有	無	無	1 2 6 14

掲載順	税目	キーワード	タイトル	責任	損害額	控除できる額	回復の手段	未然防止策[注]
19	所得税	上場株式等の配当等（不利な総合課税で申告）	配当控除を加味して総合課税で申告したところ、配当控除の適用が受けられないものであったため、申告不要制度を選択した方が有利であったとして賠償請求を受けた事例	有	有	無	無	1 2 7 8 3 ❸
20	所得税	上場株式等の配当等（不利な源泉分離課税で申告）	上場株式等の配当等を、源泉分離課税による申告不要制度を選択して申告したところ、総合課税で申告しても純損失の繰越控除により、合計所得がゼロとなるため、総合課税が有利であった事例	有	有	無	無	1 2 7 8
21	所得税	同族会社の行為計算の否認（個人所有の賃貸建物を同族会社にサブリース）	個人所有の賃貸建物を同族会社にサブリースしたところ、同族会社が受け取る管理料相当額が「著しく高額」として同族会社の行為計算の否認により更正処分を受けた事例	有	無（本来納付すべき本税）	—	—	9 10
22	所得税	認定長期優良住宅の住宅借入金等特別控除（誤適用）	認定長期優良住宅以外の通常の住宅借入金等特別控除を適用して申告してしまった事例	有	有	無	無	7 8 14
23	所得税	認定住宅の新築等をした場合の所得税額の特別控除（誤適用）	認定住宅の新築等について、不利な「認定住宅の新築等をした場合の所得税額の特別控除」を適用してしまった事例	有	有	無	無	1 2 7 8
24	所得税	みなし配当（同族法人株式を発行法人に売却）（計算誤り）	相続税対策のため、税理士の提案により、依頼者の所有する同族法人株式を発行法人に売却したが、みなし配当の計算を誤ったため、追徴税額が発生し、「正しい税額の説明を受けていれば売却は行わなかった。」として賠償請求を受けた事例	有	無（本来納付すべき本税）	—	—	7 8 10 13
25	所得税	臨時所得の平均課税（誤指導）	臨時所得の平均課税の説明をしなかったため、ぎりぎりで平均課税の適用を受けることができなくなってしまった事例	有	有	有	無	7 8 14

〈相続税・贈与税〉

掲載順	税目	キーワード	タイトル	責任	損害額	控除できる額	回復の手段	未然防止策(注)
1	相続税	遺産が未分割であることについてやむを得ない事由がある旨の承認申請書（適用失念）	「遺産が未分割であることについてやむを得ない事由がある旨の承認申請書」の提出を失念したため、「配偶者の税額軽減」及び「小規模宅地等の特例」の適用が受けられなくなった事例	有	有	無	無	13 14 4 ❶❸❹
2	相続税	更正の請求の特則（期限誤認）	更正の請求期限を分割確定後1年であるものと誤認したため、期限を徒過し、「小規模宅地等の特例」の適用が受けられなくなってしまった事例	有	有	無	更正の請求	13 14 4 ❸❹
3	相続税	財産評価（無道路地を不整形地として評価）	無道路地として評価できた宅地を不整形地として評価してしまった事例	有	有	有	更正の請求	12 4 ❺
4	相続税	財産評価（取引相場のない株式における評価会社の誤選定）	比準要素1の会社で評価すべきところ、一般の評価会社として低い価額で評価額を算定してしまった事例	有	無（本来納付すべき本税）	—	—	7 8 10
5	相続税	障害者控除（誤指導）	障害者控除の適用ミスにより適用が受けられなくなってしまった事例	有	有	無	無	7 8
6	相続税	小規模宅地等についての相続税の課税価額の計算の特例（選定誤り）	「小規模宅地等の特例」の適用宅地の選択を誤ってしまった事例	有	有	無	無	7 8 11 14 4 ❺
7	相続税	小規模宅地等についての相続税の課税価額の計算の特例（選定誤り）	借地権計上もれにより結果として小規模宅地の選定ミスとなってしまった事例	有	有	無	無	7 8 11 14 4 ❺
8	相続税	小規模宅地等についての相続税の課税価額の計算の特例（誤指導）	申告期限前に売却してしまったため、「小規模宅地等の特例」の適用が受けられなくなってしまった事例	有	有	有	無	5 7 8 14

掲載順	税目	キーワード	タイトル	責任	損害額	控除できる額	回復の手段	未然防止策[注]
9	贈与税	相続時精算課税選択届出書（期限後提出）	「相続時精算課税選択届出書」を別途送付としたため、期限後の提出となってしまい、贈与を錯誤として取り消した事例	有	有	無	無	1 2 4 ❶
10	贈与税	相続時精算課税（住宅取得資金に係る特例）	「住宅取得資金の贈与に係る相続時精算課税の特例」を適用して申告したが、申告期限までに住宅用家屋の新築工事が完了していなかったことから、特例が受けられなくなってしまった事例	無	—	—	—	1 2 6 14
11	贈与税	相続時精算課税（不利な暦年課税を選択）	相続時精算課税を選択していれば贈与税がかからなかったところ、暦年課税を選択したため、贈与税の支払いが発生し、支払った贈与税について損害賠償請求を受けた事例	有	有	無	無	1 2 6 14
12	贈与税	贈与税の配偶者控除（誤指導）	利用状況の異なる２棟の建物の敷地の一部について分筆せずに贈与税の配偶者控除を適用しようとした事例	有	有	無	無	9 11
13	贈与税	直系尊属から住宅取得資金の贈与を受けた場合の贈与税の非課税（居住用家屋の要件）	居住用部分の床面積だけで判定したため、修正申告となり、「直系尊属から住宅取得等資金の贈与を受けた場合の贈与税の非課税」の特例の適用が受けられなくなってしまった事例	有	有	無	無	6 7 8 11
14	贈与税	直系尊属から住宅取得資金の贈与を受けた場合の贈与税の非課税（期限後申告）	期限後申告となったことから、「直系尊属から住宅取得等資金の贈与を受けた場合の贈与税の非課税」の特例の適用が受けられなくなってしまった事例	有	有	無	無	7 8
15	相続税	非上場株式等についての相続税の納税猶予（経済産業大臣の認定失念）	経済産業大臣の認定を失念したため、「相続税の納税猶予の特例」の適用を受けることができなくなってしまった事例	有	有	無	無	11 13 4 ❶❹

掲載順	税目	キーワード	タイトル	責任	損害額	控除できる額	回復の手段	未然防止策[注]
16	贈与税	負担付贈与（誤指導）	負担付贈与について、贈与者に譲渡課税が行われることを説明していなかったため、「正しい説明を受けていれば負担付贈与は行わなかった。」として、損害賠償請求を受けた事例	有	無（本来納付すべき本税）	—	—	5 13
17	贈与税	みなし贈与（誤指導）	代表者及びその配偶者が所有する同族会社債権を放棄させたため、同族会社の株主間で株価上昇分の価値の移転が発生し、みなし贈与となった事例	有	有	無	無	5 7 8 10 4 ❷

〈その他の税目〉

掲載順	科目	キーワード	タイトル	責任	損害額	控除できる額	回復の手段	未然防止策[注]
1	事業所税	課税標準の特例（生活協同組合）	事業所税の課税標準の特例を知らなかったため、長年にわたり過大納付となっていた事例	有	有	有	更正の請求	7 8 9 16
2	事業所税	従業者割（免税点以下で申告）	従業者割が免税点以下であったにもかかわらず申告し続けてしまった事例	有	有	有	更正の請求	7 8 14 16
3	事業所税	納税義務者（月極駐車場）	事業所税の課税対象とならない月極駐車場の床面積を課税対象に含めて計算したため過大納付となった事例	有	有	有	更正の請求	7 8 14 16 5 ❶❷
4	法人住民税・市民税	賃貸アパートを事業所として申告	寮等の実態のない賃貸アパートを均等割の対象として申告し続けてしまった事例	有	有	無	更正の請求	7 8 14 16
5	不動産取得税	共有不動産の分割	共有不動産を持分に応じて分割する手順を間違えたため、不動産取得税が課税されてしまった事例	有	有	無	無	11 12

凡　例

本書における法令等については、次の略称を使用しています。

通法・・・・・・・国税通則法
法法・・・・・・・法人税法
法令・・・・・・・法人税法施行令
法基通・・・・・法人税基本通達
消法・・・・・・・消費税法
消基通・・・・・消費税基本通達
所法・・・・・・・所得税法
所令・・・・・・・所得税法施行令
所基通・・・・・所得税基本通達
相法・・・・・・・相続税法
相令・・・・・・・相続税法施行令
相規・・・・・・・相続税法施行規則
相基通・・・・・相続税基本通達
評基通・・・・・財産評価基本通達
措法・・・・・・・租税特別措置法
措令・・・・・・・租税特別措置法施行令
措規・・・・・・・租税特別措置法施行規則
措通・・・・・・・租税特別措置（基本・取扱）通達
地法・・・・・・・地方税法

※本書の内容は、平成28年10月1日現在の法令等に基づいています。

序　　章

事故事例の前提

本書の事故事例は、そのプロセスが判りやすいように要約したものである。したがって、一見同じ事故にみえても、記載を省略した事故に至るまでの経緯や前提条件等によって結論が変わることがあることをご了解いただきたい。

※本書で用いる年の表記は和暦で、十の位は昇順にX、Yとした。

1 本書の位置づけ

本書は税理士が行う通常業務の中で起こる身近な事故事例をまとめたものである。掲載事例はそのほとんどが税理士自身がその責任を感じている事故であるため、訴訟に至る事例はまれである。しかし、その対応を間違えれば、長年にわたって築きあげてきた依頼者との信頼関係も一瞬にして崩れてしまいかねない。身近な事故事例を確認することによって、日常業務に潜む事故のポイントをつかみ、同じ事故を繰り返さない仕組み作りに役立てていただきたい。

2 本書における用語の意義

(1) 責任の所在

❶ 税理士法における責任

税理士法第1条には次のように定められている。

第1条（税理士の使命）

> 税理士は、税務に関する専門家として、独立した公正な立場において、申告納税制度の理念にそって、納税義務者の信頼にこたえ、租税に関する法令に規定された納税義務の適正な実現を図ることを使命とする。

第1条は、税理士に対し、納税義務の適正な実現を図るために、租税法律主義の主旨に基づいて、課税要件や租税法規の解釈について専門知識を有し、税務の専門家として納税義務者の信頼に応えるという専門家責任を求めている。

❷ 民法における責任

税理士が専門家責任を怠った場合、法律上は民事責任が生じる。契約関係がある場合の債務不履行責任（民法415条）と契約関係がない場合の不法行為責任（民法709条）である。

	債務不履行（民法415条）	不法行為（民法709条）
契　約	有	無
発生要件	善管注意義務違反	故意・過失
成立要件	①債務不履行の事実があること ②債務者の責めに帰すべき事由があること ③損害が発生していること ④①と③の間に因果関係があること	①権利侵害があること ②故意・過失があること ③損害が発生していること ④①と③の間に因果関係があること
挙証責任	債務者	依頼者・第3者
消滅時効	10年	3年（除斥期間20年）

税理士に対する民事訴訟の多くは、税理士の善管注意義務違反を問うものである。

善管注意義務とは、一般的に、善良な管理者であれば当然求められ、期待される注意義務を指すが、税務の専門家である税理士に対しては、高度な知識、経験、能力を必要とすることから、その職務の社会的使命などに鑑み、一般に求められるよりも相当高度な義務が要求されている。過去の判例を見ると、税理士に要求される義務には高度注意義務、忠実義務、指導・助言・説明・情報提供義務、業務補助者に対する指導・監督義務などがあり、これら全てが税理士に求められる責任と解される。

❸ 税理士職業賠償責任保険における責任

本書における責任は、税理士職業賠償責任保険（以下「税賠保険」という。）における責任である。これは、保険金支払いの観点からの責任であるため、②民法における責任よりも範囲が限定的である。

税賠保険における責任の範囲は以下の税理士業務に限定されている。

(1)税務代理（税理士法第2条第1項第1号）
(2)税務書類の作成（税理士法第2条第1項第2号）
(3)税務相談（税理士法第2条第1項第3号）
(4)上記(1)～(3)の業務に付随して行う財務書類の作成または会計帳簿の記

帳の代行（税理士法第２条第２項）
⑸裁判所における補佐人としての陳述（税理士法第２条第２項）

したがって、本書の事例を確認される際にはこの点に注意していただきたい。

例えば、**5**責任の所在において「税賠保険の対象外である。」（一覧表の責任欄においては「対象外」）となっているものは、上記税賠保険における責任の範囲外ということであって、必ずしも民事責任がないとういことではない。

(2) 負担すべき損害額

民事責任の成立要件として「③損害が発生していること」が挙げられている。この点も上記責任の範囲と同様、民事上の損害よりも範囲が限定的である。

税賠保険においては免責条項があり、以下の項目については、保険金支払いの対象とはならない。

⑴過少申告加算税、無申告加算税、不納付加算税、延滞税、利子税または過少申告加算金、不申告加算金もしくは延滞金に相当する損害
⑵次の①から③までに掲げる本税（累積増差額を含む。）等の全部または一部に相当する損害
①本来納付すべき本税
②本来還付を受けられなかった税額
③①②に連動して賦課または還付される本税
※「本来納付すべき本税」および「本来還付を受けられなかった税額」とは、税制選択その他の事項に関する被保険者の過失がなかったとしても被害者が納付する義務を負う本税または被害者が還付を受ける権利を有しない税額をいう。
⑶被保険者の犯罪行為もしくは不誠実行為またはその行為が法令に反することもしくは他人に損害を与えるべきことを被保険者が認識しながら行った行為に起因する賠償責任

(4)重加算税または重加算金を課されたことに起因する賠償責任
(5)税理士業務報酬の返還にかかる賠償責任
(6)遺産分割もしくは遺贈に関する助言または指導に起因する賠償責任

したがって、本書の事例を確認される際にはこの点にも注意していただきたい。

例えば、**6**負担すべき損害額において「なし」(一覧表の損害額の欄においては「無」)となっているものでも、税理士の誤指導等により免責条項に該当する「本来納付すべき本税」が発生している事例もある。

このようなケースの場合には、次のように記載している。

具体例(事例:所得税9)

5 責任の所在

税理士は…自身の責任であると主張するが…損害額はない。

6 負担すべき損害額

なし(「本来納付すべき本税」)。

7 損害額から控除できる額

—

8 損害を回復する手段

—

※事例一覧表は以下の通りである。

責任	損害額	控除できる額	回復の手段
有	無 （本来納付すべき本税）	—	—

(3) 損害額から控除できる額

民法において明文規定はないが、損益相殺は広く認められているところである。これと同様のルールが税賠保険にも存在し、本書においては「回復額」と称している。その内容は次の通りである。

> 消費税や事業税に代表されるその支払が損金（個人の場合は必要経費）または還付額が益金（個人の場合は収入金額）処理される税金については、原則として、損金算入後または益金計上後の金額を損害額として認定するとされている。
>
> 即ち、消費税等の税金は過大納付または還付不可となっても、一方で当該事業年度または翌事業年度において、消費税の損金算入または益金未計上により法人税（所得税）及び地方税（以下、法人税等という）の節税が発生することから、その節税額は損害の回復とみなし、損害額から控除することとしている。

また、税法独特のルールにより、圧縮記帳や特別償却などの減価償却の先取り等による課税の繰り延べや、課税要件が具備されていない場合の別表加算など、一時的には損害が発生するが、トータルで考えれば損害額が全部回復するようなケースもある。

上記（1）❷の民事責任においてはその成立要件として「③損害が発生していること」が挙げられているが、税賠保険においては、損害額が上記ルールにより全額回復するため、無くなるケースもある。このようなケースの場合には、次のように記載している。

具体例（事例：法人税 1）

5 責任の所在

税理士に責任がある。

しかし、…減価償却を通じて全額回復することから、損害額はない。

6 負担すべき損害額

なし。

7 損害額から控除できる額

あり。

8 損害を回復する手段

減価償却を通じて全額回復する。

※事例一覧表は以下の通りである。

責任	損害額	控除できる額	回復の手段
有	無	有	減価償却

(4) 損害を回復する手段

回復の手段としては①更正の請求、②課税期間の短縮が考えられる。そして上記①②で回復できない部分及び事例の「8損害を回復する手段」で「なし。」（事例一覧表で「無」）と記載されている事例については税賠保険の申請を検討することになる。それぞれの詳細は「第６章　回復の手段」を確認いただきたい。

第1章

法人税編

事例 1 (法人税)

「青色申告の承認申請書」の提出失念により「中小企業者の少額減価償却資産の取得価額の損金算入の特例」等の適用が受けられなくなってしまった事例

1 事例の概要

平成X5年3月期からの「青色申告の承認申請書」の提出を依頼されたが、これを失念したため、平成X5年3月期は「中小企業者の少額減価償却資産の取得価額の損金算入の特例」、平成X6年3月期は「中小企業者の少額減価償却資産の取得価額の損金算入の特例」及び「エネルギー環境負荷低減推進設備等を取得した場合の特別償却」、平成X7年3月期は「中小企業者の少額減価償却資産の取得価額の損金算入の特例」の適用が受けられなくなってしまった。これにより適用不能額につき損害が発生し、賠償請求を受けた。

2 ミスに至った経緯

H X2. 9	関与開始。
H X3. 5	平成X5年3月期からの「青色申告の承認申請書」の提出依頼を受ける。
H X4. 3	「青色申告の承認申請書」の提出期限（提出失念）。
H X5. 5	平成X5年3月期を誤って「中小企業者の少額減価償却資産の取得価額の損金算入の特例」を適用した青色申告書を提出。
H X6. 5	平成X6年3月期を誤って「中小企業者の少額減価償却資産の取得価額の損金算入の特例」及び「エネルギー環境負荷低減推進設備等を取得した場合の特別償却」を適用した青色申告書を提出。

H X6.10	所轄税務署の照会により「青色申告の承認申請書」の提出失念発覚。
H X6.12	所轄税務署と交渉するも救済不可確定。
H X6.12	関与先に報告し、賠償請求を受ける。
H X7. 3	「青色申告の承認申請書」を提出。
H X7. 3	平成 X5 年 3 月期及び X6 年 3 月期を白色で修正申告。
H X7. 6	平成 X7 年 3 月期が白色となり「中小企業者の少額減価償却資産の取得価額の損金算入の特例」の適用受けられず。

3 基礎知識

「青色申告の承認申請書」の提出（法法 122 ①②）

「青色申告の承認申請書」は、青色申告の承認を受けようとする事業年度開始の日の前日までに、設立初年度の場合には、設立の日以後 3ヵ月を経過した日と設立後最初の事業年度終了の日とのいずれか早い日の前日までに納税地の所轄税務署に提出しなければならない。

青色申告の特典

青色申告者である中小企業者が取得価額 30 万円未満の少額減価償却資産を取得した場合には、取得時に一時の償却が認められる。また、エネルギー環境負荷低減推進設備等を取得した場合は特別償却又は税額控除の適用が受けられる。

4 ミスの原因

「青色申告の承認申請書」の提出を失念したまま、青色申告法人にしか適用できない「中小企業者の少額減価償却資産の取得価額の損金算入の特例」等の適用をしてしまった。

5 責任の所在

税理士は、平成X5年3月期からの「青色申告の承認申請書」の提出依頼を受けたがこれを失念したため、結果として平成X7年3月期まで白色申告となってしまい、平成X5年3月期は「中小企業者の少額減価償却資産の取得価額の損金算入の特例」、平成X6年3月期は「中小企業者の少額減価償却資産の取得価額の損金算入の特例」及び「エネルギー環境負荷低減推進設備等を取得した場合の特別償却」、平成X7年3月期は「中小企業者の少額減価償却資産の取得価額の損金算入の特例」の適用が受けられなくなってしまった。「青色申告の承認申請書」を提出期限までに提出していれば青色申告となり、これらの特例等の適用は受けられたことから、税理士に責任がある。

しかし、本件事故により適用できなくなった特例等は、いずれも減価償却費の先取りであり、今後、減価償却費を通じて全額回復することから、損害額はない。

6 負担すべき損害額

なし。

7 損害額から控除できる額

あり。

8 損害を回復する手段

減価償却を通じて全額回復する。

9 未然防止策

・関与開始時に設立時の届出書類を確認する。

事例 2（法人税）

「青色申告の承認申請書」の提出を失念したため、青色欠損金の繰越控除ができなくなってしまった事例

1 事例の概要

平成X1年9月に法人の設立と同時に関与し、設立届出書一式の作成、提出の依頼を受けたが、「青色申告の承認申請書」の提出を失念したため、白色での申告となってしまった。さらに申告書の提出を電子で行っていたため、気付くのが遅れ、白色での申告は設立初年度である平成X2年3月期から平成X5年3月期までの4期に亘る。このため、この4期に亘り計上されてきた欠損金930万円を繰越控除することができなくなってしまい、繰越控除できなくなった欠損金に係る法人税等200万円につき損害が発生し、賠償請求を受けた。

2 ミスに至った経緯

H X1. 9	会社設立。
H X1.12	設立関係届出書を提出するも「青色申告の承認申請書」の提出失念。
H X2. 5	平成X2年3月期の法人税を白色で申告（欠損金30万円発生）。
H X3. 5	平成X3年3月期の法人税を白色で申告（欠損金850万円発生）。
H X4. 4	電子申告のメッセージボックスを確認して、白色であることに気付く。
H X4. 5	平成X4年3月期の法人税を白色で申告（欠損金20万円発生）。
H X4. 5	青色申告の承認申請書を提出（平成X6年3月期から青色申告）。
H X5. 5	平成X5年3月期の法人税を白色で申告（欠損金30万円発生）。

H X6. 5 平成X6年3月期の申告所得が400万円となり、青色欠損金の繰越控除が適用できた場合との差額80万円を支払う。

H X7. 5 平成X7年3月期の申告所得が900万円となり、青色欠損金の繰越控除が適用できた場合との差額120万円を支払う。

3 基礎知識

●「青色申告の承認申請書」の提出（法法122①②）

「青色申告の承認申請書」は青色申告の承認を受けようとする事業年度開始の日の前日までに、設立初年度の場合には、設立の日以後3ヵ月を経過した日と設立後最初の事業年度終了の日とのいずれか早い日の前日までに納税地の所轄税務署に提出しなければならない。

●青色欠損金の繰越控除（法法57①）

法人が欠損金の生じた事業年度において青色申告書を提出している場合には、法人税の計算上、最長で9年間（平成29年4月1日以降は10年間）繰越して所得金額を計算することができる。

4 ミスの原因

期限までに「青色申告の承認申請書」の提出を失念した。

5 責任の所在

税理士は設立当初から関与しており、設立関係の届出書の提出を依頼されていた。にもかかわらず、「青色申告の承認申請者」の提出を失念してしまった。さらにその後電子にて申告書を提出していたため、提出失念に気付くのが遅れてしまい、白色申告は設立初年度である平成X2年3月期から平成X5年3月期までの4期に亘り、繰越せなくなった欠損金は累計で930万円となった。その後、平成X6年3月期と平成X7年3月期は申告所得がプラスとなり、平成X7年3月期に上記930万円を超えたため、損害額が確定し、確定した損害額200万円を依頼者に支払った。
「青色申告の承認申請者」を提出期限までに提出していれば、青色申告となり、欠損金の繰越控除の適用は受けられたことから、税理士に責任がある。

6 負担すべき損害額

繰越控除できなくなった欠損金に係る法人税等200万円

7 損害額から控除できる額

過大納付事業税に係る法人税等の節税額。

8 損害を回復する手段

なし。

9 未然防止策

・関与開始時に設立時の届出書類を確認する。

事例
3
（法人税）

外形標準課税の資本割計算において、「特定子会社の株式又は出資に係る控除措置」を適用せずに申告してしまった事例

1 事例の概要

平成X9年から平成Y7年3月期の法人事業税につき、外形標準課税の資本割計算において、「特定子会社の株式又は出資に係る控除措置」（以下単に「持株会社特例」という。）を適用せずに申告してしまった。これにより過大納付税額1億円が発生し、賠償請求を受けた。なお、平成Y3年3月期は更正の申出、平成Y4年からY7年3月期は更正の請求により損害が回復しているため、損害期は平成X9年からY2年3月期までの4期である。

2 ミスに至った経緯

H X9. 5	平成X9年3月期の法人事業税外形標準課税の資本割計算につき、「持株会社特例」を適用せずに申告。以降、平成Y7年3月期まで同様。
H Y7. 6	依頼者の経理担当者より「持株会社特例」の適用について指摘され発覚。
H Y7. 6	依頼者に報告し、損害賠償請求を受ける。
H Y7. 7	依頼者より内容証明が送られる。
H Y7. 8	都税事務所及び県税事務所に平成Y3年3月期の更正の申出書、平成Y4年からY7年3月期の更正の請求書を提出。
H Y7.10	都税事務所より更正通知書が送付される。
H Y7.11	県税事務所より更正通知書が送付される。

3 基礎知識

外形標準課税の課税標準（地法72の2）

資本金1億円超の法人については平成15年度の税制改正において法人事業税につき外形標準課税が導入されている。外形標準課税は、付加価値割、資本割、所得割からなり、それぞれの課税標準は次のとおりである。

(1)付加価値割

報酬給与額、純支払利子及び純支払賃料の合計額（収益配分額）と単年度損益との合計額

(2)資本割

各事業年度終了の日における法人税法2条16号に規定する資本金等の額

(3)所得割

法人税の課税標準である所得金額

資本割における「持株会社特例」（地法72の21⑥）

資本割は、法人の資本等の金額に税率を乗じて計算されるものであるが、適用対象となる法人が特定持株会社（総資産価額に占める特定子会社の株式の帳簿価額の割合が100分の50を超える内国法人をいう。）である場合には、「持株会社特例」が設けられており、次の算式により求めた金額が控除される。

$$資本金等の額 \times \frac{当期および前期事業年度終了時の特定子会社の株式等の帳簿価額}{当期及び前期事業年度の総資産の帳簿価額}$$

この場合の特定子会社株式の帳簿価額は、総資産価額（分母）の計算上は会計上の簿価を用い、特定子会社株式の帳簿価額（分子）の計算上は法人税法上の簿価を用いる。

4 ミスの原因

会計上の帳簿価額が著しく下落していたため、「持株会社特例」を適用すれば資本割がほとんどかからなかったにもかかわらず、特定子会社株式の帳簿価額（分子）の計算には、法人税法上の簿価を用いることを知らなかった。

5 責任の所在

依頼者は平成X9年3月期から特定持株会社に該当していた。しかし、税理士は「持株会社特例」の適用にあたり、特定子会社株式の帳簿価額（分子）も評価減後の会計上の簿価を用いて計算していたため、特例の適用がないものと誤認し、「持株会社特例」の適用をせずに申告していた。しかし、実際には、総資産価額（分母）における会計上の帳簿価額が著しく下落していたため、総資産価額に占める特定子会社株式の法人税法上の簿価（税務上の価額、即ち評価減する前の帳簿価額）の割合がほとんどの期で100％を超えており、「持株会社特例」を適用すれば資本割額はゼロであった。税理士は依頼者の経理担当者から「持株会社特例」の適用について問い合わせを受け、改めて適用要件を確認し、はじめて上記ミスに気付いている。特定子会社株式の帳簿価額（分子）の計算に法人税法上の簿価を用いていれば、「持株会社特例」の適用は受けられたことから、税理士に責任がある。

6 負担すべき損害額

過大納付税額から更正の請求等が認められた6,000万円を控除した4,000万円。

7 損害額から控除できる額

負担すべき損害額である事業税が経費計上されることによる法人税等の節税額。

8 損害を回復する手段

期間内の更正の請求が可能である。

9 未然防止策

・チェックリストの活用。

・チェック体制の構築。

・情報収集を心がける。

事例
4
（法人税）

外国子会社合算税制において適用除外に該当しているにもかかわらず、別表の添付をしなかったため、適用除外が認められなかった事例

1 事例の概要

平成X3年3月期から平成X7年3月期の法人税につき、香港に所在する依頼者の100%子会社の所得につき、外国子会社合算税制における適用除外に該当しているにもかかわらず、申告書にその旨を記載した別表及びその証拠資料の添付をしなかったため、税務調査により合算課税の対象とされてしまった。これにより、法人税等につき過大納付1億円が発生し、賠償請求を受けた。

2 ミスに至った経緯

H X2. 4　関与開始。

H X3. 5　平成X3年3月期の申告書を別表等を添付しないまま香港の100%子会社の所得を外国子会社合算税制における適用除外に該当するものとして提出。以後平成X7年3月期まで同様。

H X7. 8　税務調査により、当初申告に添付していなかった適用除外基準を満たす旨を記載した別表の提出を求められる。

H X7. 9　上記別表を提出。

H X7.12　上記別表の添付もれを理由に、特定外国子会社等に係る課税対象金額について合算課税を適用した修正申告を慫慂される。

H X8. 1　平成X3年3月期からX7年3月期の5期分について修正申告書提出。

H X8. 4　依頼者より損害賠償請求を受ける。

3 基礎知識

内国法人に係る特定外国子会社等の課税対象金額等の益金算入（措法66の6～9）

外国子会社合算税制とは、軽課税国に子会社を設立し、これを利用して税負担の不当な軽減を図ることに対処するため、内国法人に係る外国関係会社（居住者、内国法人及び特殊関係非居住者によってその発行済株式数の50％を超える数の株式等を保有されている等の法人をいう。）で、本店又は主たる事務所の所在する国又は地域におけるその所得に対して課される税負担が、日本の税負担に比して著しく低い（所得に対する税率が20％未満）とされる外国関係会社の所得のうち、その外国関係会社の発行済株式等の10％以上を直接・間接に保有する内国法人のその保有する持分に対応する部分を、その内国法人の所得に合算して課税するものである。

適用除外（措法66の6③）

外国子会社等が、以下の全ての条件（適用除外基準）を満たす場合には、合算課税の対象とならない。ただし、確定申告書に適用除外基準を満たす旨を記載した別表※を添付し、かつ、適用除外基準を満たすことを明らかにする書類等を保存しなければならない。

※別表17⑶特定外国子会社等に係る課税対象金額又は個別課税対象金額に関する明細書
　別表17⑶付表1特定外国子会社等の判定に関する明細書

⑴事業基準
　主たる事業が株式の保有等、一定の事業でないこと。
⑵実体基準
　本店所在地国に主たる事業に必要な事務所等を有すること。
⑶管理支配基準
　本店所在地国において事業の管理、支配及び運営を自ら行っていること。

⑷非関連者基準及び所在地国基準
①非関連者基準（主たる事業が卸売業、銀行業、信託業、金融商品取引業、保険業、水運業、航空運送業）
非関連者との取引割合が50％超であること。
②所在地国基準（主たる事業が上記以外の業種）
主として本店所在地国で主たる事業を行っていること。

4 ミスの原因

実際に適用除外基準を満たしていれば別表の添付は必要ないものと誤認していた。

5 責任の所在

依頼者は軽課税国である香港に100％子会社を所有していた。しかし、実体のある会社であり、適用除外基準の要件を全て満たしていた。しかし、税理士は別表添付を失念したまま申告をし続け、税務調査で指摘を受け、別表の添付もれを理由に適用除外が認められず、合算課税を適用して修正申告をすることになってしまった。当初申告において、適用除外基準を満たす旨を記載した別表を添付していれば適用除外となり、合算課税を受けずに済んだことから、税理士に責任がある。

6 負担すべき損害額

合算された子会社所得に係る法人税等1億円。

7 損害額から控除できる額

過大納付事業税に係る法人税等の節税額。

8 損害を回復する手段

なし。

9 未然防止策

・チェックリストの活用。

・チェック体制の構築。

・担当者の変更。

事例 5 (法人税)

再生計画の認可の決定により預託金の一部が切り捨てられていたゴルフ会員権を代表者に時価で売却し、簿価と時価の差額を売却損として計上してしまった事例

1 事例の概要

平成Y6年3月期の法人税につき、利益圧縮のため、帳簿価額1,500万円(入会金500万円、預託金1千万円)のゴルフ会員権を時価の10万円で売却し、売却損を計上した。ところが、このゴルフ会員権は運営会社が平成X7年3月の再生計画の認可の決定により、預託金の一部が切り捨てられていた。これを税務調査で指摘され、結果として切り捨てられた預託金部分に係る売却損を否認されてしまった。これにより、否認された売却損に係る税額300万円につき損害賠償請求を受けた。

2 ミスに至った経緯

H X7. 3	ゴルフ場運営会社の再生計画認可の決定により預託金のうちの950万円(95%)の切り捨てが確定。
H X7. 5	前任税理士はこの事実を知らされなかったため、貸倒処理をせず平成X7年3月期の法人税申告書を提出。
H X9. 5	前任税理士は上記事実を確認するも更正の請求等は行わず。
H Y0. 1	税理士が前任税理士から業務を引き継ぐ。
H Y6. 5	平成Y6年3月期に利益圧縮のため税理士主導によりゴルフ会員権を代表者に時価の10万円で売却し、簿価との差額1,490万円を売却損に計上。
H Y6. 9	税務調査により平成X7年3月期の貸倒損失計上もれを指摘さ

れ、売却損のうち貸倒損失部分を否認される。

3 基礎知識

金銭債権の全部又は一部の切捨てをした場合の貸倒れ（法基通 9-6-1）

法人の有する金銭債権について次に掲げる事実が発生した場合には、その金銭債権の額のうち次に掲げる金額は、その事実の発生した日の属する事業年度において貸倒れとして損金の額に算入する。

⑴更生計画認可の決定又は再生計画認可の決定があった場合において、これらの決定により切り捨てられることとなった部分の金額

⑵特別清算に係る協定の認可の決定があった場合において、この決定により切り捨てられることとなった部分の金額

⑶法令の規定による整理手続によらない関係者の協議決定で次に掲げるものにより切り捨てられることとなった部分の金額

イ）債権者集会の協議決定で合理的な基準により債務者の負債整理を定めているもの

ロ）行政機関又は金融機関その他の第三者のあっせんによる当事者間の協議により締結された契約でその内容がイ）に準ずるもの

⑷債務者の債務超過の状態が相当期間継続し、その金銭債権の弁済を受けることができないと認められる場合において、その債務者に対し書面により明らかにされた債務免除額

更正の期間制限（通法 70 ②）

法人税に係る更正については、法定申告期限から５年を経過した日以後においては、することができない。ただし、次に掲げる更正（純損失等の金額に係るものに限る。）については、法定申告期限から９年を経過する日まで、することができる。

⑴純損失等の金額で当該課税期間において生じたもの若しくは還付金の額を増加させる更正又はこれらの金額があるものとする更正

⑵純損失等の金額で当該課税期間において生じたものを減少させる更正

※平成 27 年の税制改正により，法人税の純損失等の金額に係る更正の期間制限については，10 年に延長することとされた。（新通法 70 ②）

4 ミスの原因

ゴルフ会員権を売却する際にゴルフ場運営会社が再生計画認可の決定を受けていることを確認しなかった。

5 責任の所在

依頼者の所有するゴルフ会員権の運営会社は、平成 X7 年 3 月に再生計画認可の決定を受け、預託金の 95％が切り捨てとなった。前任税理士は、この決定を依頼者から聞かされたのが平成 X9 年であったことから、そのままとなり、上記事実が引き継がれないまま前任税理士から税理士に交代した。そして上記事実が失念されたまま減額更正の期間が過ぎ、平成 Y6 年 3 月期の法人税申告において、利益圧縮のため税理士がゴルフ会員権を代表者に時価の 10 万円で売却することを提案し、簿価との差額 1,490 万円を売却損に計上した。その後、税務調査により売却損のうち貸倒損失部分を否認されることとなる。税理士は上記事実を聞かされていなかったが、多額の売却損を計上するに当たっては、専門家として慎重に事を運ぶべきであり、ゴルフ会員権の運営会社の状況を調査すべきであったと思われることから、税理士に責任がある。

6 負担すべき損害額

税務調査で否認された売却損に係る法人税額等 300 万円。

7 損害額から控除できる額

過大納付事業税に係る法人税等の節税額。

8 損害を回復する手段

期間内の更正の請求が可能である。

9 未然防止策

・チェックリストの活用。

・チェック体制の構築。

・コミュニケーションをとる。

事例
6
（法人税）

売掛金で回収できないと思われるものを過年度売上値引として計上したところ、税務調査で否認され、修正申告となってしまった事例

1 事例の概要

平成X7年3月期の法人税につき、過年度売掛金で回収できないと思われるもの5社分900万円を損益計算書の特別損益の部に過年度売上値引として計上したところ、税務調査で否認され、修正申告となった。そして、依頼者から過年度売上値引として計上しなければ修正申告せずに済んだはずであるとして、修正申告により納付することとなった追徴税額300万円につき賠償請求を受けた。

2 ミスに至った経緯

S 51. 6	関与開始。
H X7. 5	平成X7年3月期の法人税確定申告において過年度売掛金で回収できないと思われるもの5社分900万円を損益計算書の特別損益の部に過年度売上値引として計上。
H X7.11	上記処理を税務調査で否認される。
H X7.12	法人税等の修正申告書提出。
H X8. 1	法人事業税、住民税の修正申告書提出。
H X8. 1	依頼者より損害賠償請求を受ける。

3 基礎知識

回収不能の金銭債権の貸倒れ（法基通 9-6-2）

法人の有する金銭債権につき、その債務者の資産状況、支払能力等からみてその全額が回収できないことが明らかになった場合には、その明らかになった事業年度において貸倒れとして損金経理をすることができる。この場合において、当該金銭債権について担保物があるときは、その担保物を処分した後でなければ貸倒れとして損金経理をすることはできないものとする。

4 ミスの原因

貸倒事由に該当しない金銭債権を過年度売上値引として損金処理してしまった。

5 責任の所在

税理士は依頼者から、7年から10年位前の売掛金で、もう回収できない状況であるという説明を受け、貸倒れ処理をしたいところであったが、相手先が上場会社で、貸倒れの要件を満たしていないことから、値引き処理をすることとし、5社分合計900万円を特別損益の部に過年度売上値引として計上した。しかし、その後の税務調査で、①値引の発生が7年を超えた古いものであること②値引きの旨を相手先に通知していないことにより、値引きとは認められないとして、否認され、結果として修正申告をすることとなった。

税理士は、値引き通知等を指導しなかった自身の責任であると主張するが、上記過年度売上値引は、当事者間での合意がないことから、値引きには当たらず、実質的な貸倒処理であるが、相手先は貸倒れの要件を満たしていないため、修正申告による追徴税額は「本来納付すべき本税」である。さらに、上記過年度売上値引は修正申告書において別表四で加算され、別表五で留保されており、条件を満たした段階で減算され、全額回復することから、損害額はない。

6 負担すべき損害額

なし。

7 損害額から控除できる額

あり。

8 損害を回復する手段

貸倒要件を満たした時点で全額回復する。

9 未然防止策

・文章等による証拠を残す。

事例 7 (法人税)

損金不算入とすべき組合等損失超過額を損金算入してしまった事例

1 事例の概要

依頼者は平成X2年2月に匿名組合契約（船舶コンテナのリース事業）を締結し、出資金1億円を振り込んだ。そして、平成X2年3月期から平成X6年3月期までの会計上の損益分配額をそのまま決算書に「匿名組合事業損失」（平成X6年3月期については「匿名組合事業利益」）として計上して申告書を作成、提出した。しかし、上記匿名組合契約に係る損失は、平成17年の税制改正により、出資額を超える部分についてはその計上が認められなくなっていた。これを税務調査で指摘され、結果として平成X3年3月期及び平成X4年3月期に出資額を超えて損失計上された部分について修正申告となり、修正申告による追徴税額900万円について損害賠償請求を受けた。

2 ミスに至った経緯

H X2. 2	依頼者が匿名組合契約（船舶コンテナのリース事業）を締結し、1億円出資。
H X2. 2	平成X2年2月会計期間匿名組合事業損失7,400万円発生。
H X2. 5	平成X2年3月期に上記匿名組合事業損失全額を損金計上して法人税確定申告書を提出。
H X3. 2	平成X3年2月会計期間匿名組合事業損失3,800万円発生。
H X3. 5	平成X3年3月期に上記匿名組合事業損失全額を損金計上して法人税確定申告書を提出（1,200万円過大に損金算入）。
H X4. 2	平成X4年2月会計期間匿名組合事業損失1,500万円発生。

H X4. 5	平成 X4 年 3 月期に上記匿名組合事業損失全額を損金計上して法人税確定申告書を提出（1,500 万円過大に損金算入）。
H X5. 2	平成 X5 年 2 月会計期間匿名組合事業損失 100 万円発生。
H X5. 5	平成 X5 年 3 月期に上記匿名組合事業損失全額を損金計上して法人税確定申告書を提出（100 万円過大に損金算入）。
H X6. 2	平成 X6 年 2 月会計期間匿名組合事業利益 900 万円発生。
H X6. 5	平成 X6 年 3 月期に上記匿名組合事業利益全額を益金計上して法人税確定申告書を提出（900 万円過大に益金算入）。
H X7. 1	税務調査を受け、担当官より上記過大計上額につき指摘を受ける。
H X7. 2	依頼者に調査結果を報告。損害賠償請求を受ける。
H X7. 2	平成 X3 年 3 月期及び X4 年 3 月期の修正申告書提出。

3 基礎知識

組合事業による損失がある場合の課税の特例（租法 67 条の 12）

⑴組合等損失超過額の損金不算入

法人が、特定組合員に該当する場合で、かつ、その組合契約に係る組合事業につき、その債務を弁済する責任の限度が実質的に組合財産（匿名組合契約等にあっては、組合事業に係る財産）の価額とされている場合その他の場合には、当該法人の当該事業年度の組合等損失のうち当該法人の当該組合事業に係る出資の価額を基礎として計算した調整出資金額を超える部分の金額に相当する金額（組合等損失超過額）は損金の額に算入しない（以下「本件特例」という）。

⑵組合等損失超過合計額の損金算入

法人が、各事業年度において組合等損失超過合計額を有する場合には、当該組合等損失超過合計額のうち当該事業年度の当該法人の組合事業による利益の金額に達するまでの金額は、当該事業年度の所得の金額の計算上、損金の額に算入する。

4 ミスの原因

組合等損失超過額が損金不算入となることを知らなかった。

5 責任の所在

依頼者は、平成X2年2月、匿名組合契約（船舶コンテナのリース事業）を締結し、1億円を出資した。税理士は、匿名組合契約の損失について本件特例の適用により、平成X3年3月期から平成X5年3月期の匿名組合損失のうち出資額である1億円を超える部分の金額（合計2,800万円）は損金に算入できないにもかかわらず、損失額をすべて損金算入して申告書を作成、提出していた。そして、平成X7年1月に税務調査を受け、調査担当官より本件特例の適用を知らされ、はじめてその誤りに気づいている。

本件事故は、本件特例を適用しなかった税理士の責任であるが、修正申告により納付することとなった税額は、「本来納付すべき本税」である。また、修正申告の対象となった組合等損失超過額は、今後発生する匿名事業組合利益の範囲内で損金算入が認められることから、結果として組合等損失超過額は全額損金算入が認められる。したがって、本件事故の損害額はない。

6 負担すべき損害額

なし（「本来納付すべき本税」）。

7 損害額から控除できる額

あり。

8 損害を回復する手段

匿名事業組合利益の範囲内で損金算入される。

9 未然防止策

・税制改正は必ず確認する。

・自己研鑽。

事例
8
（法人税）

「欠損金の繰戻しによる還付請求書」の提出を失念したため還付が受けられなくなってしまった事例

1 事例の概要

平成X6年3月期の法人税につき、青色欠損金の繰戻還付を依頼されたが、「欠損金の繰戻しによる還付請求書」の提出を失念したため還付が受けられなくなってしまった。その後、平成X8年3月期に繰戻還付を行わなかった青色欠損金につき繰越控除を行ったが、税率が下がったため、繰戻還付できた金額と繰越控除した金額との差額100万円につき損害が発生し、賠償請求を受けた。

2 ミスに至った経緯

H X4. 2　関与開始。

H X6. 5　平成X6年3月期の青色欠損金につき繰戻還付を依頼されたが、「欠損金の繰戻しによる還付請求書」を提出せずに申告。

H X6. 6　申告書等提出書類を整理中、上記書類の提出失念に気付く。

H X6. 6　依頼者に報告。

H X6. 6　所轄税務署と交渉するも宥恕規定なしのため、繰戻還付は認められず。

H X6. 7　繰戻還付金相当額を依頼者に無利息で貸付け、繰越控除を行った際に精算する旨の金銭消費貸借契約を締結。

H X8. 5　平成X8年3月期に繰越控除を行ったが、税率が下がったため、繰戻還付できた金額との差額につき損害が発生。損害賠償請求を受ける。

3 基礎知識

中小企業者等の欠損金の繰戻し還付（措法66の13）

中小企業者等が欠損金の生じた事業年度において青色申告書を提出している場合で一定の要件に該当する場合には、前1年以内の事業年度に納付した法人税の繰戻還付を受けることができる。この適用を受けるためには確定申告書と同時に「欠損金の繰戻しによる還付請求書」を提出しなければならない。

なお、青色欠損金の繰戻還付は、青色欠損金の繰越控除と同様の税効果が得られる（繰戻還付が受けられなかった青色欠損金が繰越期限内に繰越欠損金として消費されれば、繰戻還付と同様の税効果が得られる。）ため、税率が変わらないもしくは上昇の局面においては損害額は発生しない。

4 ミスの原因

「欠損金の繰戻しによる還付請求書」の提出を失念してしまった。

5 責任の所在

税理士は、依頼者から平成X6年3月期に青色欠損金の繰戻還付を依頼されたが、「欠損金の繰戻しによる還付請求書」の提出を失念したため、還付を受けることができなくなってしまった。そのため、繰戻還付金相当額を依頼者に無利息で貸付け、繰越控除を行った際に精算する旨の金銭消費貸借契約を締結した。その後、平成X8年3月期に繰戻還付を行わなかった青色欠損金につき繰越控除を行ったが、税率が下がったため、繰越控除を受けた金額が、繰戻還付が受けられた金額より少なくなったため、その差額を税理士が負担することとなった。繰戻還付の依頼を受けた事業年度において、「欠損金の繰戻しによる還付請求書」を提出していれば、還付は受けられたことから、税理士に責任がある。

6 負担すべき損害額

繰戻還付できた金額と繰越控除した金額との差額 100 万円。

7 損害額から控除できる額

繰戻還付は事業税額に影響しないため回復額はない。

8 損害を回復する手段

なし。

9 未然防止策

・チェックリストの活用。
・チェック体制の構築。
・依頼を受けたらすぐに提出する。

事例 9 (法人税)

保証債務を履行するために資産を譲渡した場合の所得税の特例及び貸倒損失を計上して繰戻還付を行わなかったことにつき損害賠償請求を受けた事例

1 事例の概要

甲社の業績悪化に伴い、金融機関からの借入金返済のため、連帯保証人となっていた代表者一族の所有する不動産を売却する必要が生じた。平成X4年に代表取締役であるA氏が所有する福岡の物件を1億4千万円で売却し、甲社の借入金返済に充当した。さらに、平成X6年にA氏の実母であり甲社の役員であるB氏が底地を所有し、A氏一族のグループ会社である乙社が建物を所有する東京のビルを売却し、B氏の売却代金の9千万円を甲社の借入金返済に充当し、乙社の売却代金1億7千万円を甲社に貸し付けた。税理士は平成X4年分及び平成X6年分のこれらの譲渡取引につき「保証債務を履行するために資産を譲渡した場合の所得税の特例（所法64②）」を適用せずに申告した。さらに、乙社の平成X6年7月期の法人税において、甲社に貸し付けた売却代金につき、貸倒処理をせずに申告を行った。A氏が別の税理士に相談したところ、一連の取引については納税の必要がないと言われ、その税理士が平成X4年分、平成X6年分の所得税申告についてはそれぞれ更正の請求を、乙社の法人税申告については決算期を変更して貸倒処理をし、繰戻還付を行ったところ、その全てが認められた。そこで、これら一連の取引について回復できなかった税額（具体的には乙社の繰戻還付ができなかった地方税額1,200万円）の賠償及び甲社及び乙社の顧問料500万円の返還並びに別の税理士に支払った報酬1,000万円の返還請求を受けた。

2 ミスに至った経緯

H X2. 4	顧問契約締結。関与開始。
H X4. 9	A氏が所有する不動産を1億4千万円で売却し、売却代金を甲社の借入金返済に充当。
H X5. 3	A氏の確定申告を保証債務の特例を適用せずに提出。
H X6. 3	B氏及び乙社が所有する不動産を2億6千円で売却。B氏は売却代金9千万円を甲社の借入金返済に充当。乙社は甲社に1億7千万円を貸し付ける。
H X6. 9	乙社の決算において甲社への貸付金残高1億6千万円を貸倒処理せずに申告。
H X7. 3	B氏の確定申告を保証債務の特例を適用せずに提出。
H X7. 4	別税理士が、A氏及びB氏の更正の請求並びに乙社の甲社への貸付金残高1億5千万円を貸倒処理して申告。
H X7. 5	乙社税務調査にて貸倒処理が認容される。
H X7. 6	A氏及びB氏に更正通知が届く。
H X7. 7	依頼者より損害賠償請求を受ける。

3 基礎知識

保証債務を履行するために資産を譲渡した場合の所得税の特例（所法64②）

保証債務を履行するために資産を譲渡した場合で、保証債務の履行に伴う求償権を行使することができないこととなったときは、その行使不能額については、譲渡所得の金額の計算上、譲渡がなかったものとみなされる。

金銭債権の全部又は一部の切捨てをした場合の貸倒れ（法基通9-6-1）

甲社が「債務超過の状態が相当期間継続し、その貸金等の弁済を受けることができないと認められる。」場合には貸倒損失の計上が認められる。

繰戻還付（法法 80）

法人が欠損金の生じた事業年度において、青色申告書を提出している場合で一定の要件に該当する場合には、前 1 年以内の事業年度に納付した法人税の繰戻還付を受けることができる。ただし、繰戻還付は法人地方税には適用がない。

更正の請求等の利用

保証債務を履行するために資産を譲渡した場合の所得税の特例（所得税法 64 条）の能否判断は所基通 51-11～16 によるが、確定申告時点において、求償権行使不能と判断されない場合であっても、その後、求償権が行使不能な状態に陥ったときには、更正の請求等ができる。

〈本事例における求償権行使の能否判定の考え方〉

法人がその求償権の放棄後も存続し、経営を継続している場合でも、次のすべての状況に該当すると認められるときは、その求償権は行使不能と判断される。

①その代表者の求償権は、代表者等と金融機関等他の債権者との関係からみて、他の債権者の有する債権と同列に扱うことが困難である等の事情により、放棄せざるを得ない状況にあったと認められること。

②その法人は、求償権を放棄（債務免除）することによっても、なお債務超過の状況にあること。

※債務超過であるかどうかの判定に当たっては、土地等及び上場株式等の評価は時価ベースにより行う。

4 ミスの原因

顧問税理士であるがゆえに依頼者が自力更生が不可能であるとの判断ができなかった。

5 責任の所在

これら一連の取引については、更正の請求等及び税務調査により認められていることから、何ら処理をしなかった税理士に責任があると思われる。しかし、継続的に会社をみている顧問税理士と、単発で還付申告等を請け負う税理士とでは自ずと立場が違う。顧問税理士の立場においては、関与先に既に支払能力がないとの判断はしづらく、自力更生を信じて決算を組んだであろうことは想像できる。一方、単発で業務を請け負う税理士の立場においては、前後のつながりなく、依頼通りの申告を行い、成功報酬を得られれば良いことになる。したがって、貸倒処理が認められたことには別税理士だからできた等の事情も捨てきれず、顧問税理士に全て責任があるとは言えない。

6 負担すべき損害額

繰戻還付ができなかった地方税額 1,200 万円。

7 損害額から控除できる額

なし。

8 損害を回復する手段

期間内の更正の請求等が可能である。

9 未然防止策

・思い込みに注意する。

・コミュニケーションをとる。

事例
10
（法人税）

所得拡大促進税制の適用を満たしていたにもかかわらず、これを適用せずに申告したため、「雇用者給与等支給額が増加した場合の法人税額の特別控除」の適用が受けられなくなった事例

1 事例の概要

平成Y6年3月期及び平成Y7年3月期の法人税につき、「雇用者給与等支給額が増加した場合の法人税額の特別控除」の適用が受けられたにもかかわらず、これを適用せずに申告してしまった。これにより、法人税等につき過大納付税額900万円が発生し賠償請求を受けた。

2 ミスに至った経緯

H X8. 2	関与開始
H Y6. 3	平成Y6年3月期が「雇用者給与等支給額が増加した場合の法人税額の特別控除」の適用要件を満たして終了。
H Y6. 5	平成Y6年3月期の法人税を「雇用者給与等支給額が増加した場合の法人税額の特別控除」の適用をせずに申告。
H Y7. 3	平成Y7年3月期が「雇用者給与等支給額が増加した場合の法人税額の特別控除」の適用要件を満たして終了。
H Y7. 5	平成Y7年3月期の法人税を「雇用者給与等支給額が増加した場合の法人税額の特別控除」の適用をせずに申告。
H Y7. 9	税理士が他の関与先で同様の事実があり、確認したところ、上記適用失念に気付く。
H Y7.10	依頼者に報告し、損害賠償請求を受ける。

3 基礎知識

● 雇用者給与等支給額が増加した場合の法人税額の特別控除（措法42の12の4①）

青色申告法人が、平成25年4月1日から平成30年3月31日までの間に開始する各事業年度において、国内雇用者に対して給与等を支給する場合において、その法人の雇用者等給与支給増加額の基準雇用者給与等支給額に対する割合が増加促進割合以上などであるときは、雇用者給与等支給増加額の10％相当額の税額控除が受けられる。ただし、法人税額の10％（中小企業者等については20％）相当額が限度となる。

● 増加促進割合（措法42の12の4②5）

増加促進割合とは、次に掲げる適用年度の区分に応じ、それぞれ次に定める割合をいう。

適　用　年　度	中小企業者等	その他
平成27年4月1日前開始	2%	2%
平成27年4月1日から平成28年3月31日まで開始	3%	3%
平成28年4月1日から平成29年3月31日まで開始	3%	4%
平成29年4月1日から平成30年3月31日まで開始	3%	5%

4 ミスの原因

事前に所得拡大促進税制の説明をせず、給与データ等の依頼もしなかった。

5 責任の所在

依頼者の平成Y6年3月期及び平成Y7年3月期は、「雇用者給与等支給額が増加した場合の法人税額の特別控除」の適用要件を満たしていた。しかし、税理士はこの特別控除の適用を失念したまま申告し、申告後に自らそのミスに気づいている。決算作業において、特別控除の適用要件を確認し、適用の有無について検討を行っていれば適用は受けられたことから、税理士に責任がある。

6 負担すべき損害額

法人税等の過大納付税額 900 万円。

7 損害額から控除できる額

特別控除は事業税額に影響しないため回復額はない。

8 損害を回復する手段

なし。

9 未然防止策

· 税制改正は必ず確認する。
· 主な税制改正事項については事前に説明を行う。
· 文章等による証拠を残す。

事例
11
（法人税）

雇用促進税制の適用を満たしていたにもかかわらず、事前アドバイスを怠ったため、「雇用者の数が増加した場合の法人税額の特別控除」の適用が受けられなくなった事例

1 事例の概要

平成X8年3月期の法人税につき、依頼者が、雇用促進税制の適用を満たしていたにもかかわらず、税理士が事前アドバイスを怠ったため、期限までにハローワークに雇用促進計画書を提出していなかった。このため、「雇用者の数が増加した場合の法人税額の特別控除」の適用が受けられなくなってしまい、過大納付となった法人税額等400万円につき賠償請求を受けた。

2 ミスに至った経緯

H X2. 4 関与開始。

H X7. 3 平成X7年3月期に都内に新規店舗3店を開店。来期も新規店舗の出店計画を聞いていたが、雇用促進税制の説明は行わず。

H X7. 5 ハローワークへの雇用促進計画書の提出期限（提出せず）。

H X8. 3 平成X8年3月期に都内に新規店舗3店を開店。

H X8. 5 雇用促進税制の適用を満たしていたが、上記計画書を提出していなかったため、「雇用者の数が増加した場合の法人税額の特別控除」を適用できずに申告。

H X8. 6 依頼者より内容証明郵便にて損害賠償請求を受ける。

3 基礎知識

雇用者の数が増加した場合の法人税額の特別控除（措法42の12の2①）

青色申告法人が、平成23年4月1日から平成28年3月31日までの間に開始する各事業年度において、当期末の雇用者の数が前期末の雇用者の数に比して5人以上（中小企業者は2人以上）及び10%以上増加させるなど、一定の要件を満たした場合には、雇用者数の増加1人当たり40万円（平成25年3月31日までに開始した事業年度においては20万円）の税額控除が受けられる（法人税額の10%（中小企業者等については20%）相当額が限度）。ただし、適用年度とその前事業年度に事業主都合による離職者がいないことが条件となる。

雇用促進計画書（措規20の7）

上記特別控除の適用を受ける場合には、法人の所在地を管轄する都道府県労働局又は公共職業安定所（ハローワーク）の確認が必要となる。そのためには、適用年度開始後2ヶ月以内にハローワークに雇用促進計画を提出しなければならない。

4 ミスの原因

事業主都合による離職者はいるだろうとの勝手な思い込みから、事前に雇用促進税制の説明をせず、ハローワークへの雇用促進計画書の提出も指導しなかった。

5 責任の所在

依頼者は飲食店をチェーン展開しており、近年、新規店舗を次々に出店していた。税理士は雇用者数の増加は満たすものの、事業主都合による離職者はいるだろうとの勝手な思い込みから、雇用促進税制の説明をせず、ハローワークへの雇用促進計画書の提出も指導しなかった。しかし、平成X8年3

月期においては、適用要件を満たしており、「雇用者の数が増加した場合の法人税額の特別控除」を受けることができた。税理士は、依頼者から内容証明郵便を受け取り、はじめてその事実に気づいている。事前に雇用促進税制の説明を行い、期限までに雇用促進計画書を提出していれば税額控除の適用は受けられたことから、税理士に責任がある。

6 負担すべき損害額

法人税額等の過大納付税額 400 万円。

7 損害額から控除できる額

特別控除は事業税額に影響しないため回復額はない。

8 損害を回復する手段

なし。

9 未然防止策

・税制改正は必ず確認する。

・主な税制改正事項については事前に説明を行う。

・文章等による証拠を残す。

事例 12（法人税）

定期同額給与を増額支給したため、事前確定届出給与の全額が否認されてしまった事例

1 事例の概要

平成X5年からX7年3月期の法人税につき、「事前確定届出給与に関する届出書」を提出して役員に賞与を支給したが、税理士の誤指導により、定期同額給与を増額支給したため、事前確定届出給与の全額が否認されてしまった。これにより、修正申告となった税額300万円につき損害が発生し、賠償請求を受けた。

2 ミスに至った経緯

H X3.10	事前確定届出給与の制度を利用したい旨の依頼を受ける。
H X4. 6	平成X5年3月期に係る「事前確定届出給与に関する届出書」を1,200万円で提出。
H X5. 3	事前確定届出給与を事前の届出どおりに支給せず、合計1,400万円を支給。増額部分は自己否認。事前届出どおりに支給した役員についても定期同額給与を増額して支給し、増額部分を自己否認。
H X5. 6	平成X6年3月期に係る「事前確定届出給与に関する届出書」を1,500万円で提出。
H X6. 3	事前確定届出給与を事前の届出どおりに支給せず、合計1,900万円支給。増額部分は自己否認。
H X6. 6	平成X7年3月期に係る「事前確定届出給与に関する届出書」を1,700万円で提出。

H X7. 3　事前確定届出給与を事前の届出どおりに支給せず、合計1,800万円支給。事前届出どおりに支給した役員についても定期同額給与を増額して支給し、増額部分を自己否認。

H X7.11　税務調査により平成X5年からX7年3月期の事前確定届出給与を全額否認される。

H X7.12　依頼者に報告。損害賠償請求を受ける。

3 基礎知識

事前確定届出給与（法法34①二）

事前確定届出給与とは、その役員の職務につき所定の時期に確定額を支給する旨の定めに基づいて支給するもので、損金算入するためには毎期事前に「事前確定届出給与に関する届出書」を所轄税務署長に届出なければならず、すべての支給が事前の定めのとおりにされなければならない。なお、事前確定届出給与を損金算入するためには定期同額給与も定められた期間において定時定額でなければならない。

4 ミスの原因

事前確定届出給与が損金算入できる要件を正しく理解していなかった。

5 責任の所在

税理士は事前確定届出給与の制度を使いたい旨の依頼を受けた際、「賞与（事前確定届出給与）については届出どおりに支給してほしい。支給額を増額したいのであれば月々の報酬（定期同額給与）の方で行い、増額部分を自己否認（別表4で加算）すれば損金になる。」と説明していた。これに対し依頼者は、税理士から、「賞与（事前確定届出給与）については支払金額が変動したとしても、それを超えた分の支払いについて、その差額分だけ否認して経理処理をすれば問題無い。」との説明を受けたと主張し、一部事前確定届出給与を届出どおりに支給していなかった。これを税務調査により指摘され、さらに、届出どおりに支給していた役員についても、役員給与とみなされた否認額があったため、結果として事前確定届出給与の全額を否認された。依頼者は適切な指導があれば否認は受けなかったと主張するが、少なくとも調査により、役員給与とみなされた金額が生じたために事前確定届出給与が否認された部分については、税理士の責任ではない。また、税理士から説明を受けたとする事前確定届出給与を超えて支払った部分について、自己否認さえしていない部分についても同様である。したがって、税理士に責任があると言えるのは、調査により役員給与とみなされた否認額がなく、かつ、依頼者の主張する、税理士の誤指導により「事前確定届出給与につき、届出額を超えて支給した金額につき自己否認している」にもかかわらず調査で否認された金額だけである。

6 負担すべき損害額

損金不算入となった役員給与に係る法人税等300万円。

7 損害額から控除できる額

過大納付事業税による法人税等の節税額。

8 損害を回復する手段

なし。

9 未然防止策

・文章等による証拠を残す。
・コミュニケーションをとる。
・自己研鑽。

事例
13
（法人税）

「事前確定届出給与に関する届出書」の提出を失念したため、社会保険料の減額及び受取年金を増加させることができなくなってしまった事例

1 事例の概要

平成X7年3月期の法人税及び、代表者の平成X6年からX7年分の所得税につき、代表者の役員給与の合計額はそのままとし、給与を少額にして賞与（事前確定届出給与）を多額にすることによって社会保険料の軽減及び受取年金を増加させる方法を提案して実行したが、「事前確定届出給与に関する届出書」の提出を失念したため、社会保険料の減額及び受取年金を増加させることができなくなってしまった。これにより、軽減できなかった社会保険料と増加できなかった年金受取額500万円につき損害が発生し、賠償請求を受けた。

2 ミスに至った経緯

H X5. 4	関与開始。
H X6. 5	社員総会で事前確定給与の支給を決議。
H X6. 7	「事前確定届出給与に関する届出書」提出期限（提出失念）。
H X6. 7	税理士自ら「事前確定届出給与に関する届出書」提出失念に気付く。
H X6. 8	所轄税務署と交渉、宥恕規程なく救済不可確定。
H X6. 9	依頼者に報告し、損害賠償請求を受ける。

3 基礎知識

事前確定届出給与（法法34①二）

事前確定届出給与とは、その役員の職務につき所定の時期に確定額を支給する旨の定めに基づいて支給するもので、損金算入するためには毎期事前に「事前確定届出給与に関する届出書」を所轄税務署長に届出なければならず、すべての支給が事前の定めのとおりにされなければならない。なお、事前確定届出給与を損金算入するためには定期同額給与も定められた期間において定時定額でなければならない。

4 ミスの原因

「事前確定届出給与に関する届出書」の提出を失念してしまった。

5 責任の所在

依頼者の代表者は月額350万円、年間4,200万円の役員給与を得ていた。税理士はこれを年間合計額はそのままに、月額を18万円、不足分3,984万円を賞与（事前確定届出給与）とすることで、社会保険料の負担の軽減と、個人年金の増額ができることを説明し、依頼者の代表者からこのスキームの実行を依頼された。賞与（事前確定届出給与）を損金算入するためには、提出期限までに「事前確定届出給与に関する届出書」を提出しなければならない。しかし税理士はこの届出書の提出を失念したため、上記スキームの実行が不可能になってしまった。税理士は、提出期限後に自らこの事実に気付いている。提出期限までに届出書を提出していれば、上記スキームは実行できたことから、税理士に責任がある。

6 負担すべき損害額

減額できなかった社会保険料と増加できなかった年金受取額500万円。

7　損害額から控除できる額

法人負担分社会保険料対応法人税、個人負担分社会保険料対応所得税及び個人受取年金増加分対応所得税。

8　損害を回復する手段

なし。

9　未然防止策

・チェックリストの活用。
・チェック体制の構築。
・依頼を受けたらすぐに提出する。

事例 14（法人税）

「収用等のあった日」に「収用等の特別控除」を適用しなかったため適用が受けられなくなってしまった事例

1 事例の概要

平成X7年3月期の法人税につき、平成X7年3月に収用等により東京都に建築物等を譲渡したため、「収用換地等の場合の所得の特別控除」（以下「収用等の特別控除」という。）の適用が受けられたにもかかわらず、対価補償金の受領及び収用証明書の収受等が申告期限後であったため、その適用をせずに申告をしてしまった。これにより法人税額等につき過大納付1,000万円が発生し、賠償請求を受けた。

2 ミスに至った経緯

H X6.10	東京都より買取り等の申し出。
H X6.11	東京都より建築物等移転通知書を受取る。
H X7. 1	東京都に建物等移転補償契約書を提出。
H X7. 3	建物の滅失登記完了。
H X7. 4	東京都より補償金が一括で振り込まれる。
H X7. 5	平成X7年3月期の法人税を補償金の収益未計上及び「収用等の特別控除」を適用せずに申告。（適用失念）
H X7. 6	東京都より公共事業用資産の買取り等の申出証明書、公共事業用資産の買取り等の証明書、収用証明書、建物等移転補償契約書を収受。
H X8. 5	平成X8年3月期の決算作業中に「収用等の特別控除」の適用失念に気付く。

H X8. 5	平成 X7 年 3 月期の法人税を補償金の収益計上及び、「収用等の特別控除」を適用して修正申告書を提出。所轄税務署長宛に宥恕規定適用の嘆願書を添付する。
H X8. 6	所轄税務署長より「宥恕規定の適用なし」との回答。
H X8. 7	平成 X7 年 3 月期の法人税を「収用等の特別控除」を適用せずに補償金のみ収益計上して修正申告書を再提出。
H X8. 7	依頼者に報告し、損害賠償請求を受ける。

3 基礎知識

収用換地等の場合の所得の特別控除（措法 65 の 2）

法人の有する資産につき、収用換地等によって補償金等を取得した場合で、買取り等の申し出があった日から 6ヵ月以内に譲渡が行われる等、一定の条件を満たすときは、5 千万円と譲渡益の額とのいずれか少ない金額を損金算入することができる。なお、損金算入時期は「収用等のあった日」の属する事業年度とされる。

「収用等のあった日」（法基通 2-1-14）

「収用等のあった日」とは、固定資産の譲渡の場合と同様、資産の引渡しの日であるが、法人が当該固定資産の譲渡に関する契約の効力発生の日の属する事業年度としているときはこれが認められる。

4 ミスの原因

「収用等のあった日」の属する事業年度で「収用等の特別控除」を適用しなかった。

5 責任の所在

依頼者は東京都の土地区画整理事業に伴い建物等を収用され、平成 X7 年

3月期中に買取り契約及び建物の滅失登記を行っていた。しかし、税理士は対価補償金の受領が翌事業年度の平成X7年4月に、収用証明書の受取が同年6月に行われたことから、平成X7年3月期に対価補償金等の収益を認識せず、「収用等の特別控除」の適用をしていなかった。その後、平成X8年3月期の決算作業中に、「収用等の特別控除」の適用を受けるには「収用等のあった日」の属する事業年度において行わなければならない事実を知り、「収用等の特別控除」を適用して平成X7年3月期の修正申告書を提出したが、宥恕規定には該当しないとして認められなかった。東京都に収用換地等による資産を譲渡した時点で、事実関係を確認していれば特別控除の適用は受けられたことから、税理士に責任がある。

6 負担すべき損害額

収用等の特別控除を適用しなかったことによる法人税額等の過大納付税額1,000万円。

7 損害額から控除できる額

過大納付事業税に係る法人税等の節税額。

8 損害を回復する手段

なし。

9 未然防止策

・チェックリストの活用。
・チェック体制の構築。
・事前に当事者である公共事業者等に確認する。

事例
15
(法人税)

「収用等の特別控除」の適用が受けられたにもかかわらず、その適用をせずに申告してしまった事例

1 事例の概要

東京都より立ち退きによる移転補償金2,000万円を収受したが、移転補償金は「収用換地等の場合の所得の特別控除」(以下「収用等の特別控除」という。)の適用が受けられないと判断し、その適用をせずに申告をした。しかし、その内容は特別控除の適用がある借家人補償金であった。これにより法人税額等につき過大納付1,000万円が発生し、賠償請求を受けた。

2 ミスに至った経緯

H X5.10	東京都より立退きによる1回目の移転補償金を収受。
H X6. 2	東京都より立退きによる2回目の移転補償金を収受。
H X6. 5	平成X6年3月期の法人税を「収用等の特別控除」を適用せずに申告。
H X7. 8	関連会社が東京都より立退きによる移転補償金を収受。
H X7.11	関連会社の申告において「収用等の特別控除」の適用が受けられたことから、平成X6年3月期の申告につき確認を求められ、ミスが発覚。
H X7.11	依頼者に報告し、損害賠償請求を受ける。

3 基礎知識

収用換地等の場合の所得の特別控除（措法65の2）

法人の有する資産につき土地収用法等の規定により資産を譲渡した場合において、その事業年度のうち同一の年中に収用換地等により譲渡した資産のいずれについても圧縮記帳又は特別勘定の適用を受けていないときは、譲渡益の額と収用換地等により取得した補償金の額のうち5,000万円に達するまでの額とのいずれか低い金額を、当該譲渡の日を含む事業年度の所得の金額の計算上、損金の額に算入することができる。

補償金等の種類と課税上の取扱い（措通64(2)－1～2）

収用換地等の場合の課税の特例の適用が受けられる補償金等は、名義のいかんを問わず、原則として資産の収用換地等の対価たる金額に限られる。

補償金の種類	収用等の場合の課税の特例の適用	
	原則	例外（特例の適用あり）
対価補償金	あり	－
収益補償金	なし	・建物の対価補償金として計算した部分
経費補償金	なし	・他に転用できない機械装置等売却損補償金
移転補償金	なし	・ひき家又は移築補償金 ・移設困難な機械装置の移設補償金 ・借家人補償金
その他補償金	なし	－

対価補償金等の判定（措通64(2)－3）

法人が交付を受けた補償金等のうちにその交付の目的が明らかでないものがある場合には、当該法人が交付を受ける他の補償金等の内容及びその算定の内訳、同一事業につき起業者が他の収用等をされた者に対してした補償の内容等を勘案して、それぞれ対価補償金、収益補償金、経費補償金、移転補償金又はその他補償金たる実質を有しない補償金のいずれに属するかを判定する。

4 ミスの原因

移転補償金には収用等の特別控除の適用がないとの思い込みから、その内容を確認せずに特別控除を適用しなかった。

5 責任の所在

依頼者は東京都の再開発事業に伴い入居していたビルからの立ち退きを余儀なくされ、立退きによる移転補償金2,000万円を収受した。移転補償金は原則として「収用等の特別控除」の適用はないが、例外として建物の収用等に伴い借家人が転居先の建物の賃借に要する権利金に充てるものとして交付される借家人補償金には適用がある。しかし、税理士は補償金を雑収入に計上しただけで、特別控除の適用をしなかった。その後、依頼者の関連会社が同様の移転補償金を収受した際、「収用等の特別控除」の適用が受けられたことから、依頼者から平成X6年3月期に収受した移転補償金についても「収用等の特別控除」の適用が受けられたのではないかとの指摘を受け、はじめて特別控除の適用が受けられたことに気づいている。補償金を収受した時点で、その内容を確認していれば特別控除の適用は受けられたことから、税理士に責任がある。

6 負担すべき損害額

収用等の特別控除を適用しなかったことによる法人税額等の過大納付税額1,000万円。

7 損害額から控除できる額

過大納付事業税に係る法人税等の節税額。

8 損害を回復する手段

なし。

9 未然防止策

・チェックリストの活用。

・チェック体制の構築。

・思い込みに注意する。

・事前に当事者である公共事業者等に確認する。

事例

16

（法人税）

持株会社が関係会社から受ける配当に係る源泉所得税につき、完全支配関係であることから、赤字であれば全額還付になると説明して実行させたが、配当計算期間中3ヶ月しか株式を所有していなかったため、按分計算により２分の１しか還付を受けることができなかった事例

1　事例の概要

Ａ社（関与先法人）の代表者より事業承継対策の相談を受け、税理士は持株会社を設立することを勧めた。Ａ社の代表者はこれに従い、持株会社Ｂ社を設立した。そして、株式購入資金をＡ社からの借入金により行い、借入金返済のため設立初年度にＡ社より配当を受けた。税理士はＢ社とＡ社は完全支配関係のため受取配当金は全額益金不算入となり、Ｂ社は他に所得がないことから、申告書上欠損金が発生し、受取配当金に係る源泉所得税が全額還付になると説明していた。しかし、実際にはＡ社株式の配当計算期間中3ヶ月しか同社株式を所有していなかったため、按分計算により２分の１しか還付を受けることができなかった。これにより、還付不能額200万円について損害が発生し賠償請求を受けた。

2　ミスに至った経緯

H X6.12　Ａ社の代表者より事業承継対策の相談を受け、持株会社Ｂ社を設立。

H X7. 2	B社はA社の代表者の親族よりA社株式を取得。取得のためA社より借入れを行う。
H X7. 4	借入金返済を配当金で行うため、B社が所有するA社株式を配当優先株式に変更。
H X7. 6	B社においては受取配当金に係る源泉所得税が全額還付になると説明し、A社の株主総会によりB社への配当を決議。
H X7.10	A社より配当を受け借入金を返済。
H X7.12	決算作業中に源泉所得税が全額還付できないことが発覚。

3 基礎知識

所得税額控除（法法68）

法人が配当金を受ける場合は、所得税が源泉徴収される。この源泉所得税は、本来、法人税の前払的性格を有するものであることから、法人税から控除することができる。法人税額から控除できる所得税は配当の計算の基礎となった期間のうち、その元本を所有していた期間に対応する部分である。ただし、期中で新たに取得した場合には選択により期央で取得したものとして2分の1が控除できる。

100％グループ内の法人からの受取配当等の益金不算入（法法23①④）

完全支配関係がある法人間の配当等の額については、負債利子の控除はなく配当等の額の全額を益金の額に算入しない。

4 ミスの原因

持株会社の設立初年度に配当を受けたため、配当計算期間を通して元本を所有しておらず、受取配当金に係る源泉所得税の全額の還付を受けることができなかった。

5 責任の所在

税理士はA社の代表者より事業承継対策の相談を受けた際、持株会社を設立することを勧めた。税理士のスキームは、持株会社を後継者が設立し、株式購入資金はA社からの借入金により行い、A社の株式を親族から購入する。購入した株式は配当優先株式に変更し、借入金返済のため設立初年度にA社より配当を受ける。持株会社とA社は完全支配関係であるため、受取配当金は全額益金不算入となる。持株会社は他に所得がないことから、申告書上欠損金が発生し、これにより受取配当金に係る源泉所得税が全額還付になるというものであった。依頼者は税理士のスキームに従い持株会社B社を設立し、A社から配当を受けた。しかし、B社はA社の配当計算期間中3ヶ月しか同社株式を所有していなかったため、按分計算により2分の1しか還付を受けることができなかった。税理士は決算作業中に自らこのミスに気づいている。所得税額控除の計算方法を正しく理解し、配当を翌期に延期するなどして、計算期間を通して所有するようにしていれば全額還付は受けられたことから、税理士に責任がある。

6 負担すべき損害額

法人税等の還付不能額200万円。

7 損害額から控除できる額

所得税額控除の適用を受けず、損金経理された200万円に係る法人税等の節税額。

8 損害を回復する手段

なし。

9 未然防止策

・シミュレーションは慎重に。

・契約書を作成する。

事例 17（法人税）

「中小企業者等が機械等を取得した場合の法人税額の特別控除」の適用を失念してしまった事例

1 事例の概要

平成X7年3月期からY8年3月期の法人税につき、購入した貨物自動車が「中小企業者等が機械等を取得した場合の法人税額の特別控除」の適用を受けることができたにもかかわらず、これを適用しないで申告してしまった。これにより過大納付税額1,200万円が発生し、賠償請求を受けた。

税理士は平成Y4年3月期からY8年3月期につき更正の請求書を提出したが、当初申告に明細書の添付が無ければ適用されないとのことからいずれも認められず、損害期は平成X7年3月期からY8年3月期の12期にわたる。

2 ミスに至った経緯

H X6. 5	関与開始。
H X7. 5	平成X7年3月期、「中小企業者等が機械等を取得した場合の法人税額の特別控除」を適用しないで申告。以後Y8年3月期まで同様に申告。
H Y8. 6	保険金支払い事故事例集により適用漏れに気付く。
H Y8. 6	依頼者に報告。賠償請求を受ける。
H Y8. 6	所轄税務署に平成Y4年3月期からY8年3月期までの更正の請求書を提出。
H Y8. 8	所轄税務署より更正が出来ない旨の連絡を受ける。

3 基礎知識

中小企業者等が機械等を取得した場合の法人税額の特別控除(措法42の6)

青色申告法人のうち特定中小企業者が、指定期間内に新品の特定機械装置等を取得等して事業供用した場合において、特別償却の適用を受けないときは、取得価額の7%(法人税額の20%を限度)を法人税額から控除できる。

中小企業者等(措令27の4⑤)

資本金の額若しくは出資金の額が1億円以下の法人のうち次の(1)(2)に掲げる法人以外の法人又は資本若しくは出資を有しない法人のうち常時使用する従業員の数が1,000人以下の法人とする。

(1)その発行済株式又は出資の総数又は総額の2分の1以上が同一の大規模法人(資本金の額若しくは出資金の額が1億円を超える法人又は資本若しくは出資を有しない法人のうち常時使用する従業員の数が1,000人を超える法人をいい、中小企業投資育成株式会社を除く。)の所有に属している法人

(2)その発行済株式又は出資の総数又は総額の3分の2以上が大規模法人の所有に属している法人

特定中小企業者(措令27の6⑨)

中小企業者等のうち資本金の額又は出資金の額が3,000万円以下の法人をいう。

4 ミスの原因

適用対象資産を取得していたにもかかわらず「中小企業者等が機械等を取得した場合の法人税額の特別控除」の適用を失念してしまった。

5 責任の所在

税理士は、運送業を営んでいる依頼者が、貨物自動車を取得した際、請求

書で確認を行い、その都度資産に計上していた。しかし、税額控除の対象となる資産であることを知らなかったため、特別控除の適用を受けずに申告していた。そして「税理士職業賠償責任保険の事故事例集」を読んでいて、特別控除の適用が受けられたことに自ら気付いている。貨物自動車を購入した時点で、特別控除の適用の有無を確認していれば、税額控除の適用を受けることが出来たことから、税理士に責任がある。

6 負担すべき損害額

特別控除の適用を受けられなかったことによる法人税等の過大納付額1,200万円。

7 損害額から控除できる額

特別控除は事業税額に影響しないため回復額はない。

8 損害を回復する手段

なし。

9 未然防止策

・税制改正は必ず確認する。
・チェックリストの活用。
・チェック体制の構築。
・自己研鑽。

事例
18
(法人税)

親会社の減資により特定中小企業者に該当することとなり、「中小企業者等が機械等を取得した場合の法人税額の特別控除」の適用ができたはずとして賠償請求を受けた事例

1 事例の概要

平成X7年3月期及び平成X8年3月期の法人税につき、親会社B社の減資により100%子会社である依頼者（A社）が特定中小企業者に該当することとなった。これにより、A社は「中小企業者等が機械等を取得した場合の法人税額の特別控除」（以下単に「特別控除」という。）の適用が受けられたにもかかわらず税理士がこれを適用しなかった。

このため、法人税等が過大納付となり、過大納付税額350万円つき賠償請求を受けた。

2 ミスに至った経緯

H X3. 1　親会社B社に関与開始。

H X5. 3　子会社A社に関与開始。

H Y5. 9　親会社B社が資本金を1億円に減資したため100%子会社であるA社が中小企業者に該当することとなる。

H Y6. 7　A社が「中小企業者等が機械等を取得した場合の法人税額の特別控除」の適用が受けられる機械装置5,000万円を取得。

H Y7. 5　平成Y7年3月期のA社の法人税を「中小企業者等が機械等を取得した場合の法人税額の特別控除」を適用しないで申告。

H Y8. 5　A社社長の指摘により適用の失念が発覚。

H Y8. 5 所轄税務署に更正の請求書を提出。

H Y8. 6 所轄税務署より「更正をすべき理由がない旨の通知書」を受領。

H Y8. 7 依頼者に報告し、損害賠償請求を受ける。

3 基礎知識

中小企業者等が機械等を取得した場合の法人税額の特別控除(措法42の6)

特定中小企業者が、指定期間内に新品の特定機械装置等を取得等して事業供用した場合において、特別償却の適用を受けないときは、取得価額の7%(法人税額の20%を限度)を法人税額から控除できる。

中小企業者等(措令27の4⑤)

資本金の額若しくは出資金の額が1億円以下の法人のうち次の(1)(2)に掲げる法人以外の法人又は資本若しくは出資を有しない法人のうち常時使用する従業員の数が1,000人以下の法人とする。

(1)その発行済株式又は出資の総数又は総額の2分の1以上が同一の大規模法人(資本金の額若しくは出資金の額が1億円を超える法人又は資本若しくは出資を有しない法人のうち常時使用する従業員の数が1,000人を超える法人をいい、中小企業投資育成株式会社を除く。)の所有に属している法人

(2)その発行済株式又は出資の総数又は総額の3分の2以上が大規模法人の所有に属している法人

特定中小企業者(措令27の6⑨)

中小企業者等のうち資本金の額又は出資金の額が3,000万円以下の法人をいう。

4 ミスの原因

親会社の減資による子会社への影響を事前に検討しなかった。

5 責任の所在

A社の資本金はもともと3,000万円であったところ、平成X6年9月に親会社B社が減資をしたことにより、同日以後は特別控除の適用を受けることができる特定中小企業者に該当することとなった。しかし、税理士はこれを失念したまま法人税の申告をし、A社の社長に指摘されてはじめてその事実に気付いた。税理士は親会社B社にも関与しており、B社の減資について知り得る立場にあった。B社が減資をした段階でA社の特別控除の適用要件を確認していれば適用は受けられたことから、税理士に責任がある。

6 負担すべき損害額

法人税等の過大納付税額350万円。

7 損害額から控除できる額

特別控除は事業税額に影響しないため回復額はない。

8 損害を回復する手段

なし。

9 未然防止策

・チェックリストの活用。
・チェック体制の構築。
・資本金の増減には注意する。

事例
19
（法人税）

「事前確定届出給与に関する届出書」の提出失念及び遡っての定期同額給与の増額支給により役員給与が一部損金不算入となってしまった事例

1 事例の概要

平成X8年3月期の法人税につき、事前確定届出給与については、「事前確定届出給与に関する届出書」の提出を失念し、定期同額給与については、株主総会で増額が決まった分を遡って支給していた。これを決算作業中に気づいたため、損金不算入として申告書を作成することとなった。これにより、納付すべき税額が過大となり、過大となった税額100万円につき損害が発生し、賠償請求を受けた。

2 ミスに至った経緯

H X7. 5	株主総会で役員報酬・賞与決定。（税理士出席）
H X7. 5	定期同額給与につき、株主総会で決まった分を遡って増額支給。
H X7. 6	「事前確定届出給与に関する届出書」提出期限。（提出失念）
H X8. 5	決算作業中「事前確定届出給与に関する届出書」の提出失念発覚。
H X8. 5	株主総会で「事前確定届出給与に関する届出書」の提出失念を報告。
H X8. 6	損害額を報告し全額を税理士が負担することで示談成立。
H X8. 6	損害額を支払う。

3 基礎知識

事前確定届出給与（法法34①二）

事前確定届出給与とは、その役員の職務につき所定の時期に確定額を支給する旨の定めに基づいて支給するもので、損金算入するためには毎期事前に「事前確定届出給与に関する届出書」を所轄税務署長に届出なければならない。

定期同額給与（法法34①一）

その支給時期が1ヶ月以下の一定の期間ごとである給与で、原則としてその事業年度の各支給時期における支給額が同額であるものをいう。定期同額給与は、株主総会で増額が決まっても、遡っての増額支給は認められない。

4 ミスの原因

「事前確定届出給与に関する届出書」の提出失念及び定期同額給与につき正しい指導を行っていなかった。

5 責任の所在

税理士は毎年、関与先の株主総会に出席し、役員賞与（事前確定届出給与）の額が決定した場合には、「事前確定届出給与に関する届出書」を作成していた。しかし、損害期においてはこれを失念してしまった。また、株主総会前の4月、5月の定期同額給与については、税理士の指導がなかったため、株主総会で決定した役員給与の増額部分につき、遡って増額支給をしていた。税理士は決算作業中にこれらのミスに気づき、損金不算入として申告することとなってしまった。提出期限までに届出書を提出し、正しい指導を行っていれば、損金不算入にはならなかったことから、税理士に責任がある。

6 負担すべき損害額

損金不算入となった役員給与に係る法人税等100万円。

7 損害額から控除できる額

過大納付事業税による節税額。

8 損害を回復する手段

なし。

9 未然防止策

・チェックリストの活用。
・チェック体制の構築。
・依頼を受けたらすぐに提出する。

事例20（法人税）「特定株主等によって支配された欠損等法人の欠損金の繰越しの不適用」により、欠損金の繰越控除ができなかった事例

1 事例の概要

平成X6年3月期の法人税につき、債務整理による事業再生の過程において生じた不動産譲渡益につき、利益を圧縮するため欠損金を多額に保有するペーパーカンパニーを依頼者法人の代表者に買収させたが、「特定株主等によって支配された欠損等法人の欠損金の繰越しの不適用」により、欠損金の繰越控除ができなかった。これにより、繰越欠損金が使えなかった譲渡益に係る法人税等が過大納付となり、賠償請求を受けた。

2 ミスに至った経緯

H X1.10	A商店（依頼者法人の代表者の別会社）と債務整理による事業再生についてコンサルティング契約を締結。
H X1.10	A商店の第二会社として依頼者法人を設立。
H X6. 1	欠損金を有するペーパーカンパニーであるB社を買収。
H X6. 5	A商店が不動産をサービサーに売却して担保権を抹消した後にB社が不動産を買い戻す。
H X6. 6	B社が甲不動産に不動産を売却。
H X6. 8	別税理士の指摘によりB社はペーパーカンパニーであるため欠損金の繰越控除ができないことに気付き、依頼者法人に報告。
H X6.12	依頼者法人より訴状が届く。
H X7.12	依頼者法人と300万円で和解が成立。

3 基礎知識

「特定株主等によって支配された欠損等法人の欠損金の繰越しの不適用」（法法57の2）

平成18年度の税制改正により、買収した欠損法人を利用する租税回避行為を防止するため、買収した日の属する事業年度において、事業を営んでいない欠損法人が、その買収以後5年以内に事業を開始した場合には、もともと所有していた欠損金については繰越控除できないこととされた。

4 ミスの原因

「特定株主等によって支配された欠損等法人の欠損金の繰越しの不適用」の規定を知らなかった。

5 責任の所在

税理士は依頼者法人の代表者一族の同族会社で経営悪化に陥っていたA商店の債務整理による事業再生についてコンサルティング契約を結んでいた。A商店は東京都新宿区に土地（以下「本件不動産」という。）を所有していたが、税理士はA商店が直接本件不動産を活用するのではなく、第二会社として依頼者法人を設立してこれを売却し、ディスカウント・ペイオフにより債務の返済をする方法を提案した。これは、A商店の第二会社が金融機関から融資を受けてA商店から本件不動産を購入し、A商店はその代金から債権者に返済をするが、債権者に返済額を大幅にカットしてもらうというものであり、第二会社は購入不動産の活用次第で利益の留保も可能となるものであった。その後、上記スキームからA商店が本件不動産をサービサーに売却して担保権を抹消した後に第二会社が本件不動産を買い戻し、これをデベロッパーに売却し、売却利益を第二会社が保有することで話がまとまった。そこで、税理士は「欠損金を保有する会社を利用すれば不動産譲渡益が欠損金と相殺されて税金は発生しない。」と述べ、依頼者法人ではなく、欠損金を多額に保有するペーパーカンパニーであるB社を第二会社にするよう提案した。依頼者法人の代表者はこれに従い、B社を買収し、デベロッパーと本件不動産の売買契約を締結した。しかし、売買契約締結後に上記法人税法57条の2の適用により、B社の欠損金が使えないことが判明した。これにより、繰越欠損金が使えなくなった譲渡益に係る法人税等4,000万円（税理士の試算による。）が過大納付となり、賠償請求を受けた。税制改正により事業を営んでいない欠損法人の欠損金が使えなくなったことを事前に把握していれば、B社を買収する必要はなかったことから、税理士に責任がある。

しかし、本件事故に係る税理士の業務は、A商店の債務整理による事業再生というコンサルティング契約による特殊なものであり、本保険の適用対象となる業務範囲に該当しないことから、保険金支払いの対象外である。なお、和解金300万円についても、計算根拠等の記載がないことから、損害額の一部とは判断できない。

6 負担すべき損害額

—

7 損害額から控除できる額

—

8 損害を回復する手段

—

9 未然防止策

・税制改正は必ず確認する。

・シミュレーションは慎重に。

・契約書を作成する。

事例
21
（法人税）

土地の売却益を圧縮するため、特定資産の買換えの圧縮記帳を適用して申告したが、土地の面積制限により修正申告となった事例

1 事例の概要

平成X7年3月期の法人税につき、土地の売却益を圧縮するため、特定資産の買換えの圧縮記帳（以下「特定資産の買換特例」という。）を適用して申告したが、買換取得資産のうち、マンションの敷地については、土地の面積制限（300m^{2}以上でなければならない）により、特定資産の買換特例の適用ができないものであった。これを税務調査で指摘され、修正申告をすることとなり、修正申告に係る追徴税額1,200万円につき賠償請求を受けた。

2 ミスに至った経緯

H X5. 6	特定資産の買換特例につき依頼者から相談を受ける。
H X6. 5	依頼者が資金捻出のため東京都練馬区の土地を売却。
H X7 3	特定資産の買換特例を適用するため、依頼者の代表者が所有する東京都文京区のマンションを購入。
H X7. 5	マンションの売買代金の全額を買換取得資産として、特定資産の買換特例を適用し、平成X7年3月期の法人税等の申告を行う。
H X7. 9	税務調査によりマンションの敷地部分は特定資産の買換特例の対象外であることを指摘される。
H X8. 1	税務顧問契約が解除され、依頼者が自ら修正申告書を提出。
H X8. 5	依頼者が税理士を提訴。

3 基礎知識

特定資産の買換えの圧縮記帳（措法65の7）

法人が、特定の資産（譲渡資産）を譲渡し、譲渡の日を含む事業年度において特定の資産（買換資産）を取得し、かつ、取得の日から1年以内に買換資産を事業の用に供した場合又は供する見込みである場合に、買換資産について圧縮限度額の範囲内で帳簿価額を損金経理により減額する等の経理をしたときは、その減額した金額を損金の額に算入する圧縮記帳の適用を受けることができる。なお、長期所有の土地等（所有期間が10年を超える土地、建物、構築物等）に係る譲渡につき、買換えによって取得した資産が土地等である場合には、その面積が300m^2以上であるものに限られる。

4 ミスの原因

平成24年の税制改正で取得土地の面積制限が加わったことを把握していなかった。

5 責任の所在

依頼者は10年超所有する東京都練馬区の土地を譲渡資産、代表者の所有するマンション及び業務用機械装置を買換取得資産として特定資産の買換特例を適用して申告をした。しかし、買換取得資産のうち、マンションの敷地は300m^2以上でなければならないという面積制限に抵触しており、適用が受けられないものであった。これを税務調査で指摘され、マンションの敷地部分に係る固定資産圧縮損が否認され、修正申告をすることとなってしまった。税理士は、知識不足による指導、助言ミスにより生じた事故であり、自身の責任であると主張するが、本件事故は、そもそも圧縮記帳の適用のできない面積300m^2未満のマンションの敷地を買換資産としたために修正申告となったものであり、そこに税制選択の余地はなく、修正申告による追徴税額は、「本来納付すべき本税」である。税理士は、適用要件を満たす買換資産は他にもあり、依頼者が適用のないマンションの敷地を選択したのは、自身の指導、助言、すなわち税理士法第２条１項３号に規定する税務相談から生じたミスであり、保険の適用対象となる損害であると主張する。しかし、申告期限において適用要件を満たす買換可能な資産は他にはなかった。また、仮にあったとしても、取得資産の選択に係る指導、助言は、税理士法第２条１項３号に規定する税務相談には該当しない。さらに、仮に税務相談に該当したとしても、適用ができなかった特定資産の買換特例は、マンションの敷地に係る圧縮記帳（課税の繰り延べ）であり、売却時に全額回復することから、損害とは言えない。

6 負担すべき損害額

—

7 損害額から控除できる額

—

8 損害を回復する手段

—

9 未然防止策

・税制改正は必ず確認。

・チェックリストの活用。

・チェック体制の構築。

事例
22
（法人税）

買換え取得資産である借地権の取得価額に算入すべき媒介手数料及び解体工事費を経費として処理してしまったため、圧縮限度額が下がってしまった事例

1 事例の概要

特定資産の買換えの圧縮記帳の適用に当たり、買換え取得資産である借地権の取得価額に算入すべき媒介手数料及び解体工事費を経費として処理してしまったため、圧縮限度額が下がり、圧縮損計上額が過少となってしまった。これにより、法人税等に過大納付税額600万円が発生し、賠償請求を受けた。

2 ミスに至った経緯

H X5.12	譲渡資産である土地付建物を売却。
H X6. 3	圧縮限度額を特別勘定として経理。
H X6. 7	買換え資産である借地権を購入。
H X7. 3	借地権の取得価額に媒介手数料、解体工事費を算入しないで圧縮限度額を計算して申告。
H X7. 6	顧問契約解除（本件事故とは無関係）。
H X8. 8	税務調査により媒介手数料、解体工事費の損金算入が否認される。
H X8. 9	上記修正申告書を後任税理士が提出。
H X8.10	依頼者より損害賠償請求を受ける

3 基礎知識

特定資産の買換えの圧縮記帳（措法65の7）

国内にある土地、建物で所有期間10年超のものを、一定の事業用資産に買換えた場合には、買換え資産の取得価額のうち一定額を圧縮記帳して課税を繰り延べることができる。

圧縮限度額は以下の算式で計算されるため、圧縮基礎取得価額（買換資産の取得価額と譲渡資産の対価の額のうちいずれか少ない金額）が大きいほど大きくなる。

圧縮限度額＝圧縮基礎取得価額×差益割合×80％

媒介手数料

不動産業者に支払う媒介手数料は資産を事業の用に供するために直接要した費用の額であるため、固定資産の取得価額に算入する。

土地とともに取得した建物等の取壊費等（法基通7-3-6）

法人が建物等の存する土地（借地権を含む。以下同じ。）を建物等とともに取得した場合又は自己の有する土地の上に存する借地人の建物等を取得した場合において、その取得後おおむね1年以内に当該建物等の取壊しに着手する等、当初からその建物等を取り壊して土地を利用する目的であることが明らかであると認められるときは、当該建物等の取壊しの時における帳簿価額及び取壊費用の合計額は、当該土地の取得価額に算入する。

4 ミスの原因

借地権の取得価額に算入すべき媒介手数料及び解体工事費を経費として処理してしまった。

5 責任の所在

依頼者は特定資産の買換えの圧縮記帳の特例の適用を受けるべく、土地付建物を売却し、圧縮限度額を特別勘定として経理した。そして翌期に事業用資産を取得して圧縮記帳を行った。しかし、取得価額に算入すべき媒介手数料と解体工事費を経費処理してしまい、税務調査において取得価額に算入すべく指摘を受け修正申告をした。これにより媒介手数料と解体工事費に係る部分の圧縮記帳ができなくなってしまい、圧縮記帳不能額に係る税額につき過大納付となった。しかし本件事故は圧縮記帳に係る損害であり、借地権売却時に全額回復することから、損害額はない。

6 負担すべき損害額

なし。

7 損害額から控除できる額

あり。

8 損害を回復する手段

借地権売却時に全額回復する。

9 未然防止策

・チェックリストの活用。
・チェック体制の構築。

事例
23
（法人税）

退職の事実がないとして税務調査により代表取締役の役員退職給与が否認された事例

1 事例の概要

平成X8年3月期の法人税につき、依頼者であるA社の代表取締役社長甲の退任に伴い支給した退職金1億2,000万円を、退職の事実がないとして税務調査により否認され、役員賞与として修正申告することになった。これにより、平成X8年分の甲の所得税も退職所得が給与所得となり、修正申告となった。上記により、A社の法人税2,200万円及び甲の所得税3,400万円が過大納付となり、損害賠償請求を受けた。

2 ミスに至った経緯

H X5. 9	代表取締役甲より退任し会長職になる話を受ける。
H X5.10	退任した場合の退職金を最大で1億2,000万円と試算する。
H X5.11	退任の報告を受ける。退任後月額報酬は代表取締役の半額以下にするよう指導。
H X8. 3	A社が退職金1億2,000万円を甲に支給。
H X8. 5	平成X8年3月期の法人税を役員退職金1億2,000万円を損金経理して申告。
H X8.11	税務調査により退職の事実がないとして役員賞与であるとの指摘を受ける。
H X8.11	上記事実を甲が調査官の前で認めたため、修正申告書を作成して提出。
H X8.12	適正な指導がなかったために修正申告になったとして損害賠償

請求を受ける。

3 基礎知識

役員の分掌変更等の場合の退職給与（法基通 9-2-32）

法人が役員の分掌変更又は改選による再任等に際し、その役員に対し退職給与として支給した給与については、その支給が、例えば次に掲げるような事実があったことによるものであるなど、その分掌変更等によりその役員としての地位又は職務の内容が激変し、実質的に退職したと同様の事情にあると認められることによるものである場合には、これを退職給与として取り扱うことができる。なお、退職給与は原則として、未払金等に計上した金額は含まれない。

(1)常勤役員が非常勤役員になったこと。

(2)取締役が監査役になったこと。

(3)分掌変更等の後におけるその役員の給与が激減（おおむね50％以上の減少）したこと。

4 ミスの原因

分掌変更の場合の退職金として認められるための要件についての説明及び、その後の指導を怠った。分掌変更等の場合の退職給与として損金算入が認められるためには、少なくとも以下の説明、指導が必要であった。

- 常勤から非常勤になること。
- 代表権を返上すること（議事録等を作成して登記簿も変更すること）。
- 経営に参画しないこと（代表権を返上しても経営に参画していると否認されるリスクがあること）。
- 退職金を支払っていること（未払計上は認められないこと）。

5 責任の所在

依頼者の代表取締役である甲は75歳と高齢になったため、平成X5年9月頃、社長を引退する決意をし、退職金の試算を税理士に依頼した。税理士はこの依頼を受け、最終報酬、勤続年数、功績倍率等を加味して最大で1億2,000万円と試算した。また、それ以降損金として認められるための要件についても説明を行っていた。しかし、甲は代表取締役を退任後も役員報酬（退職前の月額120万円から60万円に減額）を受け、代表印を保管し、週2回程出社し以前同様会社業務の決済を行っていた。また、退任時の議事録もなく、登記簿上も代表取締役のままであった。上記事実を税務調査で指摘され、現社長及び甲共に調査官の前で認め、修正申告に応じたため、税理士は何ら反論することができなかった。その後、依頼者から適正な指導がなかったために修正申告になったとして損害賠償請求を受けた。仮に適正な指導があったとしても、高齢を理由に引退を決意した前社長が高額な退職金の支払いを受けてなお以前同様会社業務の決済を行うことは想定されない。また、議事録の作成は毎回会社で行っており、税理士が依頼を受けたことはない。したがって本件事故は税理士に責任はない。しかし、税務調査が事前の通知により行われたこと、及び調査当日は担当者のみで税理士が立ち会っていないこと等から、税務当局の指摘に対し十分な対応がなされていたかに疑義が残る。

6 負担すべき損害額

—

7 損害額から控除できる額

—

8 損害を回復する手段

—

9 未然防止策

・文章等による証拠を残す。

・税務調査には税理士が立ち会う。

事例
24
（法人税）

連結納税制度を選択したが、親法人が株式交換により別法人の100%子会社となったため適用が受けられなくなってしまった事例

1 事例の概要

平成Y7年3月期の法人税につき、A社を親法人、B社を子法人として連結納税制度を選択したが、A社が株式交換により別法人甲社の100%子会社となったため適用が受けられなくなってしまった。これにより、納付すべき税額が過大となり、過大となった税額500万円につき賠償請求を受けた。

2 ミスに至った経緯

H X7. 3	関与開始。
H Y5.11	A社を親法人、B社を子法人の「連結納税の承認の申請書」を提出。
H Y6. 1	A社がグループ再編により、株式交換をし、甲社の子会社となる。
H Y6. 3	A社が国税局より連結納税承認通知書を受理。
H Y7. 6	A社が連結確定申告書を提出。
H Y8. 3	グループ組織再編を指導した監査法人より誤りの指摘を受け発覚。
H Y8. 4	所轄税務署より、単独法人として申告するよう指導を受ける。
H Y8. 4	A社が単独法人として申告書を提出。
H Y8. 5	A社が連結納税申請を取り下げ。
H Y8. 8	依頼者より賠償請求を受ける。

3 基礎知識

連結納税制度のおける親法人

連結納税制度では、普通法人との間に、その普通法人による完全支配関係がある法人は、親法人になることはできない。

4 ミスの原因

親法人が、他の法人の100％子会社となることを知らなかった。

5 責任の所在

税理士は依頼者であるA社を親法人、B社を子法人とした「連結納税の承認の申請書」を提出し、国税局より承認通知書を受理した。しかし、A社は、その後、グループ再編により、株式交換で、甲社の100％子会社になっていた。税理士は、企業グループ間の組織再編が進行していたのは承知していたが、事前承認が継続されるものと勘違いし、B社との連結確定申告書を提出してしまった。そして、グループ組織再編を指導した監査法人の指摘により、その誤りに気付き、結果として連結納税の申請を取り下げ、単独法人として修正申告することとなってしまった。税理士は、株式交換により、親法人が、他の法人の100％子会社となった場合に、連結納税制度の適用ができないことを知らなかった自身の責任であると主張するが、株式交換が行われたことに税理士の責任はなく、連結確定申告書提出時点において、既に連結納税制度の適用要件は満たしておらず、税制選択の余地はなかったことから、税理士に責任はない。

6 負担すべき損害額

—

7 損害額から控除できる額

—

8 損害を回復する手段

—

9 未然防止策

・特例適用の可否は慎重に判断する。

・コミュニケーションをとる。

第2章

消費税編

事例1（消費税）

A国大使館からの賃貸料収入を国税庁長官の指定を受けずに免税売上として申告した事例

1 事例の概要

平成X4年から平成X6年分の消費税につき、A国大使館からの賃貸料収入を国税庁長官の指定を受けずに免税売上げとして申告した。これを税務調査で指摘され、免税売上を課税売上とする更正処分を受けた。これにより、更正処分による追徴税額につき損害が発生し、賠償請求を受けた。

2 ミスに至った経緯

H X4. 1	依頼者がA国大使館と賃貸借契約を締結。
H X5. 3	平成X4年分の消費税につきA国大使館からの賃貸料収入を国税庁長官の指定を受けずに免税売上として申告。以後、平成X6年分まで同様。
H X7. 7	税務調査により長官指定を受けていない旨の指摘を受ける。
H X7. 9	依頼者が長官指定を受ける。
H X8. 3	所轄税務署より平成X4年から平成X6年分のA国大使館からの賃貸料収入を課税売上とする更正処分を受ける。
H X8. 4	税務署長に異議申立て。
H X8. 6	税務署長より異議決定書を受ける。（全部棄却）

3 基礎知識

本邦にある外国の大使館等に対し、課税資産の譲渡等を行った場合（措法86①）

事業者が、本邦にある外国の大使館等に対し、課税資産の譲渡等を行った場合において、当該外国の大使館等が、外交、領事その他の任務を遂行するために必要なものとして、一定の方法により、当該課税資産の譲渡等に係る役務の提供を受けるときは、当該課税資産の譲渡等については、消費税が免除される。なお、国内の事業者が、消費税免除の適用を受ける場合には、申請書を提出して国税庁長官の指定を受けなければならない。

外国公館等に対する消費税免除指定店舗申請書

外国公館等に対して消費税を免除して課税資産の譲渡等を行うことについて国税庁長官の指定を受けたい場合には「外国公館等に対する消費税免除指定店舗申請書」を店舗別に作成し、税務署を通じて外務省に提出しなければならない。

4 ミスの原因

大使館からの賃貸料収入を免税売上とするためには申請書を提出して国税庁長官の指定を受けなければならないことを知らなかった。

5 責任の所在

依頼者は平成X4年1月に所有不動産につき大使館として使用する目的でA国と賃貸借契約を締結した。不動産賃貸料収入につき、外国公館等に対する課税資産の譲渡等に係る免税の適用を受けるためには、国税庁長官の指定を受ける必要があった。しかし、税理士はこれを失念したまま、平成X4年から平成X6年分の消費税につき、A国大使館からの賃貸料収入を免税取引として申告した。その後、税務調査により長官指定を受けていない旨を指摘され、賃貸料収入を課税売上とする更正処分を受けることとなってしまった。免税の適用要件を確認し、申請書を提出して国税庁長官の指定を受けていれば、外国公館等に対する免税の適用を受けられたことから、税理士に責任がある。

6 負担すべき損害額

平成X4年から平成X6年分の消費税過大納付税額　300万円。

7 損害額から控除できる額

過大納付消費税額が経費計上されることによる所得税等の節税額。

8 損害を回復する手段

なし。

9 未然防止策

・関与開始時に届出書類を確認する。

事例
2
（消費税）

「消費税課税事業者選択届出書」を提出したが、適用開始事業年度を平成X9年3月期からと誤記載したため、還付が受けられなくなってしまった事例

1 事例の概要

設立初年度である平成X8年3月期の賃貸用不動産の新築に係る消費税の還付を受けるべく、「消費税課税事業者選択届出書」を提出したが、適用開始事業年度を平成X9年3月期からと誤記載したため、還付が受けられなくなってしまった。これにより、還付不能額800万円につき損害が発生し、賠償請求を受けた。

2 ミスに至った経緯

H X7. 4	資本金100万円にて法人設立。関与開始。
H X7.12	賃貸用建物完成。
H X8. 3	第1期から課税事業者を選択することを確認。
H X8. 3	適用開始課税期間を第2期からと誤記載して「消費税課税事業者選択届出書」を提出。
H X8. 5	第1期消費税申告書（還付申告）を誤提出。
H X8. 7	所轄税務署より、第2期からの課税事業者となっている旨の指摘あり。
H X8. 7	依頼者に報告。
H X8.10	所轄税務署の指摘に応じ、消費税修正申告書を提出。
H X8.10	依頼者より、損害賠償請求を受ける。

3 基礎知識

● 消費税課税事業者選択届出書（消法9④）

資本金1,000万円未満の新設法人が設立初年度に課税事業者を選択する場合には、設立初年度の末日までに「消費税課税事業者選択届出書」を提出しなければならない。

4 ミスの原因

適用開始課税期間を誤記載して「消費税課税事業者選択届出書」を提出してしまった。

5 責任の所在

依頼者は、平成X7年4月に資本金100万円で設立した不動産賃貸業を営む法人であり、設立初年度に設備投資（複数の賃貸用不動産の新築）をしていた。設備投資に係る消費税の還付を受けるためには、平成X8年3月末までに平成X8年3月期からの「消費税課税事業者選択届出書」を提出し、課税事業者になる必要があった。税理士は、期限までに「消費税課税事業者選択届出書」を提出したが、その際、適用開始課税期間を第2期である平成29年3月期からと誤記載したため、設立初年度は免税事業者となり、設備投資に係る消費税の還付を受けることができなくなってしまった。税理士は設立初年度の消費税の還付申告を誤って提出した際、所轄税務署に上記誤記載を指摘され、はじめてミスに気付いている。適用開始課税期間の記載を誤っていなければ、消費税の還付は受けられたことから、税理士に責任がある。

6 負担すべき損害額

平成X8年3月期の消費税還付不能額800万円。

7 損害額から控除できる額

過大納付消費税額が経費計上されることによる法人税等の節税額。

8 損害を回復する手段

なし。

9 未然防止策

・チェック体制の構築。

事例
3
（消費税）

新たに事業を開始した長男につき、父親の基準期間の課税売上高が1,000万円超であったことから「消費税課税事業者届出書」を出したつもりが誤って「消費税課税事業者選択届出書」を提出したため、開業後2年間につき、課税事業者となってしまった事例

1 事例の概要

平成X6年及びX7年分の消費税につき、父の農業を引継ぎ、新たに事業を開始した長男につき、父親の基準期間の課税売上高が1,000万円超であったことから「消費税課税事業者届出書」を出したつもりが誤って「消費税課税事業者選択届出書」を提出したため、本来であれば免税事業者であった開業後2年間につき、課税事業者となってしまった。これにより、開業後2年間の納付税額300万円につき損害が発生し、賠償請求を受けた。

2 ミスに至った経緯

H X6. 3　父の廃業と同時に依頼者である長男の開業手続きを受任。

H X6. 3　新たな事業開始であり、設備投資等もないため、免税事業者で良いにもかかわらず、父親の基準期間の課税売上高が1,000万円超であったことから「消費税課税事業者届出書」を出したつもりが誤って「消費税課税事業者選択届出書」を提出。

H X7. 3　平成X6年の消費税の申告期限。（提出失念）。

H X7. 5　所轄税務署から申告義務があるとの指摘を受け、「消費税課税

事業者選択届出書」の誤提出に気付く。

H X7. 6　依頼者に報告。

H X7. 6　「消費税課税事業者選択届出書」の取下げ書を提出。

H X7. 6　所轄税務署から「消費税課税事業者選択届出書」の取下げ書却下の連絡を受ける。

H X7. 6　依頼者に申告義務があることを報告。賠償請求を受ける。

H X7. 6　平成X6年の消費税申告書を提出。

H X8. 3　平成X7年の消費税申告書を提出。

3 基礎知識

単に事業を承継した場合

父の事業を引き継ぎ、子が単に事業を承継した場合には、子の基準期間の課税売上高がゼロであれば、当初2年間は消費税の納税義務は免除される(特定期間における課税売上高による納税義務の免除の特例の適用がある場合を除く。)。

消費税課税事業者選択届出書（消法9④）

免税事業者が「消費税課税事業者選択届出書」を所轄税務署長に提出した場合、その届出書の提出があった日の属する課税期間の翌課税期間以後の各課税期間については、課税事業者になることができる。

消費税課税事業者届出書（消法57①一）

基準期間における課税売上高又は特定期間における課税売上高が1,000万円超となった事業者は「消費税課税事業者届出書」を速やかに所轄税務署長に提出しなければならない。

4 ミスの原因

新たな事業開始であり、免税事業者で良いにもかかわらず、父親の基準期間の課税売上高が1,000万円超であったことから「消費税課税事業者届出書」を提出しようとした。さらに、「消費税課税事業者届出書」を出したつもりが誤って「消費税課税事業者選択届出書」を提出してしまった。

5 責任の所在

税理士は、依頼者の父の廃業と同時に依頼者の開業手続きを受任した。その際、依頼者の父の平成X4年分の課税売上高が4,700万円であったため、引き継ぐ依頼者も消費税の納税義務があるものと思い込み、「消費税課税事業者届出書」を提出したつもりが、誤って「消費税課税事業者選択届出書」を提出してしまった。これにより、本来であれば免税事業者であった開業後の2年間につき、課税事業者となってしまい、2年間で300万円の消費税を納付することとなった。税理士は、所轄税務署からの連絡によりはじめてその事実に気付いている。開業手続きを受任した際に、免税事業者であることを正しく認識していれば消費税は納付せずに済んだことから、税理士に責任がある。

6 負担すべき損害額

2年間で納付することとなった消費税額300万円。

7 損害額から控除できる額

過大納付消費税額が経費計上されることによる所得税等の節税額。

8 損害を回復する手段

なし。

9 未然防止策

・チェック体制の構築。

・思い込みに注意する。

・関与開始時に届出書類を確認する。

・設立初年度は慎重に。

事例 4（消費税）

旧ビル解体工事費を、新ビルの取得価額に含めて還付申告をしてしまったため、結果として還付を受けることができなくなってしまった事例

1 事例の概要

平成X7年3月期の消費税につき、新ビル建築のための旧ビル解体工事費を、新ビルの取得価額に含めて還付申告をしたところ、税務調査で否認され、結果として旧ビル解体工事費に係る消費税の還付を受けることができなくなってしまった。これにより、還付不能額100万円につき損害が発生し、賠償請求を受けた。

2 ミスに至った経緯

H X5.11	関与開始。
H X6. 3	「消費税課税事業者選択届出書」の提出期限。(提出失念)。
H X6. 7	旧ビル解体工事完了。
H X7. 3	平成X8年3月期からの「消費税課税事業者選択届出書」を提出。
H X7. 7	新ビル完成。
H X8. 5	平成X8年3月期の消費税を、旧ビル解体工事費を新ビルの取得価額に含めて還付申告。
H X8. 8	税務調査により解体工事費は平成X7年3月期の費用との指摘を受ける。
H X8.11	依頼者に報告し、損害賠償請求を受ける。
H X8.11	平成X8年3月期の消費税修正申告書を提出。

3 基礎知識

取り壊した建物等の帳簿価額の損金算入（法基通 7-7-1）

法人がその有する建物、構築物等でまだ使用に耐え得るものを取り壊し新たにこれに代わる建物、構築物等を取得した場合には、その取り壊した資産の取壊し直前の帳簿価額は、その取り壊した日の属する事業年度の損金の額に算入する。

4 ミスの原因

旧ビル解体工事費用はその取り壊した日の属する事業年度の損金の額に算入すべきところ、新ビルの取得価額に含めてしまった。

5 責任の所在

税理士は、免税事業者であった依頼者の新ビル建築ための旧ビル解体工事費を新ビルの取得価額に含めるものと誤認し、新ビル完成事業年度である平成 X8 年 3 月期から課税事業者となるよう届出書を提出していた。そして、平成 X7 年 3 月期に解体工事費を損金計上せず、平成 X8 年 3 月期に新ビルの取得価額に含めて還付申告書を提出した。しかし、税務調査で「解体工事費は平成 X7 年 3 月期の費用である。」との指摘を受け、修正申告をすることとなってしまった。旧ビルの解体工事費を解体事業年度の費用として認識し、解体が行われた事業年度から課税事業者になるように届出書を提出していれば、解体工事費に係る消費税の還付は受けられたことから、税理士に責任がある。

6 負担すべき損害額

解体工事費用に係る消費税還付不能額 100 万円。

7 損害額から控除できる額

還付不能となった消費税額を雑収入に計上しなくて済んだことによる法人税等の節税額。

8 損害を回復する手段

なし。

9 未然防止策

・チェックリストの活用。

・チェック体制の構築。

事例
5
（消費税）

課税資産の譲渡等に係る事業を開始した日の属する事業年度においては、その事業を開始した日の属する課税期間の末日までに「消費税課税事業者選択届出書」を提出すれば、課税事業者を選択できたにもかかわらず、これを失念したため、設備投資に係る消費税の還付が受けられなくなってしまった事例

1 事例の概要

依頼者は子会社管理を目的とする持株会社であり、設立以来、課税資産の譲渡取引を一切行っていなかった。そして、設立5期目に税理士に事前に相談せずに、賃貸不動産を購入した。税理士はこれを決算月に知らされたため、「今からでは消費税の還付は受けられない」と説明をし、何の手立ても講じなかった。しかし、実際には、この賃貸不動産の購入がはじめての課税取引であったことから、期末までに「消費税課税事業者選択届出書」を提出していれば還付が受けられた。このため、賃貸不動産の購入に係る還付不能額1,600万円につき損害が発生し、賠償請求を受けた。

2 ミスに至った経緯

H X3. 6　資本金1,000万円で法人設立。同時に関与開始。

H X4. 5　課税事業者であるが、課税取引なしのため申告書提出せず。

H X5. 5　課税事業者であるが、課税取引なしのため申告書提出せず。

H X6. 3	平成X6年3月期も課税取引なしで終了。
H X7. 3	平成X7年3月期も課税取引なしで終了。
H X8. 3	賃貸用不動産を購入し賃貸の用に供す。
H X8. 3	税理士が上記事実を知り、「今からでは消費税の還付は受けられない」と説明。
H X8. 3	不動産購入に係る「消費税課税事業者選択届出書」の提出期限（提出せず）。
H X8. 5	期末までに「消費税課税事業者選択届出書」を提出していれば還付が受けられたことに気づく。
H X8. 5	依頼者に説明し賠償請求を受ける。

3 基礎知識

課税事業者の選択（消法9④）

免税事業者が設備投資に係る消費税の還付を受ける場合には、その還付を受けようとする課税期間の初日の前日までに「消費税課税事業者選択届出書」を提出しなければならない。ただし、提出した日の属する課税期間が「事業者が国内において課税資産の譲渡等に係る事業を開始した日の属する課税期間」である場合には、その事業を開始した日の属する課税期間の末日までに提出すれば、課税事業者を選択することができる。

なお、本件事故の依頼者は、資本金1千万円で法人を設立しており、新設法人の納税義務の免除の特例（資本金額が1,000万円以上である法人については、当該新設法人の基準期間がない事業年度については、納税義務は免除されない。）により、設立2期目まで課税事業者となっているが、この基準期間がない事業年度においても、課税取引を行っていなければ、当該事業年度は「事業を開始した日」には該当しない。

法人における課税資産の譲渡等に係る事業を開始した日の属する課税期間の範囲（消基通1-4-7）

その事業者が法人である場合の事業を開始した日の属する課税期間等の範

囲に規定する「国内において課税資産の譲渡等に係る事業を開始した日の属する課税期間」とは、原則として、当該法人の設立の日の属する課税期間をいうのであるが、例えば、非課税資産の譲渡等に該当する社会福祉事業のみを行っていた法人又は国外取引のみを行っていた法人が新たに国内において課税資産の譲渡等に係る事業を開始した課税期間もこれに含まれる。なお、設立の日の属する課税期間においては設立登記を行ったのみで事業活動を行っていない法人が、その翌課税期間等において実質的に事業活動を開始した場合には、当該課税期間等もこれに含むものとして取り扱う。

4 ミスの原因

課税資産の譲渡等に係る事業を開始した日の属する事業年度においては、その事業を開始した日の属する課税期間の末日までに「課税事業者選択届出書」を提出すれば、課税事業者を選択することができることを知らなかった。

5 責任の所在

依頼者は子会社管理を目的とする持株会社であり、設立以来、課税資産の譲渡取引を一切行っていなかった。税理士は、依頼者に以前より株価引下げのため、不動産の購入を勧めていた。依頼者は、たまたま良い物件があったため、期末近くに税理士に相談せずに賃貸不動産を購入した。税理士はこの事実を決算月に初めて聞かされたため、「今からでは消費税の還付は受けられない」と説明し、期末までに「消費税課税事業者選択届出書」を提出しなかった。しかし、決算作業にあたり、改めて課税事業者の選択について確認をしたところ、課税資産の譲渡等に係る事業を開始した日の属する事業年度においては、その事業を開始した日の属する課税期間の末日までに「消費税課税事業者選択届出書」を提出すれば、課税事業者を選択できたことが判明した。税理士が賃貸用不動産を購入した事実を知らされた時点で「消費税課税事業者選択届出書」を提出していれば、課税事業者となり、賃貸用不動産の仕入に係る消費税の還付を受けることができたことから、税理士に責任がある。

6 負担すべき損害額

還付不能となった消費税額 1,600 万円。

7 損害額から控除できる額

還付不能となった消費税額を雑収入に計上しなくて済んだことによる法人税等の節税額。

8 損害を回復する手段

なし。

9 未然防止策

・事前に十分な説明を行い有利選択を依頼者を含めて行う。
・意思決定の証拠を書面に残す。
・思い込みに注意する。
・コミュニケーションをとる。

事例
6
（消費税）

輸出売上がほとんどで、還付が恒常的である依頼者につき、「消費税課税事業者選択届出書」の提出を失念したため、還付を受けることができなくなってしまった事例

1 事例の概要

平成X8年3月期及びX8年5月期（損害額を抑えるため課税期間を短縮している）の消費税につき、輸出売上がほとんどで、還付が恒常的である依頼者につき、「消費税課税事業者選択届出書」の提出を失念したため、還付を受けることができなくなってしまった。これにより、還付不能となった税額200万円につき損害が発生し、賠償請求を受けた。

2 ミスに至った経緯

H X7. 4　資本金100万円で法人設立。
H X7. 7　関与開始。この時、仕入先は国内で売上先は海外であり、消費税については基本的に還付になる旨を確認。
H X8. 3　「消費税課税事業者選択届出書」の提出期限。（提出失念）
H X8. 5　決算作業中届出書の提出失念発覚。
H X8. 5　依頼者に報告。損害賠償請求を受ける。
H X8. 5　「消費税課税事業者選択届出書」及び「消費税課税期間特例選択届出書」を提出して2期目の損害を2ヶ月に抑える。
H X8. 7　依頼者に損害賠償金を支払う。

3 基礎知識

● 消費税課税事業者選択届出書（消法9④）

資本金1,000万円未満の新設法人が設立初年度に課税事業者を選択する場合には、設立初年度の末日までに「消費税課税事業者選択届出書」を提出しなければならない。

4 ミスの原因

輸出業者であるにもかかわらず、「消費税課税事業者選択届出書」の提出を失念してしまった。

5 責任の所在

依頼者は資本金100万円で法人を設立し、税理士は設立直後から関与していた。税理士は依頼者から仕入先は国内で売上先は海外であり、消費税については基本的に還付になる旨の説明を受けていた。しかし、提出期限までに「消費税課税事業者選択届出書」の提出を失念したため、還付を受けることができなくなってしまった。税理士は決算作業中に自らそのミスに気付いている。消費税が還付になるとの説明を受けた時点で、「消費税課税事業者選択届出書」を提出していれば、課税事業者となり、還付は受けられたことから、税理士に責任がある。

なお、提出失念に気づいたのが2期目になってからであったため、「消費税課税期間特例選択届出書」で課税期間を区切り、「消費税課税事業者選択届出書」を提出して2期目の損害を2ヶ月に抑えているため、損害期は平成X8年3月期及びX8年5月期の2期である。

6 負担すべき損害額

消費税還付不能額200万円。

7 損害額から控除できる額

還付不能となった消費税額を雑収入に計上しなくて済んだことによる法人税等の節税額。

8 損害を回復する手段

課税期間の短縮により、損害期を短縮して損害額を抑えることができる。

9 未然防止策

・事前に十分な説明を行い有利選択を依頼者を含めて行う。
・意思決定の証拠を書面に残す。
・関与開始時に届出書類を確認する。
・設立初年度は慎重に。

事例
7
（消費税）

仕事初めの１月５日に「消費税課税事業者選択不適用届出書」を提出したため、期限後提出となり、消費税を納付することになってしまった事例

1 事例の概要

平成X7年分の消費税につき、基準期間の課税売上高が1,000万円以下となり免税事業者を選択できたにもかかわらず、仕事初めの1月5日に「消費税課税事業者選択不適用届出書」を提出したため、過去に提出した「消費税課税事業者選択届出書」の効力により、課税事業者となり、消費税を納付することになってしまった。これにより、納付した消費税額100万円につき損害が発生し、賠償請求を受けた。

2 ミスに至った経緯

H X5. 4	事業開始と共に関与開始。
H X5.12	平成X5年分からの「消費税課税事業者選択届出書」を提出。
H X5.12	平成X5年分の課税売上高が1,000万円以下となる。
H X6. 3	平成X5年分の所得税確定申告書及び消費税還付申告書を提出。
H X6.12	平成X7年分からの「消費税課税事業者選択不適用届出書」の提出期限（提出せず）。
H X7. 1	平成X7年分からの「消費税課税事業者選択不適用届出書」を提出。（期限後提出）。
H X7. 3	「消費税課税事業者選択不適用届出書」が期限後になることが発覚。
H X7. 3	依頼者に報告。損害賠償請求を受ける。

H X8. 3　平成 X7 年分の所得税確定申告書及び消費税確定申告書を提出。

3 基礎知識

「消費税課税事業者選択不適用届出書」（消法９⑤）

課税事業者を選択していた事業者が、選択をやめようとする場合には、選択をやめようとする課税期間の初日の前日までに納税地の所轄税務署長に「消費税課税事業者選択不適用届出書」提出しなければならない。ただし、「消費税課税事業者選択届出書」を提出して課税事業者となった課税期間の初日から２年を経過する日の属する課税期間の初日以後でなければ、この届出書を提出することはできない。

郵送による届出書の提出

到達主義（提出日は税務署に到達した日とする。）の原則を維持しつつ、納税申告書や提出時期に具体的な制約のある書類については、一部を除き発信主義（提出日は郵送した日）を適用することとしている。したがって、消費税の各種届出書も発信主義となっている。

提出期限が休日等の場合

提出期限が休日等の場合の取扱いについては、「⑴翌日に延長されるもの」と「⑵翌日に延長されないもの」の２つに分かれる。

⑴翌日に延長されるもの

具体的な日時が明記されているものや「各事業年度終了の日の翌日から二か月以内」などのように「○○から○○以内」と規定されているものについては、提出期限が休日等にあたる場合には翌日に延長される。

具体例：申告・納付等の期限、青色申告承認申請書（所得税）

⑵翌日に延長されないもの

提出期限が「課税期間の初日の前日まで」あるいは「支払日の前日まで」など、「○○の前日まで」と規定されている書類については、提出期限が休日等であっても期限は翌日に延長されない。

具体例：消費税の各種届出書、青色申告の承認申請書（法人税）

4 ミスの原因

「消費税課税事業者選択不適用届出書」を提出期限までに提出しなかった。

5 責任の所在

依頼者は設立初年度である平成X5年分の設備投資に係る消費税の還付を受けるため、「消費税課税事業者選択届出書」を提出した。しかし、平成X5年分の課税売上高が1千万円以下であったことから、平成X7年分から免税事業者になることができた。平成X7年分から免税事業者になるためには、平成X6年12月31日までに「消費税課税事業者選択不適用届出書」を提出する必要があった。しかし、税理士は、「消費税課税事業者選択不適用届出書」の提出期限を申告書の提出期限と同様と誤認し、仕事始めの1月5日に提出した。このため、期限後提出となり、平成X7年分が課税事業者となってしまった。税理士は確定申告作業中に電子申告のメールボックスを確認してそのミスに気づいている。届出書の提出期限までに「消費税課税事業者選択不適用届出書」を提出していれば、免税事業者になれたことから、税理士に責任がある。

6 負担すべき損害額

平成X7年分の消費税納付額100万円。

7 損害額から控除できる額

過大納付消費税額が経費計上されることによる所得税等の節税額。

8 損害を回復する手段

課税期間の短縮により、損害期を短縮して損害額を抑えることができる。

9 未然防止策

・チェックリストの活用。

・チェック体制の構築。

事例 8 (消費税)

マンション新築に係る消費税は課税売上が生じないため、仕入税額控除ができないものと思い込み、簡易課税を選択してしまった事例

1 事例の概要

平成X7年分の消費税につき、マンション新築工事について相談を受けていたにもかかわらず、マンション新築に係る消費税は課税売上が生じないため、仕入税額控除ができないものと思い込み、平成X6年4月の相続開始により課税事業者になった時点から、簡易課税を選択してしまった。平成X6年は簡易課税が有利であったが、平成X7年は簡易課税が強制されることから、マンション新築工事に係る消費税の還付が受けられなくなってしまった。これにより、有利な原則課税と不利な簡易課税との差額1,100万円につき損害が発生し、賠償請求を受けた。

2 ミスに至った経緯

H X6. 4	依頼者の実父甲死亡。
H X6. 5	相続税の申告業務と共に、相続人である依頼者の消費税の届出書等作成業務を受任。
H X6. 6	マンション工事請負契約書他を入手。
H X6. 8	マンション新築に係る消費税は仕入税額控除ができないものとの思い込み、「消費税課税事業者届出書」及び「消費税簡易課税制度選択届出書」を提出。
H X7. 3	平成X6年の消費税を有利な簡易課税で申告。
H X7. 8	マンション完成引渡し。
H X8. 1	確定申告作業中、原則課税が有利であったことに気付く。

H X8. 3　依頼者に報告し、損害賠償請求を受ける。
H X8. 3　平成 X7 年の消費税を不利な簡易課税で申告。

3 基礎知識

マンション新築に係る消費税

マンション新築に係る消費税は「その他の資産の譲渡等にのみ要するもの」に該当する。したがって、個別対応方式を採用した場合には仕入税額控除の対象にならないが、一括比例配分方式を採用した場合には、課税売上割合に応じた仕入税額控除ができる。

4 ミスの原因

マンション新築に係る消費税は仕入税額控除ができないものと思い込み、通常は有利である「消費税簡易課税制度選択届出書」を提出してしまった。

5 責任の所在

税理士は、依頼者の実父の所得税確定申告から関与しており、実父の相続開始の際、相続人である依頼者の消費税の届出書等の作成業務を依頼された。税理士は、その際、マンション新築工事について相談を受けていたが、居住用マンションの新築であり、課税売上が生じないため、仕入税額控除ができないものと思い込み、十分な検討をしないまま、被相続人が選択していた簡易課税を選択した。相続開始年である平成 X6 年は設備投資がなかったことから簡易課税が有利となったが、継続適用要件により簡易課税が強制される平成 X7 年はマンションの完成引渡しがあったことから、原則課税を選択し、一括比例配分方式を採用すれば、課税売上割合に応じた仕入税額控除が受けられ、有利であった。税理士は平成 X7 年の申告作業中に自らこのミスに気づいている。マンション新築工事について相談を受けた時点で、十分な検討を行っていれば、原則課税により還付は受けられたことから、税理士に責任がある。

6 負担すべき損害額

平成X7年の有利な原則課税と不利な簡易課税との差額1,100万円。

7 損害額から控除できる額

還付不能となった消費税額を雑収入に計上しなくて済んだことによる所得税等の節税額。

8 損害を回復する手段

なし。

9 未然防止策

・事前に十分な説明を行い有利選択を依頼者を含めて行う。
・意思決定の証拠を書面に残す。
・非課税売上が発生する業種には注意する。

事例 9（消費税）

課税仕入の大幅な減少が予測され、簡易課税が有利であったにもかかわらず、「消費税簡易課税制度選択届出書」の提出失念により、不利な原則課税での申告となってしまった事例

1 事例の概要

平成X8年3月期の消費税につき、課税仕入の大幅な減少が予測され、簡易課税が有利であったにもかかわらず、「消費税簡易課税制度選択届出書」の提出失念により、不利な原則課税での申告となってしまった。これにより、有利な簡易課税と不利な原則課税との差額100万円につき損害が発生し、賠償請求を受けた。

2 ミスに至った経緯

H X6. 9	関与先法人のオーナー個人の節税対策のため、オーナー所有の賃貸用建物の法人移転を提案。
H X7. 1	賃貸用建物の所有権を法人に移転。
H X7. 3	「消費税簡易課税制度選択届出書」の提出期限（提出失念）。
H X7. 5	関与先法人が賃貸用建物に係る消費税の還付申告書を提出。
H X7.12	顧問契約解除（本件事故とは無関係）。
H X8. 3	関与先法人の後任税理士より簡易課税有利を指摘され損害賠償請求を受ける。
H X8. 5	後任税理士より平成X8年3月期の消費税申告書の写しを受領。

3 基礎知識

消費税簡易課税制度選択届出書（消法37①）

簡易課税制度の適用を受けるためには、その適用を受けようとする課税期間の初日の前日までに納税地を所轄する税務署長に「消費税簡易課税制度選択届出書」を提出しなければならない。なお、簡易課税の選択には2年間の継続適用要件がある。

4 ミスの原因

課税仕入れの大幅な減少が予測されたにもかかわらず、有利選択を怠った。

5 責任の所在

関与先法人は貸店舗業を営んでおり、賃貸用建物は関与先法人のオーナーが所有していたため、消費税は原則課税が有利であった。税理士はオーナーの節税目的のため、オーナー所有の賃貸用建物の所有権を法人に移転するよう提案し、平成X7年1月に賃貸用建物の所有権を法人に移転した。これにより、法人の課税仕入れは大幅に減少することが予測されたため、平成X8年3月期の消費税からは、明らかに簡易課税有利であった。しかし、税理士は消費税の簡易課税と原則課税の有利不利判定を事前に行わず、後任税理士より簡易課税有利との指摘を受け、はじめて「消費税簡易課税制度選択届出書」の提出失念に気付いている。賃貸用建物の所有権を法人に移転した時点で、消費税の事前シミュレーションを行っていれば簡易課税は採れたことから、税理士に責任がある。

6 負担すべき損害額

有利な簡易課税と不利な原則課税との差額100万円。

7 損害額から控除できる額

過大納付消費税額が経費計上されることによる法人税等の節税額。

8 損害を回復する手段

なし。

9 未然防止策

・事前に十分な説明を行い有利選択を依頼者を含めて行う。
・意思決定の証拠を書面に残す。

事例
10
（消費税）

相続開始年において「消費税簡易課税制度選択届出書」の提出を失念してしまった事例

1 事例の概要

平成X6年及びX7年分の消費税につき、被相続人甲の相続開始により、簡易課税が選択できたにもかかわらず、「消費税簡易課税制度選択届出書」の提出を失念したため、不利な原則課税での申告となってしまった。これにより、有利な簡易課税と不利な原則課税との差額500万円につき損害が発生し、賠償請求を受けた。

2 ミスに至った経緯

H X6. 9	被相続人甲の相続開始により依頼者である相続人乙（甲の長男）が事業用不動産を相続する。甲の基準期間の課税売上高が5千万円超のため、平成26年から課税事業者となる。ただし、乙においては簡易課税制度の選択は可能。
H X6.12	「消費税簡易課税制度選択届出書」の提出期限（提出失念）。
H X7. 3	平成X6年分の消費税を不利な原則課税で申告。
H X8. 1	平成X7年分の確定申告作業中、簡易課税が有利であることに気づく。さらに平成X6年分から簡易課税が選択できたことが判明し、依頼者に報告。損害賠償請求を受ける。
H X8. 3	平成X7年分の消費税を不利な原則課税で申告。

3 基礎知識

相続開始年における簡易課税の選択

相続開始年において、免税事業者である相続人が、その基準期間における課税売上高が1,000万円を超える被相続人の事業を承継したときは、その相続人はその相続開始日の翌日から納税義務者となる。ただし、簡易課税制度の選択は、被相続人の基準期間の課税売上高で判定は行わないことから、その相続が11月までに開始しているときは、相続人に他に課税売上高がない場合には、相続開始年の12月31日までに「消費税簡易課税制度選択届出書」を提出すれば簡易課税制度が選択できる。

4 ミスの原因

簡易課税が選択できたにもかかわらず、期限までに「消費税簡易課税制度選択届出書」の提出を失念してしまった。

5 責任の所在

依頼者は相続税の納税資金を工面するために相続した事業用不動産を売却しており、簡易課税制度を採っていれば60%のみなし仕入率で仕入税額控除が可能であった。税理士は、これに気づかず、売却年分の申告作業中にはじめてその事実に気付いている。相続開始時に簡易課税制度の適用要件を確認していれば、簡易課税は選択できたことから、税理士に責任がある。

6 負担すべき損害額

有利な簡易課税と不利な原則課税との差額500万円。

7 損害額から控除できる額

過大納付消費税額が経費計上されることによる所得税等の節税額。

8 損害を回復する手段

なし。

9 未然防止策

・事前に十分な説明を行い有利選択を依頼者を含めて行う。
・意思決定の証拠を書面に残す。
・チェックリストの活用。
・チェック体制の構築。

事例
11
（消費税）

特定目的会社の消費税選択につき「消費税課税期間特例選択届出書」及び「消費税簡易課税制度選択届出書」の提出を失念した事例

1 事例の概要

関与先は不動産の証券化における特定目的会社であり、不動産を購入して投資家に分配金を支払う業務のみを行うものである。税理士は、依頼者の設立から関与し、不動産購入に係る消費税の還付を受けるべく課税事業者を選択した。特定目的会社の場合、不動産購入後は不動産収入に対して課税仕入れがほとんどないことから、簡易課税が有利となる。税理士は対象不動産購入後、「消費税課税期間特例選択届出書」で課税期間を区切り、「消費税簡易課税制度選択届出書」を提出して簡易課税を選択すべきところこれを失念してしまった。これにより、有利な簡易課税と不利な原則課税との差額2,100万円につき損害が発生し、賠償請求を受けた。

2 ミスに至った経緯

H X6. 3	法人設立と同時に関与開始。
H X6. 3	消費税課税事業者選択届出書を提出。
H X6.12	第1期事業年度終了。
H X7. 4	事業年度末を12月から6月に変更。
H X7. 5	対象不動産の購入。
H X7. 6	「消費税簡易課税制度選択届出書」の提出期限（提出失念）
H X7. 8	平成X7年6月期の消費税申告を原則課税で行い、不動産購入に係る消費税の還付を受ける。同時に簡易課税選択届出書の提

出失念発覚。

H X7. 9　関与先及び投資家に報告。

H X7.12　事業年度末を6月から12月に変更。

H X8. 3　平成X7年12月期の消費税を不利な原則課税で申告。

3 基礎知識

簡易課税制度（消法37）

基準期間における課税売上高が5,000万円以下である課税期間について「消費税簡易課税制度選択届出書」を提出した場合には、翌課税期間から簡易課税制度の適用を受けることができる。簡易課税制度の選択には2年間の継続適用要件がある。

課税期間の特例選択（消法19②）

「消費税課税期間特例選択届出書」の効力は、その提出日の属する課税期間の翌課税期間から適用される。したがって本事例の場合には、「消費税課税期間特例選択届出書」で課税期間を区切り、「消費税簡易課税制度選択届出書」を提出すれば、原則課税の期間を短くすることができる。課税期間の特例選択には2年間の継続適用要件がある。

特定目的会社の消費税選択

特定目的会社の消費税選択は以下のスキームで行われるのが一般的である。

①会社設立時は資本金が少額なため免税事業者。
②不動産購入時は課税事業者を選択して原則課税により還付を受ける。
③投資家への配当時は不動産収入に対して課税仕入れがほとんどなく、簡易課税が有利となることから、上記②の適用後、直ちに簡易課税を選択する。

4 ミスの原因

不動産購入後、「消費税課税期間特例選択届出書」で課税期間を区切り、「消費税簡易課税制度選択届出書」を提出すべきところこれを失念してしまった。

5 責任の所在

税理士は不動産購入後、「消費税課税期間特例選択届出書」で課税期間を区切り、「消費税簡易課税制度選択届出書」を提出すべきところこれを失念してしまい、申告時点で自らこれに気づいている。不動産購入後に各届出書を提出していれば、原則課税の期間を短縮し、有利な簡易課税を選択できたことから、税理士に責任がある。

6 負担すべき損害額

有利な簡易課税と不利な原則課税との差額2,100万円

7 損害額から控除できる額

過大納付消費税額2,100万円が経費計上されることによる法人税等の節税額。

8 損害を回復する手段

なし。

9 未然防止策

・チェックリストの活用。

・チェック体制の構築。

・税賠保険への加入。

・時系列で管理。

事例
12
（消費税）

「消費税簡易課税制度選択不適用届出書」の提出失念により、不利な簡易課税での申告になってしまった事例

1 事例の概要

平成X8年3月期の消費税につき、原則課税が有利にもかかわらず、「消費税簡易課税制度選択不適用届出書」の提出失念により、不利な簡易課税での申告になってしまい、消費税の還付を受けることができなくなってしまった。これにより、有利な原則課税と不利な簡易課税との差額300万円につき損害が発生し、賠償請求を受けた。

2 ミスに至った経緯

H X3. 3　「消費税簡易課税制度選択届出書」の提出。

H X3. 5　関与開始。

H X6. 4　依頼者が輸入代行業を開始。

H X7. 3　「消費税簡易課税制度選択不適用届出書」の提出期限。（提出失念）

H X7. 5　平成X7年3月期の消費税を簡易課税で申告。

H X7.10　顧問契約解除（本件事故とは無関係）。

H X8. 6　後任税理士が過去に「消費税簡易課税制度選択届出書」が提出されていることを知らず、平成X8年3月期の消費税を有利な原則課税で申告。

H X8. 7　所轄税務署から簡易課税である旨の連絡を受け、税理士の「消費税簡易課税制度選択不適用届出書」の提出失念が発覚。

H X8. 7　依頼者より損害賠償請求を受ける。

H X8.10　後任税理士が平成X8年3月期の消費税を不利な簡易課税で修

正申告。

3 基礎知識

消費税簡易課税制度選択不適用届出書（消法37⑤⑥）

簡易課税制度の適用を受けている事業者が簡易課税の選択をやめようとするときは、適用をやめようとする課税期間の初日の前日までに納税地を所轄する税務署長に「消費税簡易課税制度選択不適用届出書」を提出しなければならない。ただし、簡易課税制度の適用を受けることとなった課税期間の初日から２年を経過する日の属する課税期間の初日以後でなければ提出することはできない。

4 ミスの原因

輸入代行業を開始したにもかかわらず「簡易課税制度選択不適用届出書」の提出を失念してしまった。

5 責任の所在

依頼者は簡易課税を選択していたが、平成X7年３月期より輸入代行業を始めており、原則課税が有利であった。しかし、税理士は消費税の原則課税と簡易課税の有利不利のシミュレーションを怠り、期限までに「消費税簡易課税制度選択不適用届出書」の提出をしなかった、その後、後任税理士により原則課税の方が有利との指摘を受け、はじめてその事実に気付いた。事前シミュレーションを適正に行い、提出期限までに「消費税簡易課税制度選択不適用届出書」を提出していれば、有利な原則課税での申告は可能であったことから、税理士に責任がある。

6 負担すべき損害額

有利な原則課税と不利な簡易課税との差額300万円。

7 損害額から控除できる額

過大納付消費税額が経費計上されることによる法人税等の節税額。

8 損害を回復する手段

なし。

9 未然防止策

・事前に十分な説明を行い有利選択を依頼者を含めて行う。
・意思決定の証拠を書面に残す。
・選択不適用届出書提出の検討。

事例
13
（消費税）

賃貸用マンションの購入に係る消費税の還付を受けようとしたが、過去に提出された「消費税簡易課税制度選択届出書」の効力により還付を受けることができなくなってしまった事例

1 事例の概要

平成X8年3月期の消費税につき、賃貸用マンションの購入に係る消費税の還付を受けようとしたが、過去に提出された「消費税簡易課税制度選択届出書」の効力により原則課税が採れず、還付を受けることができなくなってしまった。これにより、有利な原則課税と不利な簡易課税との差額520万円につき損害が発生し、賠償請求を受けた。

2 ミスに至った経緯

H X2. 4	会社設立と同時に、関与開始。
H X3.11	「消費税簡易課税制度選択届出書」を提出。
H Y4.12	依頼者が業務（自動車解体業）を休止。
H Y6.11	依頼者より、不動産賃貸業を目論み中との話を受ける。
H Y7. 3	「消費税簡易課税制度選択不適用届出書」の提出期限。（提出失念）
H Y7.10	賃貸用中古マンションを購入。
H Y8. 5	平成Y8年3月期の消費税を誤って原則課税で還付申告。
H Y8. 6	所轄税務署から簡易課税を選択しているとの指摘を受け、「消費税簡易課税制度選択不適用届出書」の提出失念に気付く。
H Y8. 6	依頼者に報告。損害賠償請求を受ける。
H Y8. 6	平成Y7年3月期の消費税を簡易課税で修正申告及び法人税の

更正の請求書を提出。

3 基礎知識

消費税簡易課税制度選択不適用届出書（消法37⑤⑥）

簡易課税制度の適用を受けている事業者が簡易課税の選択をやめようとするときは、適用をやめようとする課税期間の初日の前日までに「消費税簡易課税制度選択不適用届出書」を納税地の所轄税務署長に提出しなければならない。ただし、簡易課税制度の適用を受けることとなった課税期間の初日から2年を経過する日の属する課税期間の初日以後でなければ提出することができない。

4 ミスの原因

業態変更を事前に聞いていたにもかかわらず、事前の有利選択を怠った。

5 責任の所在

依頼者は、平成Y4年12月に自動車解体業を休止しており、2年の休業期間を経て、今後は不動産賃貸業に特化するとの話を税理士に伝えていた。しかし、簡易課税を選択していた事実を失念し、賃貸用マンションの取得を事前に聞いていたにもかかわらず、期限までに「消費税簡易課税制度選択不適用届出書」の提出をしなかった。そして平成Y8年3月期にマンション取得に係る消費税の還付を受けるべく原則課税で申告したところ、所轄税務署から簡易課税を選択しているとの指摘を受け、はじめて「消費税簡易課税制度選択不適用届出書」の提出失念に気付いている。業態変更を聞いた時点で過去に提出された届出書を確認し、提出期限までに「消費税簡易課税制度選択不適用届出書」を提出していれば還付は受けられたことから、税理士に責任がある。

6 負担すべき損害額

有利な原則課税と不利な簡易課税との差額520万円。

7 損害額から控除できる額

還付不能となった消費税額を雑収入に計上しなくて済んだことによる法人税等の節税額。

8 損害を回復する手段

なし。

9 未然防止策

・事前に十分な説明を行い有利選択を依頼者を含めて行う。
・意思決定の証拠を書面に残す。
・選択不適用届出書提出の検討。

事例 14（消費税）

合併があった場合の簡易課税制度の判定を納税義務の判定と同じであると思い込み、原則課税で行ってしまった事例

1 事例の概要

合併法人である依頼者（以下A社という）の平成Y8年5月期（合併事業年度の翌事業年度）の消費税につき、納税義務者の判定は、A社と被合併法人（以下B社という）の基準期間の課税売上高を合算して行い、簡易課税制度選択の可否は、A社の基準期間の課税売上高のみで判定すべきところ、誤って、簡易課税制度選択の可否も合算で行ない、有利な原則課税で申告していた。しかし、正しく判定すると、不利な簡易課税での申告であった。これを所轄税務署から指摘され、修正申告となった。これにより、有利な原則課税と不利な簡易課税との差額300万円につき損害が発生し賠償請求を受けた。

2 ミスに至った経緯

H X5. 5　A社に関与開始。（「消費税簡易課税制度選択届出書」はA社において提出済。）

H Y6. 7　A社が決算期を3月から5月に変更、2か月決算で確定申告書提出。Y6年5月期の課税売上高が年換算額で1,000万円以下となり、Y8年5月期の免税事業者が確定。

H Y7. 2　A社がB社を吸収合併。両社の基準期間の課税売上高の合計額が1,000万円超となり、Y8年5月期は課税事業者となる。ただし、A社の基準期間の課税売上高が5,000万円以下のため簡易課税となる。

H Y7. 5　「消費税簡易課税制度選択不適用届出書」の提出期限。（提出失念）

H Y8. 7 平成Y8年5月期の消費税申告書を誤った原則課税で提出。

H Y8. 8 所轄税務署より簡易課税である旨の指摘を受け、「消費税簡易課税制度選択不適用届出書」の提出失念発覚。

H Y8. 9 依頼者に報告し、損害賠償請求を受ける。

3 基礎知識

● 合併があった場合の納税義務（消基通1-5-6）

法第11条各項《合併があった場合の納税義務の免除の特例》の規定は、合併により被合併法人の事業を承継した合併法人について、次に掲げる場合に該当するときは、納税義務を免除しないとする趣旨であることに留意する。

(1)合併があった日の属する事業年度においては、合併法人の基準期間における課税売上高又は各被合併法人の当該基準期間に対応する期間における課税売上高のうちいずれかが1,000万円を超える場合

（注）合併法人の基準期間における課税売上高が1,000万円以下であっても被合併法人の当該基準期間に対応する期間における課税売上高が1,000万円を超える場合には、当該合併法人の当該合併があった日から当該合併があった日の属する事業年度終了の日までの間における課税資産の譲渡等について納税義務が免除されない。

(2)合併があった日の属する事業年度の翌事業年度及び翌々事業年度においては、合併法人の基準期間における課税売上高と各被合併法人の当該基準期間に対応する期間における課税売上高との合計額が1,000万円を超える場合

● 合併法人が簡易課税制度を選択する場合の基準期間の課税売上高の判定（消基通13-1-2）

吸収合併があった場合において、当該吸収合併に係る合併法人の法第37条第1項《中小事業者の仕入れに係る消費税額の控除の特例》に規定する基準期間における課税売上高が5,000万円を超えるかどうかは、当該合併法人の基準期間における課税売上高のみによって判定するのであるから留意する。

《合併があった場合の判定に用いる基準期間の課税売上高》

区　分	納税義務の判定	簡易課税の判定
合併事業年度	合併法人又は被合併法人のいずれか	合併法人
合併事業年度の翌及び翌々事業年度	合併法人と被合併法人の合算	合併法人

4 ミスの原因

合併法人の簡易課税制度選択の可否は、合併法人の基準期間の課税売上高のみで判定すべきところ、納税義務の判定と同じであると思い込み、合併法人と被合併法人の合算で判定してしまった。

5 責任の所在

法人が合併した場合、合併事業年度の翌事業年度の納税義務者の判定は、合併法人と被合併法人の基準期間の課税売上高を合算して判定する。しかし簡易課税制度選択の可否は、合併法人の基準期間の課税売上高のみで判定する。合併法人である依頼者は過去に「消費税簡易課税制度選択届出書」を提出していた。そして合併事業年度の翌事業年度の平成 Y8 年 5 月期の消費税の申告の際、基準期間の課税売上高が合算で 5,000 万円を超えていたことから、簡易課税制度選択の可否も合算して判定するものと思い込み、原則課税で申告書を提出した。そして所轄税務署から、合併法人の基準期間の課税売上高が 5,000 万円以下のため、簡易課税での修正申告を求められ、はじめてその事実に気付いている。過去に提出された届出書を確認し、提出期限までに「消費税簡易課税制度選択不適用届出書」を提出していれば原則課税は採れたことから、税理士に責任がある。

6 負担すべき損害額

有利な原則課税と不利な簡易課税との差額300万円。

7 損害額から控除できる額

過大納付消費税額が経費計上されることによる法人税等の節税額。

8 損害を回復する手段

なし。

9 未然防止策

・チェック体制の構築。
・選択不適用届出書提出の検討。

事例 15（消費税）

旧消費税法施行規則22条1項の経過措置の適用が受けられたにもかかわらずこれを失念したまま申告してしまった事例

1 事例の概要

平成X2年3月期から平成X7年3月期までの消費税につき旧消費税法施行規則22条1項の経過措置の適用が受けられたにもかかわらず、原則的な方法により消費税額を計算して申告書を作成してしまった。これにより、不利な原則的な方法により計算した消費税額と有利な積み上げ方式により計算した消費税額との差額150万円につき損害が発生し、賠償請求を受けた。

2 ミスに至った経緯

H X6.10　関与開始。

H X7. 3　代表者個人の平成X6年分の消費税につき旧消費税法施行規則22条1項の特例を適用して申告書を提出。以後Y3年分まで同様に申告。

H Y4. 5　平成Y4年1月に個人事業から法人成りした際、消費税につき旧消費税法施行規則22条1項の特例を適用せずに申告。以後平成Y7年3月期まで同様に申告。

H Y7. 5　決算作業中に依頼者から指摘を受け旧消費税法施行規則22条1項の特例の適用が受けられたことが発覚。

H Y7. 6　税務署と交渉するも納税者の選択による申告であるため救済不可確定。

H Y7. 6　依頼者に報告し、損害賠償請求を受ける。

3 基礎知識

旧消費税法施行規則 22 条 1 項の特例

本体価格と消費税額等とを区分して領収する場合において、その消費税額等の 1 円未満の端数を処理したときは、その処理した後の消費税額等をもってその課税標準額に対する消費税額とすることができるものである。したがってスーパー等の小売店の場合には、商品ごとに消費税の 1 円未満の端数を切捨てにして領収すれば納付税額は少なくなる。平成 16 年の総額表示の義務化により、この特例制度は廃止されたが、スーパー等の小売店で、決済の際発行されるレシート、領収書等で、領収金額に含まれる消費税相当額（1 円未満の端数を処理した後の金額）を明示している場合に限り、当分の間、この特例の規定が認められる経過措置が設けられている。

4 ミスの原因

依頼者が法人成りした際に、旧消費税法施行規則 22 条 1 項の課税標準に対する消費税の特例の選択を失念して申告書を提出してしまった。

5 責任の所在

依頼者はコンビニエンスストアーを経営しており、この特例の経過措置の適用要件を満たしていた。しかし、税理士はこれを適用せずに申告を行い、依頼者からの問い合わせによりはじめてその事実に気付いている。申告書作成の時点で特例を適用していれば、納付税額は少なくできたことから、税理士に責任がある。

6 負担すべき損害額

原則的な方法により計算した消費税額と積み上げ方式により計算した消費税額との差額 150 万円。

7 損害額から控除できる額

過大納付消費税額が経費計上されることによる法人税等の節税額。

8 損害を回復する手段

なし。

9 未然防止策

・特例適用の可否は慎重に判断する。
・担当者の変更。

事例 16（消費税）

個別対応方式が有利であったにもかかわらず、不利な一括比例配分方式により税額を計算してしまった事例

1 事例の概要

平成 X7 年 3 月期の消費税につき、課税売上割合が 95%未満となり、課税仕入れに係る控除税額の計算方法として個別対応方式が有利であったにもかかわらず、不利な一括比例配分方式により税額を計算してしまった。これにより有利な個別対応方式と不利な一括比例配分方式により計算した差額 1,000 万円につき損害が発生し、賠償請求を受けた。

なお、一括比例配分方式には 2 年間の継続適用要件があるため、損害期は平成 X7 年 3 月期及び平成 X8 年 3 月期の 2 期にわたる。

2 ミスに至った経緯

H X4. 1	関与開始。
H X7. 5	平成 X7 年 3 月期の消費税を不利な一括比例配分方式により申告。
H X8. 5	決算手続の際に、前年度の申告で個別対応方式を選択していた方が有であったことが判明。
H X8. 5	2 年間の継続適用要件があるため平成 X8 年 3 月期の消費税を不利な一括比例配分法式により申告。
H X8. 6	依頼者に報告し、個別対応方式について説明。
H X8. 6	依頼者の帳簿より、当初から個別対応方式が採用できたため、損害賠償請求を受ける。

3 基礎知識

原則課税における仕入税額控除

その課税期間における課税売上高が5億円超又は課税売上割合95％未満の事業者は、消費税の原則課税における仕入税額控除は、個別対応方式と一括比例配分方式のいずれかを選択することができる。

⑴個別対応方式（消法30②一）

課税仕入れ等について、①課税資産の譲渡等にのみ要するもの、②その他の資産の譲渡等にのみ要するもの及び③これらに共通して要するものに区分が明らかにされている場合には次の計算式により仕入税額控除を計算することができる。

仕入控除税額＝①に係る課税仕入等の税額＋（③に係る課税仕入等の税額×課税売上割合）

一般的に課税売上にのみ要する課税仕入れが多い場合や、課税売上割合が低い場合には、個別対応方式を採用したほうが有利になる。

⑵一括比例配分方式（消法30②二、④）

一括比例配分方式は仕入控除税額の計算において、個別対応方式を適用できない場合又は個別対応方式を適用できる場合であっても一括比例配分方式を選択したときに適用される。一括比例配分方式は次の計算式により計算する。

仕入控除税額＝課税仕入等の税額×課税売上割合

一括比例配分方式は、課税仕入れ等に係る消費税額の合計額に課税売上割合を乗じて計算するため、個別対応方式に比べ一括比例配分方式の方が手間はかからない。

ただし、一括比例配分方式を採用した事業者は、この方法により計算することとした課税期間の初日から同日以後2年を経過する日までの間に開始する各課税期間においてその方法を継続した後の課税期間でなければ、個別対応方式に変更することはできない。

	個別対応方式	一括比例配分方式
メリット	・税額上有利になることが多い ・2年間の継続適用要件がない ・課税売上割合に準ずる割合の適用可	・事務負担が軽い ・その他の資産の譲渡等にのみ要するものの控除可
デメリット	・事務負担が重い ・その他の資産の譲渡等にのみ要するものの控除不可	・税額上不利になることが多い ・2年間の継続適用要件がある ・課税売上割合に準ずる割合の適用不可

4 ミスの原因

事前に個別対応方式と一括比例配分方式との有利選択を怠った。

5 責任の所在

依頼者は古物取引商を営んでいたが、その大半はチケットや金券の売買取引であり、売上、仕入共に非課税であったため、課税売上割合は恒常的に95％未満であり、個別対応方式が有利であった。依頼者は平成X7年3月期から課税事業者に該当していたが、税理士は仕入税額控除方式の選択に当たり、事前シミュレーションによる有利・不利の判定を行っていなかった。そのため、税務計算ソフトが初期設定していた不利な一括比例配分方式をそのまま採用してしまった。そして、担当者が変わった際にはじめて有利・不利の判定を行い、個別対応方式が有利であったことに気づいている。仕入税額控除方式の選択につき、事前シミュレーションを行っていれば、当初より有利な個別対応方式は採用できたことから、税理士に責任がある。

6 負担すべき損害額

有利な個別対応方式と不利な一括比例配分方式との差額1,000万円。

7 損害額から控除できる額

過大納付消費税額が経費計上されることによる法人税等の節税額。

8 損害を回復する手段

なし。

9 未然防止策

・事前に十分な説明を行い有利選択を依頼者を含めて行う。
・意思決定の証拠を書面に残す。
・設立初年度は慎重に。
・非課税売上が発生する業種には注意する。

事例 17（消費税）

個別対応方式が有利であったにもかかわらず、有利選択を行わず、不利な一括比例配分方式により税額を計算していた事例

1 事例の概要

戸建ての建売を主要業務とする不動産業を営む依頼者の消費税につき、平成X6年4月の設立以来、課税売上割合が絶えず95％未満であり、課税仕入れに係る控除税額の計算方法として個別対応方式が有利であったにもかかわらず、有利選択を行わず、不利な一括比例配分方式により税額を計算していた。これにより有利な個別対応方式と不利な一括比例配分方式により計算した差額2,000万円につき損害が発生し、賠償請求を受けた。したがって、損害期は平成X7年3月期から平成Y8年3月期までの12期である。

2 ミスに至った経緯

H X6. 4	会社設立。顧問契約締結。
H X7. 5	平成X7年3月期の消費税を一括比例配分方式により申告。以後、平成Y8年3月期まで同様。
H Y8. 7	関与先より個別対応方式に対して質問を受ける。
H Y8. 8	個別対応方式を選択していた方が有利であることが判明。依頼者より損害賠償請求を受ける。
H Y8. 9	依頼者と覚書を締結し、損害賠償について合意。

3 基礎知識

原則課税における仕入税額控除

その課税期間における課税売上高が5億円超又は課税売上割合95％未満の事業者は、消費税の原則課税における仕入税額控除は、個別対応方式と一括比例配分方式のいずれかを選択することができる。

⑴個別対応方式（消法30②一）

課税仕入れ等について、①課税資産の譲渡等にのみ要するもの、②その他の資産の譲渡等にのみ要するもの及び③これらに共通して要するものに区分が明らかにされている場合には次の計算式により仕入税額控除を計算することができる。

仕入控除税額＝①に係る課税仕入等の税額＋（③に係る課税仕入等の税額×課税売上割合）

一般的に課税売上にのみ要する課税仕入れが多い場合や、課税売上割合が低い場合には、個別対応方式を採用したほうが有利になる。

⑵一括比例配分方式（消法30②二、④）

一括比例配分方式は仕入控除税額の計算において、個別対応方式を適用できない場合又は個別対応方式を適用できる場合であっても一括比例配分方式を選択したときに適用される。一括比例配分方式は次の計算式により計算する。

仕入控除税額＝課税仕入等の税額×課税売上割合

一括比例配分方式は、課税仕入れ等に係る消費税額の合計額に課税売上割合を乗じて計算するため、個別対応方式に比べ一括比例配分方式の方が手間がかからない。

ただし、一括比例配分方式を採用した事業者は、この方法により計算することとした課税期間の初日から同日以後2年を経過する日までの間に開始する各課税期間においてその方法を継続した後の課税期間でなければ、個別対応方式に変更することはできない。

	個別対応方式	一括比例配分方式
メリット	・税額上有利になることが多い ・2年間の継続適用要件がない ・課税売上割合に準ずる割合の適用可	・事務負担が軽い ・その他の資産の譲渡等にのみ要するものの控除可
デメリット	・事務負担が重い ・その他の資産の譲渡等にのみ要するものの控除不可	・税額上不利になることが多い ・2年間の継続適用要件がある ・課税売上割合に準ずる割合の適用不可

4 ミスの原因

課税仕入れに係る控除税額の計算方法として個別対応方式が有利であったにもかかわらず、有利選択を行わず、不利な一括比例配分方式により税額を計算していた。

5 責任の所在

依頼者は戸建ての建売を主要業務とする不動産業を営んでおり、建物部分の売上げは課税売上、土地部分の売上げは非課税売上であるため、課税売上割合はほとんどの期で50%以下であった。一方、課税仕入は、建物の工事費用は「課税資産の譲渡等にのみ要するもの」であることから、個別対応方式を選択した方が必ず有利であった。しかし、税理士は事前シミュレーションによる有利・不利の判定を行わず、不利な一括比例配分方式で計算し続けてしまった。税理士は依頼者からの質問(「我々のような建売業者は個別対応方式が有利であると同業者から聞いたが実際どうなのか？」)を受け、過去に遡って検証をしたところ、個別対応方式が有利であることが判明した。事前に仕入税額控除方式の有利・不利の判定を行い、有利な個別対応方式を選択していれば、個別対応方式を選択しうる前提条件を整えることは可能であったことから、税理士に責任がある。

6 負担すべき損害額

有利な個別対応方式と不利な一括比例配分方式との差額 2,000 万円。

7 損害額から控除できる額

過大納付消費税額が経費計上されることによる法人税等の節税額。

8 損害を回復する手段

なし。

9 未然防止策

・事前に十分な説明を行い有利選択を依頼者を含めて行う。
・意思決定の証拠を書面に残す。
・担当者の変更。
・設立初年度は慎重に。
・非課税売上が発生する業種には注意する。

事例
18
(消費税)

「課税売上と非課税売上に共通して要するもの」を計上しなかったため、課税仕入等の区別がされていないとして税務調査により否認され、結果として不利な一括比例配分方式により修正申告することとなってしまった事例

1 事例の概要

平成X6年3月期から平成X8年3月期の消費税につき個別対応方式で申告したが、「課税売上と非課税売上に共通して要するもの」を計上しなかったため、課税仕入れ等の区別がされていないとして税務調査により否認され、結果として不利な一括比例配分方式により修正申告することとなってしまった。これにより有利な個別対応方式と不利な一括比例配分方式により計算した消費税差額130万円につき損害が発生し、賠償請求を受けた。

2 ミスに至った経緯

H X6. 5　平成X6年3月期の消費税につき、「課税売上と非課税売上に共通して要するもの」を計上せずに個別対応方式で申告。以後、平成X8年3月期まで同様。

H X8.11　税務調査により課税仕入れ等の区別がされていないとして一括比例配分方式での修正申告を慫慂(しょうよう)される。依頼者に報告し、損害賠償請求を受ける。

H X8.12　平成X6年3月期から平成X8年3月期の消費税を不利な一括比例配分方式により修正申告。

H X8.12　依頼者に賠償金を支払う。

3 基礎知識

原則課税における仕入税額控除

その課税期間における課税売上高が5億円超又は課税売上割合95%未満の事業者は、消費税の原則課税における仕入税額控除は、個別対応方式と一括比例配分方式のいずれかを選択することができる。

(1)個別対応方式（消法30②一）

課税仕入れ等について、①課税資産の譲渡等にのみ要するもの、②その他の資産の譲渡等にのみ要するもの及び③これらに共通して要するものに区分が明らかにされている場合には次の計算式により仕入税額控除を計算することができる。

仕入控除税額＝①に係る課税仕入等の税額＋(③に係る課税仕入等の税額×課税売上割合)

(2)一括比例配分方式（消法30②二、④）

一括比例配分方式は仕入控除税額の計算において、個別対応方式を適用できない場合又は個別対応方式を適用できる場合であっても一括比例配分方式を選択したときに適用される。一括比例配分方式は次の計算式により計算する。

仕入控除税額＝課税仕入等の税額×課税売上割合

一括比例配分方式は、課税仕入れ等に係る消費税額の合計額に課税売上割合を乗じて計算するため、個別対応方式に比べ一括比例配分方式の方が手間がかからない。

ただし、一括比例配分方式を採用した事業者は、この方法により計算することとした課税期間の初日から同日以後2年を経過する日までの間に開始する各課税期間においてその方法を継続した後の課税期間でなければ、個別対応方式に変更することはできない。

4 ミスの原因

個別対応方式で申告したが、「課税売上と非課税売上に共通して要するもの」を全く計上しなかった。

5 責任の所在

依頼者は建設資材販売業を営んでおり、恒常的に課税売上高が5億円を超えていた。税理士は仕入税額控除方式の選択に当たり、個別対応方式が有利と判断し採用していた。しかし、非課税売上額が有価証券の譲渡だけであり、少額であったことから、「課税売上と非課税売上に共通して要するもの」を計上しなかったところ、平成X8年11月に税務調査を受けた際、課税仕入れ等の区別がされていないとして、一括比例配分方式で修正申告をすることになってしまった。課税仕入れ等の区別をきちんと行っていれば、不利な一括比例配分方式での修正申告をせずに済んだことから、税理士に責任がある。

6 負担すべき損害額

有利な個別対応方式と不利な一括比例配分方式との差額130万円。

7 損害額から控除できる額

過大納付消費税額が経費計上されることによる法人税等の節税額。

8 損害を回復する手段

なし。

9 未然防止策

・事前に十分な説明を行い有利選択を依頼者を含めて行う。
・意思決定の証拠を書面に残す。
・担当者の変更。
・非課税売上が発生する業種には注意する。

事例
19
（消費税）

新設法人の期末資本金額で判定したため、課税事業者と誤認し、設立初年度の設備投資に係る消費税の還付が受けられなかった事例

1 事例の概要

設立初年度である平成X8年3月期の消費税につき、設立時の資本金が1,000万円未満であったため免税事業者であるにもかかわらず、期中増資により期末資本金が1,000万円以上となっていたため、課税事業者と誤認し、提出期限までに「消費税課税事業者選択届出書」の提出を失念したため、設立初年度の設備投資に係る消費税の還付を受けることができなかった。これにより、還付不能となった消費税額560万円につき損害が発生し、賠償請求を受けた。

2 ミスに至った経緯

H X7. 4	資本金100万円で法人設立。
H X7. 4	関与開始。
H X7. 5	資本金を2,500万円に増資。
H X8. 3	「消費税課税事業者選択届出書」提出期限。（提出失念）
H X8. 5	消費税申告書のチェック時に、提出失念発覚。
H X8. 5	依頼者に報告し、損害賠償請求を受ける。

3 基礎知識

● 基準期間がない法人の納税義務の免除の特例（消法12の2）

その事業年度の基準期間がない法人のうち、当該事業年度開始の日における資本金の額又は出資の金額が1,000万円以上である法人（以下「新設法人」という。）については、当該新設法人の基準期間がない事業年度に含まれる各課税期間における課税資産の譲渡等については、納税義務は免除されない。

4 ミスの原因

新設法人の特例は「事業年度開始の日の資本金額が1,000万円以上」であるのに、「期末資本金額が1,000万円以上」であると誤認していた。

5 責任の所在

税理士は、決算作業中に設立時の届出書類を確認してはじめてミスに気づいている。受任時に設立時の届出書類を確認し、期限までに「消費税課税事業者選択届出書」を提出していれば、課税事業者となり、還付は受けられたことから、税理士に責任がある。なお、課税事業者の選択には2年間の継続適用要件があるが、設立初年度中に増資し、期末において資本金額が1,000万円以上となっていることから、翌期は課税事業者になるため、損害は平成X8年3月期のみである。

6 負担すべき損害額

還付不能となった消費税額560万円。

7 損害額から控除できる額

還付不能となった消費税額を雑収入に計上しなくて済んだことによる法人

税等の節税額。

8 損害を回復する手段

なし。

9 未然防止策

・思い込みに注意する。

・関与開始時に届出書類を確認する。

・選択不適用届出書提出の検討。

事例
20
（消費税）

特定期間の課税売上高が1,000万円を超えていたため、課税事業者と誤認して消費税の申告及び納付をしてしまった事例

1 事例の概要

平成X8年3月期の消費税につき、「特定期間における課税売上高による納税義務の免除の特例」により、特定期間の給与等支払額が1,000万円以下であったため納税義務が免税されていたにも係わらず、特定期間の課税売上高が1,000万円を超えていたため、課税事業者と誤認して消費税申告書の提出及び納付をしてしまった。これにより、納付税額200万円につき損害が発生し、賠償請求を受けた。

2 ミスに至った経緯

H X6. 4	資本金500万円で法人設立。
H X6. 9	特定期間の課税売上高が1,000万円超となったが、給与等支払額が1,000万円以下であったため、平成X8年3月期の免税事業者が確定。
H X8. 4	関与開始。
H X8. 5	平成X8年3月期を課税事業者と誤認して消費税の申告書を提出。
H X8. 5	依頼者が消費税を納付。
H X8. 8	依頼者の指摘により、「特定期間における課税売上高による納税義務の免除の特例」を給与等支払額で判定していないことが発覚。
H X8. 8	所轄税務署に消費税申告書の取下げ依頼を行う。

H X8. 8　所轄税務署より取下げできない旨の回答。

H X8. 8　依頼者に報告。損害賠償請求を受ける。

3 基礎知識

特定期間（消法9の2④）

特定期間とは、法人の場合は原則として、その事業年度の前事業年度（7月以下の短期事業年度を除く。）開始の日以後6ヵ月の期間をいう。

特定期間における課税売上高（消法9の2③）

特定期間における課税売上高については、法人が特定期間中に支払った所得税法第231条1項（給与等、退職手当等又は公的年金等の支払明細書）に規定する支払明細書に記載すべき給与等の金額に相当するものの合計額とすることができる。

特定期間における課税売上高による納税義務の免除の特例（消法9の2①）

法人のその事業年度の基準期間における課税売上高が1,000万円以下である場合において、その法人のその事業年度に係る特定期間における課税売上高が1,000万円を超えるときは、その法人のその事業年度における課税資産の譲渡等については、納税義務は免除されない。なお、この特例は平成25年1月1日以後に開始する事業年度から適用される。

4 ミスの原因

特定期間の課税売上高に代えて給与等支払額が1,000万円以下であれば免税事業者となれることを知らなかった。

5 責任の所在

依頼者は平成X6年4月に資本金500万円で法人を設立した。平成X8年3月期に該当する特定期間の課税売上高は1,000万円を超えていたが、給与等支払額の合計額が1,000万円以下であったため、平成X8年3月期は免税事業者となれた。しかし、税理士は「特定期間における課税売上高による納税義務の免除の特例」を課税売上高のみで判定し、平成X8年3月期は課税事業者であるものと誤認し、課税事業者として申告してしまった。その後、依頼者から特定期間の給与等支払額の合計額が1,000万円以下であったため免税事業者となれたことを指摘され、はじめてその事実に気付いている。特定期間における1,000万円の判定を課税売上高だけでなく、給与等支払額の合計額で判定していれば免税事業者になれたことから、税理士に責任がある。

6 負担すべき損害額

課税事業者として納付した消費税額　200万円。

7 損害額から控除できる額

過大納付消費税額が経費計上されることによる法人税等の節税額。

8 損害を回復する手段

なし。

9 未然防止策

・税制改正は必ず確認する。

・チェックリストの活用。

・チェック体制の構築。

・特例適用の可否は慎重に判断する。

・設立２期目の納税義務に注意する。

事例
21
（消費税）

特定期間の課税売上高が 1,000 万円超であったが、給与等支払額の合計額については、事前に説明をしていれば 1,000 万円以下に抑えることは可能であった事例

1 事例の概要

設立 2 期目である平成 X8 年 3 月期の消費税につき、特定期間の課税売上高が 1,000 万円超であったが、給与等支払額の合計額については、支給対象者が代表者の長男 1 人であったことから、課税事業者となる場合について事前に説明をしていれば、1,000 万円以下に抑えることは可能であった。このため、設立 2 期目から課税事業者になったことによる 2 期目の消費税額 900 万円につき損害が発生し、賠償請求を受けた。

2 ミスに至った経緯

H X5. 2　関与開始。

H X6. 4　法人設立。消費税免税事業者について説明。

H X6. 7　1 億 5,000 万円の課税売上高を計上。

H X6. 8　1,200 万円の給与を代表者の長男に支払い。

H X6. 9　特定期間が終了。課税売上高が 1,000 万円超であり、かつ、給与等支払額の合計額が 1,000 万円超となり、平成 X8 年 3 月期の課税事業者が確定。

H X8. 5　平成 X8 年 3 月期の決算作業中に免税事業者でないことに気づく。

H X8. 5　依頼者に報告し、損害賠償請求を受ける。

H X8. 5　平成 X8 年 3 月期の消費税を原則課税で申告。

3 基礎知識

● 特定期間（消法9の2④）

特定期間とは、法人の場合は原則として、その事業年度の前事業年度（7月以下の短期事業年度を除く。）開始の日以後6ヵ月の期間をいう。

● 特定期間における課税売上高（消法9の2③）

特定期間における課税売上高については、法人が特定期間中に支払った所得税法第231条1項（給与等、退職手当金等又は公的年金等の支払明細書）に規定する支払明細書に記載すべき給与等の金額に相当するものの合計額とすることができる。

● 特定期間における課税売上高による納税義務の免除の特例（消法9の2①）

法人のその事業年度の基準期間における課税売上高が1,000万円以下である場合において、その法人のその事業年度に係る特定期間における課税売上高が1,000万円を超えるときは、その法人のその事業年度における課税資産の譲渡等については、納税義務は免除されない。なお、この特例は平成25年1月1日以後に開始する事業年度から適用される。

4 ミスの原因

特定期間の納税義務の免除の特例に関して十分な説明を行っていなかった。

5 責任の所在

依頼者は平成X6年4月に資本金900万円で設立された法人で、設立2期目の特定期間の課税売上高及び給与等支払額の合計額が1,000万円超であったことから、設立2期目から課税事業者となった。課税売上高については、調整は不可能であったが、給与等支払額の合計額については、支給対象者が代表者の長男1人であったことから、課税事業者となる場合について事前に説明をしていれば、給与等支払額の合計額を1,000万円以下に抑えることは可能であった。税理士は平成X8年3月期の決算作業中に自らこのミスに気づいている。特定期間の課税売上高による納税義務の免除の特例について事前に検討していれば、給与等支払額の合計額を1,000万円以下に抑え、設立2期目は免税事業者になれたことから、税理士に責任がある。

6 負担すべき損害額

設立2期目の消費税額　900万円。

7 損害額から控除できる額

過大納付消費税額が経費計上されることによる法人税等の節税額。

8 損害を回復する手段

なし。

9 未然防止策

・税制改正は必ず確認する。
・主な税制改正事項については事前に説明を行う。
・文章等による証拠を残す。
・コミュニケーションをとる。
・設立初年度は慎重に。
・設立2期目の納税義務に注意する。

事例 22 (消費税)

設立事業年度を11ヶ月としたため、「特定期間における課税売上高による納税義務の免除の特例」により2期目から消費税の課税事業者となってしまった事例

1 事例の概要

設立事業年度である平成X6年12月期を11ヶ月としたため、設立事業年度が特定期間に該当することとなり、結果として「特定期間における課税売上高による納税義務の免除の特例」により、2期目から消費税の課税事業者となってしまった。これにより、設立2期目から課税事業者となった当初申告と、設立事業年度を7ヶ月以下の短期事業年度として2期目も免税事業者であった場合との差額80万円につき損害が発生し、賠償請求を受けた。

2 ミスに至った経緯

H X5.12　法人設立の相談を受け、関与開始。免税事業者である期間が最も長くなるように課税期間を区切るよう依頼される。

H X6. 1　資本金900万円で法人設立。免税事業者である期間が最も長くなるように12月決算法人に決める。

H X6. 6　設立2期目の特定期間の課税売上高及び給与等の支払額の合計額が1,000万円超となり、特例により設立2期目が課税事業者になることが確定。

H X8. 1　設立2期目の決算作業中に、特例により消費税の納税義務があること及び、設立事業年度を7ヶ月以下の短期事業年度にすれば、2期目は免税事業者でいられたことに気付く。

H X8. 2　設立2期目の消費税申告書を提出。依頼者に報告し、損害賠

償請求を受ける。

3 基礎知識

特定期間（消法9の2④）

特定期間とは、法人の場合は原則として、その事業年度の前事業年度（7月以下の短期事業年度を除く。）開始の日以後6ヶ月の期間をいう。

特定期間における課税売上高（消法9の2③）

特定期間における課税売上高については、法人が特定期間中に支払った所得税法第231条1項（給与等、退職手当金等又は公的年金等の支払明細書）に規定する支払明細書に記載すべき給与等の金額に相当するものの合計額とすることができる。

特定期間における課税売上高による納税義務の免除の特例（消法9の2①）

法人のその事業年度の基準期間における課税売上高が1,000万円以下である場合において、その法人のその事業年度に係る特定期間における課税売上高が1,000万円を超えるときは、その法人のその事業年度における課税資産の譲渡等については、納税義務は免除されない。ただし、その事業年度の前事業年度が7ヶ月以下の短期事業年度である場合には、この特例は適用されない。なお、この特例は平成25年1月1日以後に開始する事業年度から適用される。

4 ミスの原因

設立当初から、半年で課税売上高及び給与等支払額の合計額が1,000万円を超える法人であれば、設立初年度を7ヶ月以下にすれば、設立2期目も必ず免税事業者になり、有利であることをアドバイスできなかった。

5 責任の所在

税理士は法人設立の相談を受けた際、免税事業者である期間が最も長くなるように課税期間を区切るよう依頼されていた。依頼者は複数の関与先が共同で立ち上げた法人であり、その実績から、当初より特定期間の課税売上高及び給与等支払額の合計額が1,000万円を超える事は明らかであった。にもかかわらず、この特例の適否を考慮せず、設立初年度を11ヶ月としたため、設立初年度が特定期間に該当してしまい、結果として2期目から課税事業者となってしまった。設立初年度を7ヶ月で区切り、短期事業年度とすれば、2期目は特例の適用を受けず、免税事業者でいられたことから、税理士に責任がある。

ただし、税賠保険の観点からは、決算期日の決定は、本来、法人自らが行うべきものであることから、保険金支払いの対象となるのは、税理士主導で行われた事実が客観的に確認できる場合等、特定の場合に限られる。

6 負担すべき損害額

—

7 損害額から控除できる額

—

8 損害を回復する手段

—

9 未然防止策

・主な税制改正事項については事前に説明を行う。
・設立2期目の納税義務に注意する。
・決定のプロセスや責任の所在を明らかにし書面に残す。

事例 **23** (消費税)

特定期間の課税売上高が1,000万円超であり、かつ、給与等支払額の合計額が1,000万円超であったため、課税事業者となるにもかかわらず、事前に有利選択を行わなかったため、不利な原則課税となってしまった事例

1 事例の概要

設立2期目である平成X8年3月期の消費税につき、特定期間の課税売上高が1,000万円超であり、かつ、給与等支払額の合計額が1,000万円超であったため、課税事業者となった。しかし、これに気づいたのが平成X8年3月期になってからであったため、有利な簡易課税制度の選択ができなくなってしまった。これにより、有利な簡易課税と不利な原則課税との差額150万円につき損害が発生し、賠償請求を受けた。

なお、簡易課税の選択には2年間の継続適用要件があるが、設立1期目の課税売上高が5,000万円超であり、平成X9年3月期は原則課税しか採れないことから、2年間の継続適用要件による影響はない。

2 ミスに至った経緯

H X6. 4 法人設立。

H X6. 6 関与開始。

H X7. 3 設立1期目が終了。特定期間の課税売上高が1,000万円超であり、かつ、給与等支払額の合計額が1,000万円超であったため、平成X8年3月期は課税事業者となる。「消費税簡易課税制度選択届出書」の提出期限。(提出失念)

H X7.11	「消費税課税事業者届出書」を作成中、有利選択の失念に気づく。
H X8. 3	設立2期目が終了。簡易課税有利が確定。
H X8. 5	依頼者に報告。損害賠償請求を受ける。
H X8. 5	平成X8年3月期の消費税を不利な原則課税で申告。

3 基礎知識

特定期間（消法9の2④）

特定期間とは、法人の場合は原則として、その事業年度の前事業年度開始の日以後6ヶ月の期間をいう。

特定期間における課税売上高（消法9の2③）

特定期間における課税売上高については、法人が特定期間中に支払った所得税法第231条1項（給与等、退職手当金等又は公的年金等の支払明細書）に規定する支払明細書に記載すべき給与等の金額に相当するものの合計額とすることができる。

特定期間における課税売上高による納税義務の免除の特例（消法9の2①）

法人のその事業年度の基準期間における課税売上高が1,000万円以下である場合において、その法人のその事業年度に係る特定期間における課税売上高が1,000万円を超えるときは、その法人のその事業年度における課税資産の譲渡等については、納税義務は免除されない。なお、この特例は平成25年1月1日以後に開始する事業年度から適用される。

簡易課税制度の選択（消法37①）

その基準期間における課税売上高が5,000万円以下である課税期間について「消費税簡易課税制度選択届出書」を提出した場合には、原則として提出日の属する課税期間の翌課税期間以後の課税期間については簡易課税制度の適用を受けることができる。なお、特定期間における課税売上高の判定で課税事業者となった場合においても、判定期間は変わらない。

4 ミスの原因

事業者免税点制度の改正を正しく理解し、これを依頼者に説明し、設立2期目から消費税の納税義務が発生することも想定した法人設立のアドバイスを行わなければならない。そして、設立2期目から納税義務者に該当した場合には事前に原則課税、簡易課税のいずれが有利になるかの検討を依頼者を含めて必ず行う。その際、2年間の継続適用要件のある簡易課税は、2年間のトータルで有利、不利の判断をする必要がある。これらが全くできていなかった。

5 責任の所在

依頼者は平成X6年4月に資本金100万円で設立された法人で、設立2期目の特定期間の課税売上高及び給与等支払額の合計額が1,000万円超であったことから、設立2期目から課税事業者となった。しかし、税理士はこれに気づかず、設立2期目になって、税務署からの「お尋ね」によりはじめてその事実に気づいたため、事前に有利選択に係るシミュレーションを行うことができず、結果として不利な原則課税での申告となってしまった。免税事業者の判定を正しく理解し、事前に有利選択のシミュレーションを行っていれば、簡易課税は選択できたことから、税理士に責任がある。

6 負担すべき損害額

有利な簡易課税と不利な原則課税との差額150万円。

7 損害額から控除できる額

過大納付消費税額が経費計上されることによる法人税等の節税額。

8 損害を回復する手段

なし。

9 未然防止策

・事前に十分な説明を行い有利選択を依頼者を含めて行う。
・意思決定の証拠を書面に残す。
・税制改正は必ず確認する。
・設立2期目の納税義務に注意する。

事例
24
（消費税）

特定期間における課税売上高が5,000万円超であったため、簡易課税は選択できないものと誤認し、「消費税簡易課税制度選択届出書」を提出しなかった事例

1 事例の概要

設立2期目である平成X8年3月期の消費税につき、特定期間の課税売上高が1,000万円超であり、かつ、給与等支払額の合計額が1,000万円超であったため、課税事業者となった。平成X8年3月期は簡易課税が有利であったが、特定期間における課税売上高が5,000万円超であったため、簡易課税は選択できないものと誤認し、期限までに「消費税簡易課税制度選択届出書」を提出しなかった。このため、不利な原則課税での申告となってしまい、有利な簡易課税と不利な原則課税との差額300万円につき損害が発生し、賠償請求を受けた。

なお、簡易課税の選択には2年間の継続適用要件があるが、設立1期目の課税売上高が5,000万円超であり、平成X9年3月期は原則課税しか採れないことから、2年間の継続適用要件による影響はない。

2 ミスに至った経緯

H X6. 4	法人設立と同時に関与開始。
H X6. 9	特定期間の課税売上高が1,000万円超であり、かつ、給与等支払額の合計額が1,000万円超であったため、平成X8年3月期は課税事業者となることが確定。
H X7. 3	設立1期目が終了。「消費税簡易課税制度選択届出書」の提出期限。（提出失念）

H X8. 4	設立２期目の申告作業中に、有利な簡易課税を選択できたことに気づく。
H X8. 5	依頼者に報告し、損害賠償請求を受ける。
H X8. 5	平成X8年３月期の消費税を不利な原則課税で申告。

3 基礎知識

● 特定期間（消法９の２④）

特定期間とは、法人の場合は原則として、その事業年度の前事業年度（7ヶ月以下の短期事業年度を除く。）開始の日以後6ヶ月の期間をいう。

● 特定期間における課税売上高（消法９の２③）

特定期間における課税売上高については、法人が特定期間中に支払った所得税法第231条１項（給与等、退職手当金等又は公的年金等の支払明細書）に規定する支払明細書に記載すべき給与等の金額に相当するものの合計額とすることができる。

● 特定期間における課税売上高による納税義務の免除の特例（消法９の２①）

法人のその事業年度の基準期間における課税売上高が1,000万円以下である場合において、その法人のその事業年度に係る特定期間における課税売上高が1,000万円を超えるときは、その法人のその事業年度における課税資産の譲渡等については、納税義務は免除されない。なお、この特例は平成25年１月１日以後に開始する事業年度から適用される。

● 簡易課税制度の選択（消法37①）

その基準期間における課税売上高が5,000万円以下である課税期間について「消費税簡易課税制度選択届出書」を提出した場合には、原則として提出日の属する課税期間の翌課税期間以後の課税期間については簡易課税制度の適用を受けることができる。なお、特定期間における課税売上高の判定で課税事業者となった場合においても、判定期間は変わらない。

4 ミスの原因

特定期間における課税売上高で課税事業者となった場合には、簡易課税の判定も特定期間における課税売上高で行うものと思い込んでいた。

5 責任の所在

依頼者は平成X6年4月に資本金900万円で設立された卸売業の法人で、設立2期目の特定期間の課税売上高及び給与等支払額の合計額が1,000万円超であったことから、設立2期目から課税事業者となった。依頼者は簡易課税が有利であったが、税理士は特定期間における課税売上高が5,000万円超であったため、設立2期目は簡易課税が選択できないものと誤認し、期限までに「消費税簡易課税制度選択届出書」を提出しなかった。しかし、実際に簡易課税の判定は、設立2期目は基準期間がないものとして判定されるため、期限までに「消費税簡易課税制度選択届出書」を提出すれば、有利な簡易課税を選択することができた。税理士は申告作業中に自らこのミスに気づいている。簡易課税制度の適用要件を正しく理解し、期限までに「消費税簡易課税制度選択届出書」を提出していれば、有利な簡易課税は選択できたことから、税理士に責任がある。

6 負担すべき損害額

有利な簡易課税と不利な原則課税との差額300万円。

7 損害額から控除できる額

過大納付消費税額が経費計上されることによる法人税等の節税額。

8 損害を回復する手段

なし。

9 未然防止策

・事前に十分な説明を行い有利選択を依頼者を含めて行う。

・意思決定の証拠を書面に残す。

・税制改正は必ず確認する。

・設立２期目の納税義務に注意する。

事例
25
(消費税)

設立初年度より「特定新規設立法人の納税義務の免除の特例」により課税事業者となっていたが、これに気付かず、結果として不利な簡易課税での申告となってしまった事例

1 事例の概要

資本金900万円で設立した依頼者の設立初年度である平成X7年3月期の消費税につき、「特定新規設立法人の納税義務の免除の特例」により課税事業者であったが、これに気付かず、期限までに「消費税簡易課税制度選択届出書」を提出しなかったため、不利な原則課税での申告となってしまった。これにより、有利な簡易課税と不利な原則課税との差額250万円につき損害が発生し、賠償請求を受けた。

2 ミスに至った経緯

H X6. 3 関与開始。

H X6. 4 資本金900万円で法人設立。

H X7. 3 設立1期目が終了。特定新規設立法人に該当し、簡易課税有利のため「消費税簡易課税制度選択届出書」の提出期限(提出失念)。

H X7. 5 消費税申告書の提出期限(提出失念)。

H X7.11 他の新規法人設立案件があり、「特定新規設立法人の納税義務の免除の特例」について認識し、設立初年度から納税義務が生じることに気付き、上記届出書及び申告書の提出失念が発覚。

H X7.11 依頼者に報告。損害賠償請求を受ける。

H X7.12　平成 X7 年 3 月期の消費税を不利な原則課税で期限後申告。

3 基礎知識

●特定新規設立法人の納税義務の免除の特例（消法 12 の 3 ①）

平成 26 年 4 月 1 日以後に設立される資本金 1,000 万円未満の新規設立法人のうち、その新規設立法人のその新設開始日の属する事業年度の基準期間に相当する期間における課税売上高として一定の方法により計算した金額が5 億円を超えるような大規模事業者（個人を含む。）にその発行済株式の50%超を保有されているもの（以下、「特定新規設立法人」という。）については、その基準期間がない設立 1 期目及び設立 2 期目については納税義務が免除されない。

4 ミスの原因

特定新規設立法人に係る納税義務の判定を怠った。

5 責任の所在

依頼者は、平成 X6 年 4 月に資本金 900 万円で法人を新規に設立しており、その新設法人の発行済株式数の 70%を占める株主の経営所有する法人の新設開始日の属する事業年度の基準期間に相当する期間における課税売上高が 5 億円を超えていたことから、特定新規設立法人に該当するため、「特定新規設立法人の納税義務の免除の特例」により、設立初年度から課税事業者となった。依頼者は IT 関連のサービス業を営んでいたことから、人件費率が高く、簡易課税が有利であった。したがって、設立初年度の末日までに「消費税簡易課税制度選択届出書」を提出すれば、有利な簡易課税を選択できた。しかし、税理士は、特定新規設立法人による課税事業者の判定を行っていなかったため、設立初年度から課税事業者になることを認識しておらず、期限までに「消費税簡易課税制度選択届出書」及び消費税申告書の提出をしなかった。その後、他の新規設立案件があり、そこで初めて「特定新規設立法人の納税義務の免除の特例」を認識し、依頼者がこの特例に該当していたことに気付き、消費税の期限後申告を行ったため、結果として不利な原則課税での申告となってしまった。特定新規設立法人に係る納税義務の判定を事前に行い、期限までに「消費税簡易課税制度選択届出書」を提出していれば、有利な簡易課税は選択できたことから、税理士に責任がある。

6 負担すべき損害額

有利な簡易課税と不利な原則課税との差額250万円。

7 損害額から控除できる額

過大納付消費税が損金算入されることによる法人税等の節税額。

8 損害を回復する手段

なし。

9 未然防止策

・税制改正は必ず確認する。
・主な税制改正事項については事前に説明を行う。
・文章等による証拠を残す。
・コミュニケーションをとる。
・設立初年度は慎重に。

事例26（消費税） 自由診療報酬のうち、非課税売上である自動車損害賠償保障法の規定による損害賠償額に係る売上を、課税売上と誤認して申告し続けてしまった事例

1 事例の概要

平成X7年から平成Y5年分の消費税につき、自由診療報酬のうち、非課税売上である自動車損害賠償保障法の規定による損害賠償額に係る売上を、課税売上と誤認して申告し続けてしまった。これにより、納付した消費税700万円につき損害が発生し、賠償請求を受けた。なお、平成Y3年から平成Y5年分は更正の請求が認められたため、損害期は平成X7年から平成Y2年分の6期である。

2 ミスに至った経緯

H X8. 3	「消費税課税事業者届出書」を提出。平成X7年分の消費税を自動車損害賠償保障法の規定による損害賠償額に係る売上を課税売上と誤認して申告。以後平成Y5年分まで同様。
H X9.12	「消費税簡易課税制度選択届出書」を提出。
H Y5.10	法人成りのため、個人の「事業廃止届出書」を提出。
H Y8. 7	消費税の非課税規定見落としが発覚。
H Y8. 7	依頼者に報告し、損害賠償請求を受ける。
H Y8. 8	平成Y3年から平成Y5年分の消費税の更正の請求書及び所得税の修正申告書を提出。

3 基礎知識

● 自動車損害賠償保障法の規定による損害賠償額（消基通6－6－1（6））

医療収入のうち、自動車事故の被害者に対し、自動車損害賠償責任保険の支払を受けて行われる療養で、医療機関が必要と認めたものは、自由診療であっても消費税は非課税となる。

4 ミスの原因

自動車損害賠償保障法の規定による損害賠償額に係る売上が非課税売上であることを知らなかった。

5 責任の所在

税理士は、事業税の計算において自費診療報酬に係る所得は課税であることから、消費税についてもすべて課税売上であると誤認していた。そして、平成X7年の消費税課税事業者の判定において、基準期間の課税売上高に、上記非課税売上を含めて計算したため、課税事業者であると誤認し、「消費税課税事業者届出書」を提出した。その後も、上記非課税売上を課税売上と誤認して申告し続けてしまい、平成Y8年に同業種の関与先の課税事業者の判定において、あらためて上記売上を確認し、非課税売上であったことに気付いている。当初より自動車損害賠償保障法の規定による損害賠償額に係る売上を非課税売上に計上していれば、免税事業者となり、消費税は支払わずに済んだことから、税理士に責任がある。

6 負担すべき損害額

平成X7年から平成Y2年分の消費税過大納付税額500万円。

7 損害額から控除できる額

過大納付消費税額が経費計上されることによる所得税等の節税額。

8 損害を回復する手段

期間内の更正の請求が可能である。

9 未然防止策

・チェックリストの活用。
・チェック体制の構築。
・思い込みに注意する。
・担当者の変更。
・非課税売上が発生する業種には注意する。

事例 27 (消費税)

非課税売上対応課税仕入が多額にあったため、一括比例配分方式が有利であったにもかかわらず、非課税仕入との思い込みから不利な個別対応方式で申告してしまった事例

1 事例の概要

平成X6年9月期の消費税につき、分譲住宅に係る非課税売上げがあり、これに対応する仕入は全て非課税仕入との思い込みから、個別対応方式を選択して申告を行ったが、土地の仕入以外の建物の建設費用や土地の造成費用などは非課税売上対応課税仕入であったため、一括比例配分方式が有利であった。このため、不利な個別対応方式と有利な一括比例配分方式との差額200万円につき損害が発生し賠償請求を受けた。

なお、一括比例配分方式には2年間の継続適用要件があるため、平成X6年9月期に一括比例配分方式を選択した場合には、平成X7年9月期も一括比例配分方式となるが、平成X7年9月期は一括比例配分方式が有利であり、税理士も一括比例配分方式を選択して申告していることから、2年間の継続適用要件による影響はない。

2 ミスに至った経緯

H X4. 5 関与開始。

H X6. 5 分譲住宅が完成し分譲開始。

H X6.11 分譲住宅に係る仕入は全て非課税仕入との思い込みから、平成X6年9月期の消費税を個別対応方式で申告。

H X7.11 分譲住宅に係る仕入のうち土地以外は非課税売上対応課税仕入

であったことから一括比例配分方式が有利であったことに気付く。

H X7.12　依頼者に報告し、損害賠償請求を受ける。

3 基礎知識

非課税仕入れ

非課税仕入れとは、土地や株券の購入費、支払利息などで、いかなる場合でも仕入税額控除はできない。

非課税売上対応課税仕入

個別対応方式による仕入税額控除に規定する「その他の資産の譲渡等にのみ要するもの」であり、非課税資産の譲渡等を行うためにのみ必要な課税仕入れ等をいう。販売用の土地の造成に係る課税仕入れ、賃貸用住宅の建築に係る課税仕入れ等がこれに該当する。

この非課税売上対応課税仕入は個別対応方式を選択した場合には一切控除できないが、一括比例配分方式を選択した場合には課税売上割合分だけは控除することができる。

＜個別対応方式＞

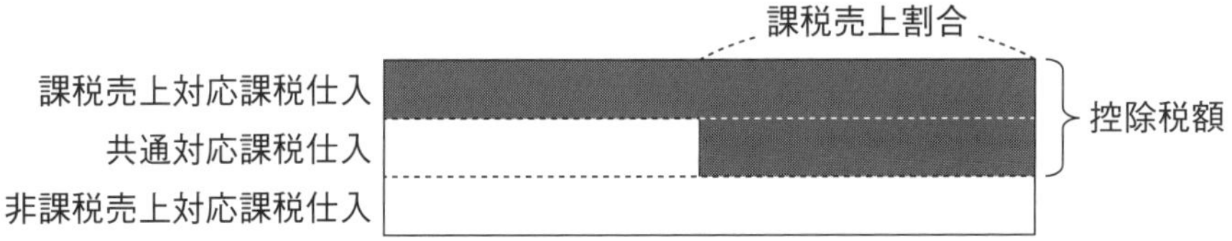

＜一括比例配分方式＞

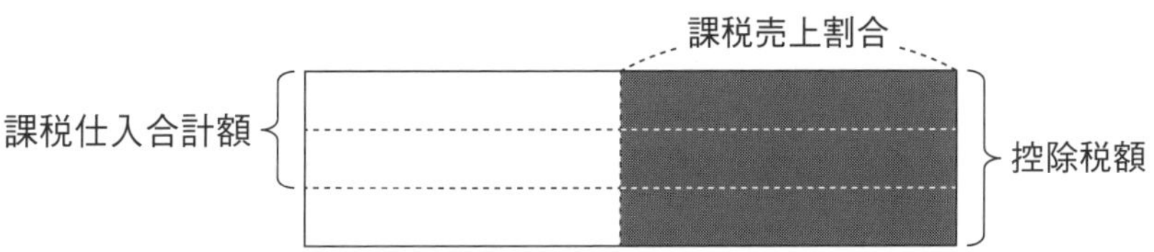

4 ミスの原因

非課税売上対応課税仕入と非課税仕入との区分ができていなかったため、不利な個別対応方式で申告してしまった。

5 責任の所在

依頼者は不動産業を営んでおり、損害期である平成X6年9月期に、自ら土地を購入してその上に住宅を建設して販売する分譲住宅の完成引渡しを受け、販売を開始していた。税理士は、この分譲住宅の仕入は全て非課税仕入と思い込み、課税売上割合が30%であったことから、個別対応方式で消費税を計算して申告した。しかし、実際には、非課税仕入は土地だけであり、建物の建設費用や土地の造成費用などは非課税売上対応課税仕入であったため、一括比例配分方式を選択すれば、これら非課税売上対応課税仕入は課税売上割合の30%部分の控除は可能であり有利であった。税理士は申告後にこの事実に自ら気づいている。分譲住宅の仕入れのうち、建物の建設費用や土地の造成費用などは非課税売上対応課税仕入であることを正しく認識していれば、一括比例配分方式は採れたことから、税理士に責任がある。

6 負担すべき損害額

有利な個別対応方式と不利な一括比例配分方式との差額200万円。

7 損害額から控除できる額

過大納付消費税額が経費計上されることによる法人税等の節税額。

8 損害を回復する手段

なし。

9 未然防止策

・事前に十分な説明を行い有利選択を依頼者を含めて行う。

・意思決定の証拠を書面に残す。

・非課税売上が発生する業種には注意する。

事例
28
（消費税）

金地金の取得を不課税仕入として計上したため、仕入税額控除ができなくなってしまった事例

1 事例の概要

平成X2年3月期の消費税につき、課税仕入とすべき金地金の取得を、誤って不課税仕入として計上したため、仕入税額控除ができず、納付税額が過大となってしまった。これにより、過大納付消費税額につき損害が発生し、賠償請求を受けたものである。

2 ミスに至った経緯

H X0. 3	関与開始。
H X1. 8	金地金20kgを49,515,000円で購入。
H X2. 5	平成X2年3月期の消費税の申告書を提出。その際、金地金の取得を誤って不課税取引として処理。
H X7. 5	平成X2年3月期の消費税の更正の請求期限。（請求失念）
H X8. 3	金地金を一部売却。
H X8. 5	金地金の売却処理のため、取得原価を確認した際に、上記誤りに気付く。
H X8. 5	依頼者に報告し、損害賠償請求を受ける。

3 基礎知識

金地金の取得

金の購入は消費税の課税仕入である。

4 ミスの原因

金の購入は課税仕入であるにもかかわらず、不課税仕入として処理してしまった。

5 責任の所在

依頼者は平成X1年8月頃に金地金20kgを49,515,000円で購入した。金の購入は消費税の課税取引であり、課税仕入れとして処理すべきであった。税理士は依頼者から金地金の購入明細を受取っていたにも係わらずこれを不課税仕入で処理してしまい、その後誤りに気付かず、更正の請求期限徒過後に依頼者が金地金の一部を売却した際、取得価額を確認してはじめてその事実に気付いている。金地金の購入時に消費税の取引区分をきちんと確認していれば、金地金の課税仕入に係る消費税の還付を受けることはできたことから、税理士に責任がある。

6 負担すべき損害額

金地金の取得に係る消費税相当額200万円。

7 損害額から控除できる額

本来控除すべき仮払消費税部分が金地金の取得価額を構成しているため、金地金の売却時に売却益は圧縮されるが、本事例の場合、金地金取得の目的が退職金の原資及び損益、資金繰り悪化時の補填であることを考慮すると、課税所得プラス時の売却は想定されないことから、回復額は発生しない。

8 損害を回復する手段

期間内の更正の請求が可能である。

9 未然防止策

・チェックリストの活用。

・チェック体制の構築。

・思い込みに注意する。

事例
29
（消費税）

利用（事業）分量配当金の支払額を利益の配当と同様に不課税として処理してしまった事例

1 事例の概要

平成X0年3月からY8年3月期の消費税につき、本来、売上に係る対価の返還等として課税売上高から控除することができる利用（事業）分量配当金の支払額を、利益の配当と同様に不課税として処理していた。これにより過大納付となった消費税額700万円につき損害が発生し、賠償請求を受けた。

2 ミスに至った経緯

H X0. 5	平成X0年3月期から利用（事業）分量配当金の支払額を不課税として処理。以後Y8年3月期まで同様に申告。
H Y8. 7	税務調査で指摘を受ける。
H Y8. 9	関与先理事会に説明。
H Y8. 9	平成Y4年3月からY8年3月期の更正通知書を受領。
H Y8.11	依頼者代理人より、損害賠償請求を受ける。
H Y8.12	依頼者に損害賠償金を支払い。

3 基礎知識

課税売上に係る事業分量配当金

課税売上に係る事業分量配当金を支払った場合には、課税売上に係る対価の返還等として課税売上高から控除することができる。

4 ミスの原因

利用（事業）分量配当金の支払額を利益の配当と同様に不課税として処理してしまった。

5 責任の所在

税理士は、協同組合である依頼者が、平成X0年3月期に事業分量配当金を支払い始めた当初から、これを、利益の配当と勘違いして不課税取引として処理していた。そして平成X8年の税務調査により事業分量配当金は、課税売上に係る対価の返還等である旨の指摘を受け、はじめてその事実に気付いている。事業分量配当金を支払い始めた時に消費税の取扱いを確認していれば、対価の返還等として課税売上高から控除することができたことから、税理士に責任がある。

6 負担すべき損害額

過大納付消費税額700万円。

7 損害額から控除できる額

過大納付消費税額が経費計上されることによる法人税等の節税額。

8 損害を回復する手段

期間内の更正の請求が可能である。

9 未然防止策

・チェックリストの活用。

・チェック体制の構築。

・思い込みに注意する。

・担当者の変更。

第3章

所得税編

事例 1 (所得税)

「青色申告承認申請書」及び「青色事業専従者給与に関する届出書」の提出失念により白色での申告となってしまった事例

1 事例の概要

平成X7年分の所得税につき、「青色申告承認申請書」及び「青色事業専従者給与に関する届出書」の提出を失念したため、白色での申告となってしまった。これにより、青色申告特別控除、青色事業専従者給与及び各種特別控除等の適用が受けられなくなり、適用不能額につき過大納付税額300万円が発生し、賠償請求を受けた。

2 ミスに至った経緯

H X7. 2	依頼者がクリニックを開業。
H X7. 2	税理士が開業に伴い関与開始。
H X7. 4	「青色申告承認申請書」及び「青色事業専従者給与に関する届出書」の提出期限。(提出失念)
H X7. 5	税理士が提出失念に気づき依頼者に報告、謝罪。
H X7. 5	顧問契約解除。
H X8. 4	後任税理士より損害額見積りを提示され、損害賠償請求を受ける。

3 基礎知識

青色申告の承認の申請(所法144)

個人事業者が、一定の帳簿書類を備え付け、承認を受けようとする年の3月15日(その年の1月16日以後新規に業務を開始した場合には、業務を開始した日から2ヶ月以内）までに「青色申告承認申請書」を提出した場合には、青色申告者となり、専従者給与や引当金の計上、純損失の繰越しなど、様々な特典が受けられる。

青色事業専従者給与（所法57）

青色事業者が生計一親族に給料を支払う場合で、新規に事業を開始した場合には、その開始をした日から2ヶ月以内に給与の金額等を記載した「青色事業専従者給与に関する届出書」を納税地の所轄税務署長に提出しなければならない。そして、その届出書に記載された金額のうち適正額については必要経費に算入することが認められる。

4 ミスの原因

「青色申告承認申請書」及び「青色事業専従者給与に関する届出書」の提出を失念してしまった。

5 責任の所在

依頼者は平成X7年にクリニックを開業しており、税理士は「青色申告承認申請書」及び「青色事業専従者給与に関する届出書」の提出を依頼されていた。しかし、税理士は期限までの提出を失念してしまい、提出期限後に自ら未提出に気付いている。そして、白色で申告することとなったため、青色申告特別控除、青色事業専従者給与、貸倒引当金の計上、所得拡大促進税制及び中小企業者が機械等を取得した場合の所得税額の特別控除の適用が受けられなくなってしまった。提出期限までに申請書を提出していれば青色での申告は可能であったことから、税理士に責任がある。

6 負担すべき損害額

適用不能額に係る過大納付税額300万円。

7 損害額から控除できる額

青色事業専従者給与に係る所得税額等。

8 損害を回復する手段

なし。

9 未然防止策

・関与開始時に設立時の届出書類を確認する。

事例
2
（所得税）

相続人の「青色申告承認申請書」の提出を失念してしまった事例

1 事例の概要

平成X5年からX7年分の所得税につき、「青色申告承認申請書」の提出を失念したため、白色での申告となってしまった。これにより、青色事業専従者給与と青色申告特別控除の適用が受けられなくなり、適用不能額に係る所得税額等500万円につき過大納付が発生し、賠償請求を受けた。

2 ミスに至った経緯

H X5. 3	依頼者の実父死亡に伴う準確定申告書を提出。
H X5. 7	依頼者の「青色申告承認申請書」の提出期限。（提出失念）
H X6. 3	平成X5年分の所得税確定申告書を青色で提出。X6年分も同様に提出。
H X7. 8	所轄税務署より「青色申告承認申請書」提出の確認問合せを受け、提出失念発覚。
H X7. 8	依頼者に報告。損害賠償請求を受ける。
H X7.10	依頼者が平成X5年及びX6年分の修正申告書を提出。
H X8. 3	依頼者が平成X7年の所得税確定申告書を白色で提出。
H X8. 4	平成X5年からX7年分の青色と白色との申告差額を支払う。

3 基礎知識

相続が発生した場合の「青色申告承認申請書」の提出期限

被相続人の業務を相続人が承継して青色申告をする場合、その死亡がその年の1月1日から8月31日の場合、死亡の日から4ヶ月以内に「青色申告承認申請書」を提出した場合には、青色申告者になれる。青色申告者は、青色申告特別控除や青色事業専従者給与の必要経費算入が認められる。

4 ミスの原因

相続人の「青色申告承認申請書」の提出を失念してしまった。

5 責任の所在

税理士は依頼者の実父の準確定申告書、相続税申告書を作成している。父の事業を承継した依頼者についても、青色申告が有利であるため、「青色申告承認申請書」を提出すべきであったが、依頼者が自ら提出していると誤認し、提出を失念したまま青色で申告書を提出してしまった。そして、税務署から「青色申告承認申請書」提出確認の問合せを受け、はじめて未提出であったことに気付いている。そして、白色で修正申告書を提出することとなり、青色事業専従者給与と青色申告特別控除の適用が受けられなくなってしまった。提出期限までに提出の有無を確認し、申請書を提出していれば青色申告は可能であったことから、税理士に責任がある。

6 負担すべき損害額

青色申告と白色申告との所得税等の申告差額500万円。

7 損害額から控除できる額

過大納付事業税が経費計上されることによる所得税等の節税額。

8 損害を回復する手段

なし。

9 未然防止策

・コミュニケーションをとる。
・関与開始時に設立時の届出書類を確認する。

事例
3
（所得税）

青色事業専従者給与の誤指導によりその一部が否認された事例

1 事例の概要

平成X5年からX7年分の所得税における青色事業専従者給与につき、未払いがなく年額が届出額の範囲内であれば問題がないとの税理士の誤指導により、合計で届出年額は超えていないが、12月の給料と冬季賞与を届出額を超えて支給していた。これを税務調査で指摘され、届出額を超えて支払った専従者給与について経費計上が認められず、結果として修正申告となってしまった。これにより、専従者給与として認められなかった金額に係る税額3,000万円につき損害が発生し、賠償請求を受けた。

2 ミスに至った経緯

H X0. 1	関与開始。
H X3. 2	「青色専従者給与の変更届出書」を提出。
H X6. 3	平成X5年分の青色事業専従者給与を合計で届出年額は超えていないが、12月の給料と冬季賞与を届出額を超えて支給して申告。以後X7年分まで同様。
H X8.11	上記専従者給与超過部分につき税務調査で指摘を受ける。
H X8.12	平成X5年からX7年分につき上記専従者給与超過部分の修正申告書を提出。

3 基礎知識

青色事業専従者給与（所法57）

青色事業専従者給与は青色申告者で、事業を営む者と生計を一にする親族に対して支払った給与の経費計上を認めるものである。適用を受けるためには「青色事業専従者給与に関する届出書」を納税地の所轄税務署長に提出しなければならない。なお、必要経費として認められるのは、労務の対価として相当であると認められる金額で、届出書に記載されている方法により支払われ、その記載されている金額を限度とする。

4 ミスの原因

青色事業専従者給与につき、届出額の範囲内であれば、どのように支払っても問題がないとの誤った説明をしてしまった。

5 責任の所在

依頼者は3人の親族に対し、それぞれ月額100万円、夏季賞与200万円、冬季賞与200万円の合計1,600万円で青色事業専従者給与の届出書を提出していた。しかし、税理士から年間で未払がなく、届出額の範囲内であれば、どのように支払っても問題がないとの説明を受け、平成X5年からX7年分につき、11月までの給料を50万円、夏季賞与を100万円、12月の給与を500万円、冬季賞与を350万円の合計1,500万円をそれぞれに支給し、専従者給与として申告していた。これを税務調査で指摘され、結果として届出額を超える部分（12月分給料のうち400万円と冬季賞与のうち150万円の合計550万円）の専従者給与が認められなかった。税理士は税務調査による指摘により、はじめてその誤りに気付いている。届出額どおり支払っていれば、専従者給与として経費計上は認められたことから、税理士に責任がある。

6 負担すべき損害額

専従者給与として認められなかった金額に係る所得税額等2,000万円。

7 損害額から控除できる額

専従者給与否認額に係る源泉所得税及び住民税還付額。

8 損害を回復する手段

なし。

9 未然防止策

・チェックリストの活用。

・チェック体制の構築。

・思い込みに注意する。

事例
4
（所得税）

外国で所有する上場株式に係る配当所得について、申告分離課税が有利であったにもかかわらず不利な総合課税で申告してしまった事例

1 事例の概要

平成X4年からX6年分の所得税につき、外国で所有する上場株式に係る配当所得について、申告分離課税が有利であったにもかかわらず不利な総合課税で申告してしまった。これにより、有利な申告分離課税と不利な総合課税との差額550万円につき損害が発生し、賠償請求を受けた。

2 ミスに至った経緯

H X7. 5	外国における配当所得および利子所得に関する平成X4年からX6年分の所得税確定申告の委任を受ける。
H X7. 8	過年度の国外財産調書を提出。
H X7.12	外国で所有する上場株式に係る配当所得を総合課税を選択して申告。
H X8. 1	上記配当所得につき有利な申告分離課税が選択できたことが発覚。
H X8. 1	所轄税務署に申告の取り消しを求める嘆願書を提出するも認められず。
H X8. 3	依頼者に報告。損害賠償請求を受ける。

第3章 所得税編

3 基礎知識

●外国上場株式の配当金を受領した場合（措法８の４）

居住者（非永住者以外の居住者）は、所得の生じた場所が国内であるか、国外であるかを問わず全ての所得について日本で課税される。国内の証券会社を通さずに国外で外国上場株式の配当金を受領した場合には、国外源泉徴収のみが行われ、国内源泉徴収はされていないため、総合課税か分離課税を選択して確定申告を行わなければならない。総合課税か分離課税かは納税者の選択によるため、当初申告において分離課税を選択しなかった場合には、その後の修正申告や更正の請求では分離課税は選択できず、総合課税が適用される。

4 ミスの原因

国外配当所得について、申告分離課税を選択して申告すべきところ、選択可能であることを失念し、総合課税で申告してしまった。

5 責任の所在

依頼者は、居住者（非永住者以外の居住者）であり、外国の上場株式を多額に保有しており、外国において配当金を受領していた。その際、外国では源泉徴収されていたが、日本での申告が行われていなかったため、平成X4年からX6年分の所得税の申告を平成X7年5月に税理士に依頼した。税理士は委任を受けた時点で申告期限を経過していたため、所轄税務署に概要を相談したうえで国外財産調書を提出し、急ぎ上記申告を総合課税で行った。しかし、申告書提出後、申告内容を再検討したところ、有利な分離課税が選択できたことに自ら気づいた。税理士は、所轄税務署に申告の取り消しを求める嘆願書を提出したが認められず、過大納付が確定した。委任を受けた時点で課税関係を確認し、有利判定を行っていれば有利な分離課税は選択できたことから、税理士に責任がある。

6 負担すべき損害額

有利な申告分離課税と不利な総合課税との差額550万円。

7 損害額から控除できる額

なし。

8 損害を回復する手段

なし。

9 未然防止策

・事前に十分な説明を行い有利選択を依頼者を含めて行う。
・意思決定の証拠を書面に残す。
・チェックリストの活用。
・チェック体制の構築。

事例 5 (所得税)

確定申告書の作成が遅れ、融資審査が遅延し、結果として一括借上げ契約に係る家賃2ヶ月分が受領できなくなったとして損害賠償請求を受けた事例

1 事例の概要

平成X6年分の所得税につき、アパート新築に係る融資審査があるので平成X7年2月早々に確定申告書を完成させることを依頼され、これを了承していたにもかかわらず、確定申告書の作成が遅れ、融資審査が遅延し、結果として一括借上げ契約に係る家賃2ヶ月分が受領できなくなったとして損害賠償請求を受けた。

2 ミスに至った経緯

H X7. 1	平成X7年3月1日に工事が着工されることを前提に、新築アパートにつき平成X7年12月分家賃より20年間の一括借上保証契約を締結。
H X7. 2	新築アパートの融資審査を受けるため、2月中に確定申告書を完成させることを依頼され、これを了承する。
H X7. 3	上記依頼より大幅に遅延して平成X6年分の確定申告書提出。
H X7. 5	当初計画より2ヶ月遅れて新築アパートの工事着工。
H X7. 6	銀行の融資審査が遅延し、工事着工が遅れたことによる逸失利益等300万円につき損害賠償請求を受ける。
H X7.12	アパート完成。
H X8. 2	当初計画より2ヶ月遅れて第1回一括借上保証家賃入金。
H X8. 6	和解金100万円にて示談成立。

3 基礎知識

一括借上保証契約

オーナーの所有するアパートの部屋を全て業者が借り上げて運用し、オーナーは手数料を支払う代わりに一定の家賃収入を得る事ができる契約をいう。

4 ミスの原因

依頼より大幅に遅延して確定申告書を提出した。

5 責任の所在

税理士は、依頼者よりアパート新築に係る融資審査があるので、平成X7年2月早々に平成X6年分の所得税確定申告書を完成させてほしい旨の相談を受け、これを了承していた。にもかかわらず、確定申告書の作成が遅れたため、融資審査が遅延し、結果として一括借上げ契約に係る家賃2ヶ月分が受領できなくなってしまった。

税理士の作業遅延により、契約当初の家賃が受領できなくなったのは事実であるが、受領時期が遅れただけで、一括借上げ契約期間全体でみれば受領できる家賃は変わらない。また、和解金100万円は、依頼者の主張する逸失利益ではなく、計算根拠のない、いわば慰謝料的性格のものであることから、損害額とはいえない。

6 負担すべき損害額

なし。

7 損害額から控除できる額

あり。

8 損害を回復する手段

契約期間全体でみれば受領できる家賃は変わらない。

9 未然防止策

・コミュニケーションをとる。

事例 6（所得税）

寡婦控除を適用せずに申告してしまった事例

1 事例の概要

平成 X7 年から Y6 年分の所得税につき、寡婦控除を適用せずに申告してしまった。これにより過大納付が発生し、過大納付税額 40 万円につき賠償請求を受けた。

なお、平成 Y2 年から Y6 年分については更正の請求により、損害額が回復しているため、損害年は平成 X7 年から Y1 年分の 5 年である。

2 ミスに至った経緯

H X2. 9	関与開始。
H X8. 2	平成 17 年分より老年者控除廃止により寡婦控除の適用が受けられたにもかかわらず、適用せずに申告。以後平成 Y6 年分まで同様に申告。
H Y8. 2	確定申告無料相談中に上記失念に気付く。
H Y8. 2	平成 Y2 年～Y6 年分の更正の請求書を提出。
H Y8. 2	依頼者に報告。
H Y8. 3	所轄税務署より Y2 年から Y6 年分について更正決定通知書を受ける。
H Y8. 4	依頼者と示談し、損害賠償金を支払う。

3 基礎知識

寡婦控除（所法 81、所法 2 ①三十、三十一）

寡婦とは、夫と死別又は離婚し、かつ扶養親族又は合計所得金額が 38 万円以下の生計を一にする子を有する者又は夫と死別し、かつ合計所得金額が 500 万円以下である者をいい、寡婦控除の適用が受けられる。

なお、平成 16 年分までは、老年者（65 歳以上で合計所得金額が 1,000 万円以下の者をいう。以下同じ。）に該当してしまうと寡婦控除は受けられなかったが、平成 17 年分からは老年者控除が廃止されたため、65 歳以上の者でも寡婦控除の適用が受けられる。

区分	控除額
扶養親族である子を有し、合計所得金額が 500 万以下である場合	350,000 円
上記以外	270,000 円

4 ミスの原因

老年者控除が廃止になり、寡婦控除が受けられたにもかかわらず、適用せずに申告してしまった。

5 責任の所在

依頼者は老年者であり、かつ寡婦であったため、老年者控除の適用を受けていた。（平成 16 年分までは老年者控除を受けた者は寡婦控除の適用は受けられない。）しかし、平成 17 年に老年者控除が廃止になったため、平成 17 年以降は寡婦控除の適用が受けられたにもかかわらず、これを失念したまま申告していた。税理士は、確定申告無料相談で寡婦控除対象者の相談に乗っていた時、自ら寡婦控除の失念に気付いている。老齢者控除廃止時に、寡婦控除を適用して申告していれば、過大納付は発生しなかったことから、税理士に責任がある。

6 負担すべき損害額

寡婦控除を適用しなかった金額に係る所得税額等 40 万円。

7 損害額から控除できる額

なし。

8 損害を回復する手段

期間内の更正の請求が可能である。

9 未然防止策

・税制改正は必ず確認する。
・チェックリストの活用。
・チェック体制の構築。
・担当者の変更。
・毎年新しい「目」で確認する。

事例 7 （所得税）

遺産分割につき誤った説明をしたため「居住用財産を譲渡した場合の3,000万円の特別控除」の適用が受けられなくなってしまった事例

1 事例の概要

依頼者の実父の相続税の申告及び被相続人の居住用財産の譲渡につき税務相談を受けた際、相続税については、基礎控除以下であるため申告は不要であること、及び、遺産分割に際し、実父の居住用財産を依頼者が相続し、譲渡しても、「居住用財産を譲渡した場合の3,000万円の特別控除」（以下単に「3,000万円の特別控除」という。）の適用は受けられると説明していた。しかし、実際には、依頼者の居住用財産には該当しないため、「3,000万円の特別控除」の適用は受けられず、依頼者が扶養している実母が相続していれば「3,000万円の特別控除」の適用が受けられた。そのため、相続により取得した実父の居住用財産を譲渡した平成X7年分の所得税につき過大納付260万円が発生したとして賠償請求を受けた。

2 ミスに至った経緯

H X6.12　依頼者の実父死亡（相続開始）。

H X7. 3　依頼者の実父の相続税申告及び実父の居住用財産の譲渡について税務相談を受ける。その際、相続税の申告は必要ない事、及び実父と同居していない依頼者が実父の居住用財産を相続して譲渡しても「3,000万円の特別控除」が適用できると誤まった説明をする。

H X7. 9　税理士の指導に従い、実父の居住用財産を依頼者が相続により取得。

H X7.10	依頼者が上記居住用不動産を第三者へ売却。
H X8. 2	譲渡所得の申告に際し、税務署に添付資料を確認したところ、「3,000万円の特別控除」の適用不可が発覚。
H X8. 3	依頼者に申告すべき内容を提示し、申告書を提出。損害賠償請求を受ける。
H X8. 3	税理士が依頼者に代わって所得税を納付。

3 基礎知識

居住用財産を譲渡した場合の3,000万円の特別控除（措法35）

個人が居住の用に供している家屋とその敷地を譲渡したときは、居住用財産の譲渡所得の特別控除として、その譲渡所得の金額から3,000万円が控除される。この特例の対象となる居住用財産は、現に自己の居住の用に供している家屋又は生計を一にする親族の居住の用に供している家屋で一定のものとその敷地の用に供されている土地等に限られる。

生計を一にする親族の居住の用に供している家屋（措通31の3-6）

次に掲げる要件の全てを満たしているときは、その家屋はその所有者にとって「その居住の用に供している家屋」に該当するものとして取り扱うことができるものとする。

(1)当該家屋は、当該所有者が従来その所有者としてその居住の用に供していた家屋であること。

(2)当該家屋は、当該所有者が当該家屋をその居住の用に供さなくなった日以後引き続きその生計を一にする親族の居住の用に供している家屋であること。

(3)当該所有者は、当該家屋をその居住の用に供さなくなった日以後において、居住用財産を譲渡した場合の譲渡所得の課税の特例の適用を受けていないこと。

(4)当該所有者の居住用家屋は、当該所有者の所有する家屋でないこと。

（注）この取扱いは、当該家屋を譲渡した年分の確定申告書に次に掲げる

書類の添付がある場合に限り適用する。

①当該所有者の戸籍の附票の写し

②当該家屋又は当該家屋の敷地の用に供されていた土地の所在地を管轄する市区町村長から交付を受けた当該生計を一にする親族の住民票の写し（当該家屋又は当該土地を譲渡した日から2ヶ月を経過した日後に交付を受けたものに限る。）

③当該家屋及び当該所有者の居住用家屋の登記事項証明書

4 ミスの原因

生計を一にする親族の居住の用に供している家屋等であれば、どのようなケースでも「3,000万円の特別控除」の適用が受けられるものと誤認していた。

5 責任の所在

税理士は、依頼者から実父の相続税申告及び実父の居住用財産の譲渡についての税務相談を受けた際、相続税については、基礎控除以下であるため申告は不要であること、及び、実母を扶養している別居親族である依頼者が実父の居住用財産を相続しても、「3,000万円の特別控除」が適用できると説明していた。そこで依頼者は実父の居住用財産を自身が相続取得してこれを第三者に譲渡し、実母を引き取った。しかし、実際には依頼者は持家に住む別居親族であったため、特例の適用が受けられる生計一親族には該当せず、「3,000万円の特別控除」の適用が受けられなかった。税理士は、譲渡所得の申告の際、添付書類を確認していてはじめて上記ミスに気づいている。税理士が正しい説明をしていれば、同居親族である実母が実父の居住用財産を相続して譲渡することで「3,000万円の特別控除」の適用は受けられた。

これら一連の取引は、税理士の誤った説明により行われたものであり、正しい説明をおこなっていれば、「3,000万円の特別控除」は受けられたことから税理士に責任がある。

ただし、税賠保険の観点からは、遺産分割に関する指導に起因する賠償責任は免責事由に該当するため、保険金支払の対象外である。

6 負担すべき損害額

—

7 損害額から控除できる額

—

8 損害を回復する手段

—

9 未然防止策

・国税庁チェックシートの活用。

・思い込みに注意する。

事例 8 (所得税)

「居住用財産の買換え等の場合の譲渡損失の損益通算の特例」の適用が受けられたにもかかわらず、適用を失念したまま申告してしまった事例

1 事例の概要

依頼者は医師であり、事業所得は恒常的に黒字であり、平成Y7年分は7,500万円であった。依頼者は、それまで住んでいたマンション（平成X7年取得）を売却して戸建住宅を購入し、住み替えることになった。平成Y7年4月に住宅ローンを組んで戸建住宅を購入し、10月にマンションを売却（1,500万円の譲渡損失が発生）した。税理士は事業所得と不動産の売却に係る譲渡損失との損益通算はできないものと思い込み、譲渡損失は切捨てにし、事業所得をそのままで所得税の申告を行った。そして申告作業終了後に再度内容を確認したところ、「居住用財産の買換え等の場合の譲渡損失の損益通算の特例」の適用が受けられたことに自ら気づいた。これにより、損益通算の特例を適用しなかった当初申告と特例を適用した場合との差額900万円につき損害が発生し、賠償請求を受けた。

2 ミスに至った経緯

H X7. 3	居住用マンションを取得。居住の用に供す。
H X9. 4	関与開始。
H Y7. 4	居住用戸建住宅（買換資産）を住宅ローンを組んで購入。居住の用に供す。
H Y7.10	上記居住用マンション（譲渡資産）を譲渡（1,500万円の譲渡損失が発生）。

H Y8. 1　平成 Y7 年分の所得税確定申告の依頼を受ける。

H Y8. 3　平成 Y7 年分の所得税を「居住用財産の買換え等の場合の譲渡損失の損益通算の特例」の適用を失念したまま申告。

H Y8. 3　申告作業終了後に担当者から税理士へ申告内容報告時に発覚。

H Y8. 4　依頼者に報告。損害賠償請求を受ける。

3 基礎知識

居住用財産の譲渡損失の損益通算の特例

土地・建物等の譲渡による譲渡所得の金額と他の所得との間の損益通算は認められないが、次のいずれかの適用を受ける場合には損益通算が認められる。

(1)居住用財産の買換え等の場合の譲渡損失の損益通算の特例（措法 41 条の 5）

個人が所有期間 5 年を超える居住用財産の譲渡（その個人の親族等に対する譲渡など一定のものを除く。以下「特定譲渡」という。）をした場合において、その特定譲渡年の前年から特定譲渡年の翌年までの間に一定の買換資産の取得をし、かつ、その取得年の翌年までの間に居住の用に供したときは、その特定譲渡による譲渡所得の金額の計算上生じた損失の金額のうち一定の方法により計算した金額は、一定要件の下で他の所得との損益通算ができる。ただし、この損益通算の特例は、買換資産を取得した年の年末において、その買換資産の取得に係る住宅借入金等の残高がある場合に限り適用できる。

なお、損益通算の特例を適用した結果、控除しきれなかった損失金額があるときは、3 年間の繰越控除が認められる。また、この特例と住宅借入金等特別控除制度は併用が可能となっている。

(2)特定居住用財産の譲渡損失の損益通算の特例（措法 41 条の 5 の 2）

個人が所有期間 5 年を超える居住用財産の特定譲渡をした場合（その譲渡資産の取得に係る住宅借入金等の残高がある場合に限る。）において、その特定譲渡による譲渡所得の金額の計算上生じた損失の金額に係るものとして一定の方法により計算した金額（その譲渡資産に係る住宅借入金等の合計額からその譲渡資産の譲渡対価の額を控除した残額を限度とする。以下「特定居住用財産の譲渡損失の金額」という。）については、一定の要件の下で、他の所得との損益通算ができる。

なお、損益通算の特例を適用した結果、控除しきれなかった損失金額があるときは3年間の繰越控除が認められる。

4 ミスの原因

土地・建物等の譲渡による譲渡所得の金額と他の所得との間の損益通算は認められないものと思い込み、特例の適用にまで考えが及ばなかった。

5 責任の所在

依頼者は、平成Y7年中に上記損益通算の特例の適用を満たす居住用財産の買換えを行っていた。税理士は、依頼者からこの特例の適用を受けるのに十分な資料を事前に入手していた。しかし、この特例の適用を失念したまま申告してしまい、申告期限後に内容を確認して、はじめてその事実に気付いている。資料を入手した時点で特例の適用要件を確認していれば、適用は受けられたことから、税理士に責任がある。

6 負担すべき損害額

損益通算の特例を適用しなかった当初申告と特例を適用した場合との差額900万円。

7 損害額から控除できる額

なし。

8 損害を回復する手段

なし。

9 未然防止策

・チェックリストの活用。
・チェック体制の構築。
・特例適用の可否は慎重に判断する。
・思い込みに注意する。

事例 9 (所得税)

「居住用財産の買換え等の場合の譲渡損失の損益通算及び繰越控除」は、株式の譲渡所得と損益通算ができると誤った説明を行った事例

1 事例の概要

平成X4年に居住用不動産を売却し、「居住用財産の買換え等の場合の譲渡損失の損益通算及び繰越控除」を適用して翌年以降に譲渡損失を繰越していたが、平成X5年及びX6年は合計所得金額が3,000万円超となり、特例を適用できずに申告していた。そして、繰越期限である平成X7年に「株式の譲渡所得とも損益通算ができる」という税理士の誤指導により、株式を売却して益出しを行い、損益通算を行おうとした。ところが実際には、株式の譲渡所得との損益通算は認められないことから、損益通算ができず、依頼者から株式の譲渡所得に係る所得税額等につき損害賠償請求を受けた。

2 ミスに至った経緯

H X4. 8	居住用不動産を売却。
H X5. 3	平成X4年分の所得税につき売却した居住用不動産に「居住用財産の買換え等の場合の譲渡損失の損益通算及び繰越控除」を適用して申告。
H X5.12	居住用建物を購入し居住の用に供す。
H X6. 3	平成X5年分は合計所得金額が3,000万円超の為、損益通算できず申告。
H X7. 3	平成X6年分は合計所得金額が3,000万円超の為、損益通算できず申告。

H X7. 3	「居住用財産の買換え等の場合の譲渡損失の損益通算及び繰越控除」は、株式の譲渡所得とも損益通算ができると誤ったアドバイスを行う。
H X7. 7	依頼者が株式を譲渡。
H X8. 3	「居住用財産の買換え等の場合の譲渡損失の損益通算及び繰越控除」は、株式の譲渡所得とは損益通算ができないことが発覚。
H X8. 3	株式の譲渡所得との損益通算を行えずに平成X7年分の所得税を申告。依頼者に報告し、損害賠償請求を受ける。

3 基礎知識

居住用財産の買換え等の場合の譲渡損失の損益通算及び繰越控除

個人が所有期間5年を超える居住用財産の譲渡（その個人の親族等に対する譲渡など一定のものを除く。以下「特定譲渡」という。）をした場合において、その特定譲渡年の前年から特定譲渡年の翌年までの間に一定の買換資産の取得をし、かつ、その取得年の翌年までの間に居住の用に供したときは、その特定譲渡による譲渡所得の金額の計算上生じた損失の金額のうち一定の方法により計算した金額は、一定要件の下で他の所得との損益通算ができる。ただし、この損益通算の特例は、買換資産を取得した年の年末において、その買換資産の取得に係る住宅借入金等の残高がある場合に限り適用できる。なお、損益通算の特例を適用した結果、控除しきれなかった損失金額があるときは、3年間の繰越控除が認められる。ただし、合計所得金額が3,000万円を超える年分については、この繰越控除の特例の適用は受けられない。

4 ミスの原因

「居住用財産の買換え等の場合の譲渡損失の損益通算及び繰越控除」の特例は、株式の譲渡所得とも損益通算ができると誤認してしまった。

5 責任の所在

依頼者は平成X4年8月に居住用不動産を売却し、翌年には居住用建物を購入する予定であったことから、税理士は平成X4年分の所得税を「居住用財産の買換え等の場合の譲渡損失の損益通算及び繰越控除」を適用して譲渡損失8,000万円を繰越して申告した。平成X5年中に居住用建物を購入し居住の用に供したため、上記損益通算の適用要件は満たしたが、平成X5年及びX6年は合計所得金額が3,000万円を超えたため、損益通算ができず、譲渡損失は使用できずに残っていた。そこで税理士は繰越期限である平成X7年に譲渡損失を使うべく「上場株式の譲渡所得についても合計所得金額が3,000万円以下であれば繰越した譲渡損失を差し引くことができる。」と誤ったアドバイスを行い、依頼者は株式を売却して益出しを行い、損益通算を行おうとした。ところが実際には、株式の譲渡所得との損益通算は認められないことから、損益通算ができなかった。

税理士は誤った指導をした自身の責任であると主張するが、繰越した譲渡損失はもともと株式の譲渡所得との損益通算は不可であることから、株式の譲渡所得に係る所得税額等は「本来納付すべき本税」であることから、損害額はない。

6 負担すべき損害額

なし（「本来納付すべき本税」）。

7 損害額から控除できる額

—

8 損害を回復する手段

—

9 未然防止策

・国税庁チェックシートの活用。

・特例適用の可否は慎重に判断する。

事例
10
（所得税）

保証金の償却を失念したまま申告したため、所得税等につき過大納付が発生した事例

1 事例の概要

平成X6年から平成Y7年分の所得税につき、強制である保証金の償却を失念してしまった。これにより、所得税額等につき過大納付200万円が発生し、賠償請求を受けた。

なお、平成Y3年から平成Y7年分については更正の請求により損害が回復したため、損害期は更正の請求の期限が途過した平成X6年から平成Y2年の7年分である。

2 ミスに至った経緯

H X5. 4	飲食店に使用する建物につき賃貸借契約。
H X7. 3	平成X6年分の所得税につき、保証金の償却を失念したまま申告。以後、平成Y7年分まで同様に申告。
H Y8. 3	依頼者から保証金が償却されていない旨を指摘され、確認したところ、契約以来保証金の償却がされていないことが判明。
H Y8. 4	所得税において保証金は強制償却であるため、償却不足額を後年で償却できない旨を依頼者に説明。損害賠償請求を受ける。
H Y8. 4	平成Y3年から平成Y7年分の更正の請求書を提出。
H Y8. 6	平成Y3年から平成Y7年分の更正決定通知書を収受。

3 基礎知識

●建物を賃借するために支出する権利金等（所令7①三ロ）

建物の賃借に際して支払った権利金で、明渡しに際して借家権として転売できることになっているもの以外の権利金は5年で償却する。

4 ミスの原因

個人においては強制償却である保証金の償却を失念したまま申告してしまった。

5 責任の所在

平成X5年に飲食店に使用する建物を賃借する際に保証金2,000万円を支払った。保証金は繰延資産に該当し、5年で償却することが義務づけられている。依頼者の貸室賃貸借契約書によれば、上記保証金は、「年5%の割合により契約期間1年毎に償却する。」と定められており、結果として年5%の償却費を毎年支払った繰延資産としてそれぞれ5年で償却することになる。所得税法において繰延資産は強制償却であり、計上時期を任意に選択することは出来ない。つまり、過年度分の償却不足分を後年度の必要経費として算入することは認められていないため、償却を失念した年分について償却不足額は必要経費に算入する機会を逸し、所得税額等が過大納付となる。税理士は依頼者に保証金の償却がされていない旨を指摘され、初めて保証金の償却を失念したまま申告していたことに気付いている。契約書の内容をきちんと確認し、保証金の償却費を正しく計上していれば過大納付税額は発生しなかったことから、税理士に責任がある。

6 負担すべき損害額

過大納付所得税等のうち更正の請求の期限途過分150万円。

7 損害額から控除できる額

過大納付事業税が経費計上されることによる所得税等の節税額。

8 損害を回復する手段

期間内の更正の請求が可能である。

9 未然防止策

・チェックリストの活用。
・チェック体制の構築。
・担当者の変更。
・毎年新しい「目」で確認する。

事例 11（所得税）

誤った耐用年数で減価償却費を計算してしまった事例

1 事例の概要

平成X8年からY7年分までの所得税につき、木造建物の耐用年数を22年とすべきところ誤って47年で減価償却費を計算して申告してしまった。これにより所得税等につき過大納付200万円が発生し、賠償請求を受けた。なお、税理士は現在、依頼者に関与しておらず、後任税理士が平成Y3年からY7年分の更正の請求を行い、これが認められたことから、損害期は平成X8年からY2年分の5期にわたる。

2 ミスに至った経緯

H X8.11	木造アパートを取得。
H X9. 3	平成X8年分の所得税を誤った耐用年数（鉄筋コンクリート造47年）で減価償却費を計算して申告。以後、平成Y7年分まで同様に申告。
H Y8. 4	顧問契約解除（本件事故とは無関係）。
H Y8. 6	後任税理士より指摘を受け、耐用年数の誤りが発覚。依頼者より損害賠償請求を受ける。
H Y8. 8	後任税理士が平成Y3年からY7年分の更正の請求を行う。
H Y8. 8	平成Y3年からY7年分の更正の請求が認められる。

3 基礎知識

所得税法における減価償却費（所法 49）

所得税法上、減価償却費の計上時期を任意に選択することはできない（強制償却）。従って、前年度の減価償却費を当年度の必要経費に算入することはできない。また、当年度の減価償却費は、前年度の減価償却費相当額を未償却残高から控除した金額を基に計算しなければならない。減価償却費の必要経費への計上不足により前年度の納付税額が過大若しくは純損失等の金額が過少または還付金の額が過少であるときは、法定申告期限から5年以内に限り、更正の請求をすることができる。

4 ミスの原因

木造建物の耐用年数を22年とすべきところ誤って鉄筋コンクリート造47年で減価償却費を計算し、申告してしまった。

5 責任の所在

依頼者は平成X8年に木造アパートを建築しており、本来であれば22年の耐用年数を適用すべきであった。しかし税理士は、鉄筋コンクリートであるものと誤認し、47年の耐用年数を適用して減価償却費を計算してしまった。その結果、長年に亘り所得税等が過大納付となっていた。その後、顧問契約が解除となり、後任税理士から耐用年数誤りの指摘を受け、はじめてその事実に気付いている。アパートの構造をきちんと確認し、正しい耐用年数で減価償却費を計算していれば過大納付にはならなかったことから、税理士に責任がある。

6 負担すべき損害額

過大納付所得税額等から更正の請求が認められた金額を控除した金額100万円

7 損害額から控除できる額

過大納付事業税が経費計上されることによる所得税等の節税額。

8 損害を回復する手段

期間内の更正の請求が可能である。

9 未然防止策

・チェックリストの活用。
・チェック体制の構築。
・担当者の変更。
・毎年新しい「目」で確認する。

事例

12

（所得税）

被相続人から相続により取得した貸店舗について、被相続人の取得価額で引き継ぐべきところ、未償却残高で引き継いでしまった事例

1 事例の概要

平成X7年から平成Y7年分の所得税につき、平成X7年に依頼者の父親である被相続人から相続により取得した貸店舗について、被相続人の取得価額で引き継ぐべきところ、未償却残高で引き継いでしまった。このため減価償却費が過少となり、結果として納付税額が過大となり、過大となった税額2,800万円につき賠償請求を受けた。なお、税理士は平成X7年から平成Y7年分の所得税について同様の処理を行っていたが、平成Y3年からY7年の5年分は更正の請求により損害額が回復しているため、損害期は平成X7年から平成Y2年分の6期である。

2 ミスに至った経緯

H X7.10	依頼者の父親が死亡。
H X8. 3	平成X7年分の所得税につき、相続により取得した貸店舗について、被相続人の取得価額で引き継ぐべきところ、未償却残高で引き継いで減価償却費を計算して申告。以後平成Y7年まで同様に申告。
H Y9. 2	平成Y8年分確定申告作業中に一連の間違い発覚。
H Y9. 3	依頼者に報告。損害賠償請求を受ける。
H Y9. 3	平成Y3年からY7年の5年分の更正の請求書を所轄税務署に提出。
H Y9. 5	平成Y3年からY7年の更正決定通知書を収受。

3 基礎知識

相続の場合の償却方法、取得価額、耐用年数等の取扱い

相続により被相続人の減価償却資産を取得した場合には、その資産を取得した者が引き続き所有していたものとみなされる。したがって、取得価額、取得時期、耐用年数も被相続人のものを引き継ぐ。しかし、償却方法については、減価償却資産の償却方法を規定している所得税法施行令第120条及び120条の2の第1項の「取得」には、購入や自己建設のほか、相続等によるものも含まれる（所基通49-1）ため、被相続人の償却方法を引き継がない。

相続取得した減価償却資産	被相続人	相続人
取　得　価　額	○	ー
未 償 却 残 高	○	ー
取　得　時　期	○	ー
耐　用　年　数	○	ー
償　却　方　法	ー	○

したがって、被相続人が法定償却方法以外の方法で減価償却を行っていた場合で、引き続き同じ償却方法を採りたい場合には、その年分の確定申告期限までに、「所得税の減価償却資産の償却方法の届出書」を所轄税務署長に提出する必要がある。

参考　所基通49-1（取得の意義）

令第120条第1項及び令120条の2第1項に規定する取得には、購入や自己の建設によるもののほか、相続等によるものも含まれることに留意する。

4 ミスの原因

相続により取得した減価償却資産の取得価額を未償却残高で引き継いでしまった。

5 責任の所在

相続により被相続人の財産を取得した場合には、原則として被相続人の取得価額及び取得時期を引き継ぐ。しかし、税理士は誤って未償却残高を取得価額として引き継いでしまったため、減価償却が過少となり、結果として納付税額が過大となってしまった。その後、税理士は平成Y8年の確定申告作業中に自らそのミスに気づいている。

相続の際に被相続人の取得価額で引き継いでいれば過大納付にはならなったことから、税理士に責任がある。

6 負担すべき損害額

過大納付税額から更正の請求が認められた1,500万円を控除した1,300万円。

7 損害額から控除できる額

過大納付事業税が経費計上されることによる所得税等の節税額。

8 損害を回復する手段

期間内の更正の請求が可能である。

9 未然防止策

・チェックリストの活用。
・チェック体制の構築。
・担当者の変更。
・毎年新しい「目」で確認する。

事例 13（所得税）

付表及び計算明細書の添付を失念したため、先物取引に係る損失の繰越控除の適用を受けることができなくなってしまった事例

1 事例の概要

平成X7年分の所得税につき、平成X6年分の所得税確定申告書に、平成X6年中に生じた先物取引に係る多額の損失について、繰越損失用の付表及び計算明細書の添付を失念したため、先物取引に係る損失の繰越控除の適用を受けることができなくなってしまった。これにより、所得税等につき過大納付400万円が発生し、賠償請求を受けた。

2 ミスに至った経緯

H X7. 2	平成X6年分の所得税申告につき必要書類を受領し、電話で説明を受ける。
H X7. 3	平成X6年分の所得税につき、先物取引に係る損失の繰越控除を受けるための計算明細書及び付表の添付を失念したまま申告。
H X8. 3	平成X7年分の所得税申告作業中、平成X6年分の申告書に繰越損失用の付表及び計算明細書の添付がないことに気付く。
H X8. 3	税務署に確認するも宥恕規定なしのため救済不可確定。
H X8. 3	平成X7年分の所得税につき、先物取引に係る損失の繰越控除の適用を受けずに申告。
H X8. 3	依頼者に報告し、損害賠償請求を受ける。

3 基礎知識

●先物取引の差金等決済に係る損失の繰越控除（措法41の14〜15）

先物取引に係る雑所得等の金額の計算上生じた損失がある場合には、その損失の金額を翌年以降3年間にわたり繰り越すことができ、その繰り越された年分の先物取引に係る雑所得等の金額を限度として、一定の方法により計算した金額を、先物取引に係る雑所得等の金額から控除することができる。この適用を受けるためには、先物取引の損失の金額が生じた年分の確定申告書に、当該事項を記載した「所得税の申告書付表（先物取引に係る繰越損失用）」及び「先物取引に係る雑所得等の金額の計算明細書」を添付しなければならない。

4 ミスの原因

先物取引に係る損失の繰越控除を受けるための計算明細書及び付表の添付を失念した。

5 責任の所在

税理士は、依頼者から上記の適用を受けるための書類を受領していた。にもかかわらず、付表及び計算明細書の添付を失念したまま申告し、翌年の申告作業中に依頼者の指摘を受け、はじめてその事実に気づいている。損失が生じた年分の確定申告において、添付資料を確認し、提出していれば、繰越控除の適用は受けられたことから、税理士に責任がある。

6 負担すべき損害額

先物取引に係る損失の繰越控除の適用不可額に係る所得税等400万円。

7 損害額から控除できる額

なし。

8 損害を回復する手段

なし。

9 未然防止策

・チェックリストの活用。

・チェック体制の構築。

事例 14（所得税）

自由診療のみに使用されるワクチン購入費用を自由診療の経費として区分しなかったため、措置法差額が過少となり、所得税額等が過大となった事例

1 事例の概要

平成X6年から平成Y5年分の所得税につき、小児科医である依頼者の確定申告に際し、租税特別措置法第26条に規定する「社会保険診療報酬の所得計算の特例」を適用して申告を行ったが、その際に自由診療のみに使用されるワクチン購入費用について、自由診療の経費として区分しなかった。これにより、いわゆる措置法差額（租税特別措置法第26条の規定による必要経費の金額と保険診察分の実際の必要経費との差額。以下同じ。）が過少となり、過少計上された金額につき所得税額等900万円が過大となり、過大となった納付税額につき賠償請求を受けた。

なお、平成Y2年から平成Y5年分は更正の請求により損害が回復しているため、損害期は平成X6年から平成Y1年分までの6期である。

2 ミスに至った経緯

H X6. 4　関与開始。

H X7. 3　平成X6年分の所得税につき、「社会保険診療報酬の所得計算の特例」を適用して申告。その際に誤って、自由診療のみに使用されるワクチン購入費用を自由診療の経費と区分しないで申告。以後、平成Y5年分まで同様。

H Y6.12　「税理士賠償責任保険事故事例」を読んで、上記ミスに自ら気付く。

H Y7. 3　依頼者に報告。

H Y7. 6　平成Y2年から平成Y5年分所得税の更正の請求書を提出。

H Y7. 8　A税務署より平成Y2年から平成Y5年分所得税の更正通知書を受領。

H Y7. 9　B県税事務所より平成Y2年から平成Y5年所得分の個人事業税減額通知書を受領。

H Y7.10　C市より平成Y2年から平成Y5年所得分の「市税過誤納金還付通知書」を受領。

H Y7. 11　更正不可分につき、損害賠償請求を受ける。

3 基礎知識

社会保険診療報酬の所得計算の特例（措法26）

一定の医業を営む者が支払いを受ける社会保険診療報酬による事業所得の金額の計算に当たっては、社会保険診療報酬の金額が5,000万円以下である場合には、租税特別措置法第26条に規定する「社会保険診療報酬の所得計算の特例」により、その診療による費用としてその支払を受ける金額に応じて、一定の算式で計算した概算経費を必要経費とすることができる（平成26年分以降は年収入金額7,000万円が限度。）。

4 ミスの原因

自由診療のみに使用されるワクチン購入費用について、自由診療の経費として区分しなかった。

5 責任の所在

税理士は、依頼者の所得税の申告の際に、租税特別措置法第26条の適用をしていたが、自由診療のみに使用されるワクチン購入費用について、自由診療の経費として区分しないで計算していたため、措置法差額が過少となり、結果として事業所得が過大となっていた。税理士はこれに気づかず、平成X6年から平成Y5年分まで同様に申告を続け、平成Y6年に「税理士賠償責任保険事故事例」を読んで、ワクチン購入費用が自由診療の経費として計上できたことに自ら気付いている。ワクチンの購入費用は請求書等で簡単に区分が可能であり、自由診療の経費として計算できたことから、税理士に責任がある。

6 負担すべき損害額

過少計上された措置法差額に係る所得税額等から更正の請求等が認められた金額を控除した650万円。

7 損害額から控除できる額

なし。

8 損害を回復する手段

期間内の更正の請求が可能である。

9 未然防止策

・チェックリストの活用。

・チェック体制の構築。

・担当者の変更。

・毎年新しい「目」で確認する。

事例 15 (所得税)

準確定申告において、純損失の繰戻しによる還付を失念してしまった事例

1 事例の概要

被相続人甲の平成Y6年分の所得税の準確定申告において、多額の純損失が発生し、平成Y5年分には所得税額が発生していたことから、純損失の繰戻しによる還付請求が可能であったにもかかわらず、これに気づかなかったため還付が受けられなかった。これにより還付が受けられなかった税額500万円につき損害が発生し、賠償請求を受けた。

2 ミスに至った経緯

H X0. 4	関与開始。
H Y6. 3	甲の平成Y5年分の確定申告書提出。
H Y6. 6	甲の死亡。
H Y6. 9	甲の平成X6年分準確定申告書を繰戻還付を請求せずに提出。
H Y7. 4	甲の相続税申告書提出。
H Y8.10	相続税の税務調査中に純損失の繰戻し還付が適用できたことに気づく。
H Y8.10	依頼者（甲の長男）に報告。損害賠償請求を受ける。

3 基礎知識

● 相続人等の純損失の繰戻しによる還付の請求（所法141）

準確定申告書（青色申告書に限る）を提出する者は、その年において純損失の金額がある場合には、前年分の所得税額を限度として所得税額の還付を請求することができる。

4 ミスの原因

準確定申告において、純損失の繰戻しによる還付請求を失念してしまった。

5 責任の所在

被相続人甲の平成Y6年分の準確定申告は、たまたま固定資産の除却があり、多額の純損失が発生していた。平成Y5年分は所得税額が発生していたことから、純損失の繰戻しによる還付請求が受けられた。しかし、税理士はこれに気づかず、相続税の税務調査中に準確定申告書を見直していて初めてそのミスに気付いている。準確定申告書の提出時に還付請求書を提出していれば繰戻しによる還付請求は受けられたことから、税理士に責任がある。

6 負担すべき損害額

繰戻還付が受けられた金額500万円。

7 損害額から控除できる額

繰戻還付が受けられた金額を相続財産に加算せずに済んだことによる相続税の節税額。

8 損害を回復する手段

なし。

9 未然防止策

・チェックリストの活用。

・チェック体制の構築。

事例

16

（所得税）

確定申告書に付表「上場株式等に係る譲渡損失の損益通算及び繰越控除用」を添付しないまま繰越控除の適用をしてしまった事例

1 事例の概要

平成X7年分の所得税につき、平成X4年に生じた上場株式等に係る譲渡損失を、平成X5年及びX6年分の確定申告書に付表「上場株式等に係る譲渡損失の損益通算及び繰越控除用」を添付しないまま繰越控除の適用をしてしまった。これを税務調査で否認されたため、譲渡損失の繰越控除不能額に係る所得税額等100万円につき損害が発生し、賠償請求を受けた。

2 ミスに至った経緯

H X5. 3	平成X4年に生じた上場株式等に係る譲渡損失を繰越し。確定申告書付表（上場株式等に係る譲渡損失の損益通算及び繰越控除用）を添付して申告。
H X6. 3	平成X5年分に確定申告書付表（上場株式等に係る譲渡損失の損益通算及び繰越控除用）を添付せずに申告。
H X7. 3	平成X6年分に確定申告書付表（上場株式等に係る譲渡損失の損益通算及び繰越控除用）を添付せずに申告。
H X8. 3	平成X7年に生じた上場株式等に係る譲渡益から、平成X4年分の譲渡損失を控除して申告。
H X8. 9	税務調査により、譲渡所得計上もれ及び譲渡損失の繰越控除の適用不可を指摘される。
H X8.11	依頼者に報告。損害賠償請求を受ける。

3 基礎知識

上場株式等に係る譲渡損失（措法37の12の2）

上場株式等に係る譲渡損失は、その年分の上場株式等に係る配当所得の金額と損益通算ができ、損益通算してもなお控除しきれない譲渡損失の金額は、翌年以後3年間にわたり、確定申告をすることにより株式等に係る譲渡所得等の金額及び上場株式等に係る配当所得の金額から繰越控除できる。なお、上場株式等に係る譲渡損失の金額を繰り越す場合には、譲渡損失が生じた年分以後、株式等の譲渡がない場合であっても連続してその繰り越す譲渡損失の金額を記載した確定申告書に付表（上場株式等に係る譲渡損失の損益通算及び繰越控除用）を添付して提出しなければならない。

4 ミスの原因

確定申告書に付表「上場株式等に係る譲渡損失の損益通算及び繰越控除用」の添付を失念した。

5 責任の所在

依頼者は平成X4年に上場株式を売却し、譲渡損失500万円を翌期以降に繰り越していた。しかし、税理士は、平成X5年及びX6年分の確定申告書に付表（上場株式等に係る譲渡損失の損益通算及び繰越控除用）の添付を失念してしまった。そして、平成X7年に上場株式等を売却し、譲渡益400万円が発生したため、平成X4年の譲渡損失分を控除して申告したところ税務調査で否認され、はじめて上記ミスに気付いた。確定申告書に上記付表を忘れずに添付していれば、繰越控除の適用は受けられたことから、税理士に責任がある。

6 負担すべき損害額

譲渡損失の繰越控除不能額に係る所得税額等100万円。

7 損害額から控除できる額

なし。

8 損害を回復する手段

なし。

9 未然防止策

・国税庁チェックシートの活用。

・チェックリストの活用。

・チェック体制の構築。

事例
17
（所得税）

「上場株式等に係る譲渡損失の損益通算及び繰越控除用」を誤記載してしまったため、損益通算ができなくなってしまった事例

1 事例の概要

平成X6年分の所得税確定申告書の付表（上場株式等に係る譲渡損失の損益通算及び繰越控除用）において、平成X7年で切捨てになる譲渡損失を1年長く平成X8年で切捨てになると誤記載してしまった。これにより依頼者は、平成X7年分の所得税確定申告において上場株式の譲渡益との損益通算を先送りしたため、結果として譲渡損失の一部が切り捨てとなり、損益通算ができなくなってしまった。これにより、損益通算不能額に係る所得税額等300万円につき損害が発生し、賠償請求を受けた。

2 ミスに至った経緯

H X7. 3	平成X6年分の所得税確定申告書の付表（上場株式等に係る譲渡損失の損益通算及び繰越控除用）において、平成X7年で切捨てになる譲渡損失を平成X8年で切捨てになる欄に誤記載。
H X7. 4	上記誤記載につき税務署から連絡を受けるも関与先への連絡を失念。
H X8. 3	平成X7年分の所得税確定申告において、譲渡損失のうち2,000万円を使用せず。（切捨てとなる。）
H X8. 9	依頼者より誤記載について指摘され、損害賠償請求を受ける。

3 基礎知識

● 上場株式等に係る譲渡損失（措法37の12の2）

上場株式等に係る譲渡損失は、その年分の上場株式等に係る配当所得の金額と損益通算ができ、損益通算してもなお控除しきれない譲渡損失の金額は、翌年以後3年間にわたり株式等に係る譲渡所得等の金額及び上場株式等に係る配当所得の金額から繰越控除できる。

4 ミスの原因

「上場株式等に係る譲渡損失の損益通算及び繰越控除用」を誤記載し、税務署から連絡を受けたにもかかわらず、関与先への連絡を失念した。

5 責任の所在

依頼者は平成X4年に上場株式の譲渡損失5,000万円を繰越計上していた。しかし、平成X6年の確定申告書の付表（上場株式等に係る譲渡損失の損益通算及び繰越控除用）において、誤って平成X5年分の譲渡損失として記載したため、依頼者は平成X8年まで損益通算ができるものと思い込み、上場株式の譲渡益との損益通算を先送りした。しかし、実際には平成X7年が繰越期限であったことから、譲渡損失のうち2,000万円が切り捨てになってしまった。税理士は依頼者から指摘を受け、はじめてその事実に気づいている。誤記載をしなければ、譲渡益の出ている上場株式を売却し、譲渡損失全額との損益通算は可能であったことから、税理士に責任がある。

6 負担すべき損害額

譲渡損失の一部が切り捨てとなり、損益通算ができなくなったことによる損益通算不能額に係る所得税額等300万円。

7 損害額から控除できる額

なし。

8 損害を回復する手段

なし。

9 未然防止策

・チェックリストの活用。

・チェック体制の構築。

事例
18
（所得税）

平成X7年分の所得税につき、平成X6年分の確定申告書を期限後申告しなかったため、平成X5年に生じた上場株式に係る譲渡損失の繰越控除の適用ができなくなってしまった事例

1 事例の概要

平成X7年分の所得税につき、配当控除を使用するため、平成X6年分の確定申告書を期限後申告せずに総合課税で申告したため、平成X5年に生じた上場株式に係る譲渡損失との損益通算ができなくなってしまった。これにより、過少となった還付所得税等70万円につき損害が発生し賠償請求を受けた。

2 ミスに至った経緯

H X6. 3	平成X5年分の所得税を上場株式の譲渡損失を繰越して申告（前任税理士）。
H X7. 3	平成X6年分は所得ゼロのため申告書を提出せず（前任税理士の判断）。
H X8. 2	関与開始。
H X8. 3	平成X7年分の所得税を配当所得だけ総合課税で申告。
H X8. 6	依頼者より還付額が少ない旨の問い合わせを受け、ミスが発覚。
H X8. 6	平成X6年分所得税期限後申告書及び平成X7年分更正の請求書を提出。
H X8. 7	所轄税務署より更正の請求事由には当たらない旨の連絡を受け、取下げ。
H X8. 7	依頼者に報告、損害賠償請求を受ける。

3 基礎知識

上場株式等に係る譲渡損失の損益通算及び繰越控除（措法37の12の2）

上場株式等に係る譲渡損失は、その年分の上場株式等に係る配当所得の金額と損益通算ができ、損益通算してもなお控除しきれない譲渡損失の金額は、翌年以後3年間にわたり確定申告をすることにより株式等に係る譲渡所得等の金額及び上場株式等に係る配当所得の金額から繰越控除できる。なお、上場株式等に係る譲渡損失の金額を繰り越す場合には、譲渡損失が生じた年分以後、株式等の譲渡がない場合であっても連続してその繰り越す譲渡損失の金額を記載した確定申告書に付表（上場株式等に係る譲渡損失の損益通算及び繰越控除用）を添付して提出しなければならない。

確定申告書を提出していない場合

譲渡損失が発生した年分やその後の年分において確定申告書を提出していない場合には、期限後申告により株式等に係る譲渡所得等の金額の計算明細書と付表（上場株式等に係る譲渡損失の損益通算及び繰越控除用）を添付して、発生年分から使用年分まで確定申告書を提出すれば、譲渡損失を使用することができる。

確定申告書を提出しているが譲渡損失の申告をしなかった場合

⑴特定口座（源泉徴収なし）・一般口座の場合

株式等に係る譲渡所得等の金額の計算明細書と付表（上場株式等に係る譲渡損失の損益通算及び繰越控除用）を添付して更正の請求をすれば、損失があったこととされる。

⑵特定口座（源泉徴収あり）の場合

申告するかしないかの選択が可能であり、申告しなかったのは納税者の選択とみなされるため、更正の請求はできない。

4 ミスの原因

上場株式等に係る譲渡損失の金額を繰り越して使用する場合には、譲渡損失が生じた年分から使用年分まで連続して期限内申告書を提出しなければならないものと誤認していた。

5 責任の所在

依頼者は平成X5年に上場株式を売却し、譲渡損失500万円を翌期以降に繰り越していた。平成X6年は申告所得がゼロであったため申告は行われていなかった。税理士は平成X7年分の所得税申告から関与したが、平成X7年に特定口座（源泉徴収あり）において上場株式の売却益450万円が発生していたが、平成X6年分の確定申告書の提出がないため、平成X5年分の譲渡損失との損益通算はできないものと誤認し、配当所得だけを総合課税で申告し、配当控除を使って配当所得に係る源泉徴収税額だけ還付を受けた。しかし、実際には、平成X6年分の申告書を期限後申告した後に、上場株式に係る譲渡所得の申告も併せて行えば、損益通算ができ、譲渡所得に係る源泉徴収税額の還付も受けられ、有利であった。税理士は、依頼者からの問い合わせにより、はじめてその事実に気づき、平成X6年分の期限後申告書及び平成X7年分の更正の請求書を提出したが、「更正の請求事由には当たらない。」として認められなかった。

当初申告において適用要件を確認し、平成X6年分を期限後申告していれば、損益通算は可能であったことから、税理士に責任がある。

6 負担すべき損害額

過少となった還付所得税額等70万円。

7 損害額から控除できる額

なし。

8 損害を回復する手段

なし。

9 未然防止策

・事前に十分な説明を行い有利選択を依頼者を含めて行う。
・意思決定の証拠を書面に残す。
・国税庁チェックシートの活用。
・コミュニケーションをとる。

事例
19
（所得税）

配当控除を加味して総合課税で申告したところ、配当控除の適用が受けられないものであったため、申告不要制度を選択した方が有利であったとして賠償請求を受けた事例

1 事例の概要

平成X7年分の所得税につき、上場株式等の配当等に対して、配当控除を加味して総合課税で申告したところ、配当控除の適用が受けられないものであった。これにより修正申告となってしまい、配当控除が受けられないものであれば、源泉分離課税による申告不要制度を選択した方が有利であったため、有利な源泉分離課税と不利な総合課税との差額100万円につき賠償請求を受けた。

2 ミスに至った経緯

H X8. 3　配当所得に関し、有利判定を行った結果、配当控除を適用して総合課税で申告した方が有利であったため、総合課税で申告。

H X8. 4　所轄税務署より配当控除の適用は受けられないとの指摘を受ける。

H X8. 5　平成X7年分の所得税を配当控除対象外として修正申告。

H X8. 6　申告不要とした場合との差額につき損害賠償請求を受ける。

3 基礎知識

上場株式等の配当等を受けた場合の課税関係

平成26年以後に支払を受ける上場株式等の配当等（大口株主等を除く。以下同じ。）については、その支払の際に20.315%（所得税15.315%、住民税5%）の税率により源泉徴収がされるため、原則として申告不要である。しかし、総合課税又は申告分離課税により申告することを選択できる。なお、この場合は、申告する上場株式等の配当等の全てについて総合課税又は申告分離課税のいずれかを選択する必要があり、総合課税を選択した場合には配当控除の適用があり、申告分離課税を選択した場合には上場株式等の譲渡損失との損益通算ができる。

配当控除

配当所得につき、その全てを総合課税で申告した場合には、配当控除を受けることができる。配当控除を受けた場合には、配当について源泉徴収された所得税と配当控除額が納付すべき税額の計算上控除される。

配当控除を受けることができる配当所得

日本国内に本店のある法人から受ける剰余金の配当、利益の配当、剰余金の分配、証券投資信託の収益の分配などで、確定申告において総合課税の適用を選択した配当所得に限られる。配当控除は、二重課税されているかどうかが問題であるため、法人税が課されない「外国法人から受ける配当等」や「特定外貨建等証券投資信託の収益の分配に係る配当等」は配当控除の対象にはならない。

《配当控除率》

区分	課税総所得金額等	
	1,000万円以下	1,000万円超
剰余金の配当等（株式等の配当等、特定株式投資信託に係る収益の分配金）	10%	5%
特定証券投資信託のうち、外貨建等証券投資信託以外に係る収益の分配金	5%	2.5%
特定証券投資信託のうち、外貨建等証券投資信託に係る収益の分配金	2.5%	1.25%

特定外貨建等証券投資信託

外貨建資産割合及び非株式割合が75%超の株式投資信託で、配当控除の適用はない。

《外貨建資産・非株式割合による配当控除の可否》

株式投資信託の分類		配当控除
特定株式投資信託（0%）		○
特定証券投資信託（75%以下）	下記以外（50%以下）	○
	外貨建等証券投資信託（50%超75%以下）	○
特定外貨建等証券投資信託（75%超）		×

4 ミスの原因

特定外貨建等証券投資信託であり、特定口座年間取引報告書の配当明細の摘要欄に「外貨建て資産割合が75%超」、「非株式割合が約款規定なし」と記載してあったにもかかわらず、何の確認もせず、配当控除を適用して申告した。

5 責任の所在

上場株式等の配当等は原則確定申告不要であるが、申告をした方が有利である場合には、申告分離課税又は総合課税により申告することができる。税理士は配当控除を加味して、総合課税で申告した方が有利と判断し、平成26年分の所得税を上場株式等の配当等を総合課税により申告した。しかし、これらの配当等は、「外貨建て資産割合が75％超」であり、かつ、「非株式割合が約款規定なし」であったため、実際には配当控除が適用できないものであった。これを所轄税務署より指摘され、修正申告となった。事前に配当控除の適用の可否を確認していれば、有利な源泉分離課税による申告不要制度を選択できたことから、税理士に責任がある。

6 負担すべき損害額

有利な源泉分離課税と不利な総合課税との差額100万円。

7 損害額から控除できる額

なし。

8 損害を回復する手段

なし。

9 未然防止策

・事前に十分な説明を行い有利選択を依頼者を含めて行う。
・意思決定の証拠を書面に残す。
・チェックリストの活用。
・チェック体制の構築。
・証券会社に確認する。

事例
20
（所得税）

上場株式等の配当等を、源泉分離課税による申告不要制度を選択して申告したところ、総合課税で申告しても純損失の繰越控除により、合計所得がゼロとなるため、総合課税が有利であった事例

1 事例の概要

平成X5年からX6年分の所得税につき、上場株式等の配当等を、源泉分離課税による申告不要制度を選択して申告したが、総合課税で申告しても純損失の繰越控除により、合計所得がゼロとなるため、総合課税で申告すれば、配当控除の適用が受けられ、さらに、源泉徴収された所得税や住民税が控除でき、有利であった。これにより、過大納付となった所得税額等200万円につき賠償請求を受けた。

2 ミスに至った経緯

H X4. 3	平成X3年分の所得税を多額の純損失を繰り越して申告。
H X6. 3	平成X5年分の所得税を上場株式等の配当等を源泉分離課税で申告。
H X7. 3	平成X6年分の所得税を上場株式等の配当等を源泉分離課税で申告。
H X7. 8	依頼者からの問い合わせにより配当所得を総合課税で再計算したところ、総合課税が有利であることが判明。
H X7. 9	所轄税務署に更正の請求書を提出。
H X7.10	所轄税務署より更正の請求は認められないため、取下げるよう連絡あり。

H X7.10 依頼者に報告し、損害賠償請求を受ける。

3 基礎知識

上場株式等の配当所得に対する課税

配当所得は、確定申告の対象とされるが、源泉分離課税による確定申告不要制度を選択することもできる。また、平成21年1月1日以後に支払を受ける上場株式等の配当所得については、総合課税によらず、申告分離課税を選択することができる。

⑴総合課税（所法22）

各種所得の金額を合計して所得税額を計算するもので、総合課税の対象とした配当所得については、一定のものを除き配当控除の適用を受けることができる。

⑵申告分離課税（措法8の4）

申告分離課税を選択する場合には、申告する上場株式等の配当等の全額について、総合課税と申告分離課税のいずれかを選択する必要がある。税率は年度により次表のようになる

⑶確定申告不要制度（措法8の5①）

上場株式等の配当等については、納税者の判断により確定申告不要制度を選択することができる。（大口株主等を除く。）この制度を適用するかどうかは、1回に支払を受けるべき配当等の額ごとに選択することができる（源泉徴収選択口座内の配当等については、口座ごとに選択することができる）。なお、確定申告不要制度を選択した配当所得に係る源泉徴収税額は、その年分の所得税額から差し引くことはできない。税率は年度により次表のようになる。

	確定申告		確定申告不要制度 （源泉分離課税）
	総合課税	申告分離課税	
借入金利子の控除	あり	あり	なし
税率	累進税率	平成 21 年 1 月 1 日～平成 24 年 12 月 31 日 所得税　7%　地方税　3%	
		平成 25 年 1 月 1 日～平成 25 年 12 月 31 日 所得税　7.147%　地方税　3%	
		平成 26 年 1 月 1 日～ 所得税　15.315%　地方税　5%	
配当控除	あり	なし	なし
譲渡損失との損益通算	なし	あり	なし

4 ミスの原因

依頼者は開業医であり、実効税率は高い常況にあったため、源泉分離課税による申告不要制度が有利であると思い込んでしまった。しかし、実際には、純損失の繰越控除額が多額にあったため、総合課税で申告しても、合計所得がゼロになり、有利であった。

5 責任の所在

上場株式等の配当等は、確定申告の対象とされるが、源泉分離課税による確定申告不要制度を選択することもできる。依頼者には平成 X3 年に多額の純損失が発生しており、平成 X6 年までは純損失の繰越控除が可能であった。そして、平成 X6 年は繰越期限を迎えて切捨てとなった純損失の金額が 2,000 万円あった。したがって、平成 X5 年の上場株式等の配当所得 400 万円及び平成 X6 年の上場株式等の配当所得 850 万円を総合課税で申告しても、総合課税による合計所得はゼロであり、配当控除の適用が受けられ、さらに、源泉徴収された所得税や住民税が控除でき、有利であった。しかし、税理士はこれに気づかず、源泉分離課税による申告不要制度を選択して申告してしまい、依頼者からの指摘によりはじめてそのミスに気づいている。確定申告に当たり、いずれが有利であるかを事前に検討していれば、総合課税は選択できたことから、税理士に責任がある。

6 負担すべき損害額

過大納付となった所得税額等200万円。

7 損害額から控除できる額

なし。

8 損害を回復する手段

なし。

9 未然防止策

・事前に十分な説明を行い有利選択を依頼者を含めて行う。
・意思決定の証拠を書面に残す。
・チェックリストの活用。
・チェック体制の構築。

事例
21
（所得税）

個人所有の賃貸建物を同族会社にサブリースしたところ、同族会社が受け取る管理料相当額が「著しく高額」として同族会社の行為計算の否認により更正処分を受けた事例

1 事例の概要

平成Y1年からY3年分の所得税につき、個人所有の賃貸建物を同族会社にサブリースしたところ、同族会社が受け取る管理料相当額が「著しく高額」として同族会社の行為計算の否認により更正処分を受けた。税理士はこれを不服として、異議申立、審査請求を行ったが認められず、依頼者との相談によりこれを受け入れ、訴訟には持ち込まなかった。これにより更正による追徴税額900万円につき損害が発生し、賠償請求を受けた。

2 ミスに至った経緯

H X8. 3	関与開始。
H X9.12	個人所有の賃貸建物につき同族会社とのサブリース契約を提案。
H Y2. 3	平成Y1年分所得税申告書をサブリース契約に基づき作成。以後Y3年分まで同様に申告。
H Y4. 9	税務調査で「著しく高額」との指摘を受ける。
H Y5. 3	所轄税務署より更正通知書を受領。
H Y5. 4	所轄税務署に異議申立書を提出。
H Y5. 7	所轄税務署より更正の一部を取り消した異議決定書を受領。
H Y5. 8	国税不服審判所に審査請求書を提出。
H Y6. 8	国税不服審判所より審査請求を棄却する裁決書を受領。

H Y7.10 依頼者より損害賠償請求を受ける。

3 基礎知識

● 同族会社の行為計算の否認（所法157①）

同族会社の行為又は計算で、これを容認した場合には、その株主等である居住者の所得税の負担を不当に減少させる結果となるものがあるときは、その居住者の所得税に係る更正又は決定に際し、その行為又は計算にかかわらず、税務署長の認めるところにより総所得金額及び所得税額などを計算することができる旨を規定したものである。

4 ミスの原因

法的な裏付け等の確認もないまま、過去の慣例に習ってスキームを構築し、提案してしまった。

5 責任の所在

依頼者は、個人所有の賃貸建物を同族会社にサブリースする際、その賃料について税理士に相談したところ、税理士から「同族会社に支払える不動産管理手数料は20％が税務上の限度」とのアドバイスを受け、これに基づいて賃料を決め申告を行った。しかし、その後の税務調査で同族会社が受け取る管理料相当額が「著しく高額」として同族会社の行為計算の否認により更正処分を受けた。税理士はこれを不服として、異議申立、審査請求を行ったが認められず、依頼者との相談によりこれを受け入れ、訴訟には持ち込まなかった。本事例は結果として更正処分を受け入れていることから、更正処分による追徴税額は「本来納付すべき本税」となり損害額はない。

6 負担すべき損害額

なし（「本来納付すべき本税」）。

7 損害額から控除できる額

—

8 損害を回復する手段

—

9 未然防止策

・情報収集を心がける。

・シミュレーションは慎重に。

事例 **22** （所得税）

認定長期優良住宅以外の通常の住宅借入金等特別控除を適用して申告してしまった事例

1 事例の概要

平成23年分の所得税につき、依頼者が新築し居住の用に供した建物が認定長期優良住宅に該当していたにもかかわらず、これを失念して認定長期優良住宅以外の通常の住宅借入金等特別控除を適用して申告してしまった。これにより、有利な「認定長期優良住宅」と不利な「認定長期優良住宅以外」の住宅借入金等特別控除との差額130万円につき損害が発生し、賠償請求を受けた。なお、住宅借入金等特別控除は、平成23年に居住の用に供した場合には、10年間適用があることから、損害期は平成23年から平成32年迄の10年にわたる。

2 ミスに至った経緯

H 19. 2	関与開始。
H 23.12	依頼者が住宅を新築。
H 24. 3	新築住宅が「認定長期優良住宅」に該当するにもかかわらず、通常の「認定長期優良住宅以外」の住宅借入金等特別控除を適用して申告。以後、平成27年分まで同様に申告。
H 28. 4	依頼者からの問合せで、上記ミスが発覚。
H 28. 6	所轄税務署へ相談。宥恕規程なく、救済不可確定。
H 28. 6	依頼者に特別控除の差異を提示し、損害賠償請求を受ける。

3 基礎知識

認定長期優良住宅の住宅借入金等特別控除（措法41）

居住者が長期優良住宅の普及の促進に関する法律に規定する認定長期優良住宅に該当する家屋で一定のもの（以下「認定長期優良住宅」という。）の新築等をして、一定期間内に自己の居住の用に供した場合において、その認定長期優良住宅の新築等に係る借入金等を有する場合には、原則として10年間所得税額から一定額を控除することができる。平成23年中に居住の用に供した場合には、年末借入金残高5,000万円以下の部分に対し1.2%の税額控除が受けられる。また、認定長期優良住宅以外の住宅についても、年末借入金残高4,000万円以下の部分に対し1%の税額控除が受けられる。

4 ミスの原因

新築住宅が「認定長期優良住宅」に該当するにもかかわらず、通常の「認定長期優良住宅以外」の住宅借入金等特別控除を適用して申告してしまった。

5 責任の所在

税理士は、依頼者の新築した住宅が認定長期優良住宅に該当していたため、1.2%の税額控除が受けられたにもかかわらず、認定長期優良住宅以外の1%の特別控除を適用して申告していた。これを依頼者から指摘され、はじめてそのミスに気付いている。認定長期優良住宅に該当しているか否かを事前に確認していれば、有利な認定長期優良住宅の住宅借入金等特別控除の適用は受けられたことから、税理士に責任がある。

6 負担すべき損害額

認定長期優良住宅と認定長期優良住宅以外の住宅借入金等特別控除との差額130万円。

7 損害額から控除できる額

なし。

8 損害を回復する手段

なし。

9 未然防止策

・チェックリストの活用。
・チェック体制の構築。
・コミュニケーションをとる。

事例
23
(所得税)

認定住宅の新築等について、不利な「認定住宅の新築等をした場合の所得税額の特別控除」を適用してしまった事例

1 事例の概要

平成26年分の所得税につき、認定長期優良住宅の新築等について、不利な「認定住宅の新築等をした場合の所得税額の特別控除」を適用してしまったため、有利な「認定住宅の新築等に係る住宅借入金等特別控除の特例」の適用が受けられなくなってしまった。これにより納付すべき税額が100万円過大となり、過大となった税額につき損害が発生し、賠償請求を受けた。なお、住宅借入金等特別控除は平成26年に居住の用に供した場合には、10年間適用があることから、損害期は平成26年から平成35年迄の10年にわたる。

2 ミスに至った経緯

H 26. 3　依頼者が認定長期優良住宅を新築。

H 27. 3　平成26年分の所得税につき「認定住宅の新築等をした場合の所得税額の特別控除」を適用して申告。

H 28. 3　平成27年分の所得税につき「認定住宅の新築等に係る住宅借入金等特別控除の特例」を適用して申告。

H 28. 7　所轄税務署の指摘により、平成27年分の「認定住宅の新築等に係る住宅借入金等特別控除の特例」の適用ができないことが発覚。

H 28.10　所轄税務署に交渉するも、単なる手続きミスとしての取扱いが不可能であり、修正申告の対象になるとの結論になる。

H 28.10	依頼者に報告し、損害賠償請求を受ける。
H 28.10	平成27年分の「認定住宅の新築等に係る住宅借入金等特別控除の特例」を適用しない修正申告書を提出。依頼者に賠償金を支払う。

3 基礎知識

● 認定住宅の新築等に係る住宅借入金等特別控除の特例（措法41）

居住者が長期優良住宅の普及の促進に関する法律に規定する認定長期優良住宅に該当する家屋で一定のもの（以下「認定長期優良住宅」という。）若しくは都市の低酸素化の促進に関する法律に規定する低酸素建築物に該当する家屋で一定もの又は同法の規定により低酸素建築物とみなされる特定建築物に該当する家屋で一定のもの（以下「認定低酸素住宅」といい、「認定長期優良住宅」と併せて「認定住宅」と総称する。）の新築等をして、一定期間内に自己の居住の用に供した場合において、その認定住宅の新築等に係る借入金等を有するときは、居住年以後10年間各年分（合計所得金額が3,000万円を超える年は除く。）の所得税額から一定額を控除する。

● 認定住宅の新築等をした場合の所得税額の特別控除（措法41の19の4）

居住者が「認定住宅」の新築等をして、一定期間内に自己の居住の用に供した場合には、その居住の用に供した年分（合計所得金額が3,000万円を超える年は除く。）の所得税額から一定の金額を控除できる制度である。

なお、認定住宅の新築等について住宅借入金等特別控除を適用する場合には、この控除は適用できない。

4 ミスの原因

認定住宅の新築等をした場合に適用がある特別控除につき有利選択を怠った。

5 責任の所在

依頼者は平成26年に認定長期優良住宅の新築をし、どちらの特別控除も選択できた。したがって税理士は、有利選択を行い、有利な方を選択すべきであった。しかし、これを行わず、平成26年には「認定住宅の新築等をした場合の所得税額の特別控除」を、平成27年には本来適用できない「認定住宅の新築等に係る住宅借入金等特別控除の特例」を適用して申告してしまい、税務署の指摘により、はじめて誤りに気付いている。申告書提出前に有利選択を行っていれば、平成26年から有利な「認定住宅の新築等に係る住宅借入金等特別控除の特例」を適用できたことから、税理士に責任がある。

6 負担すべき損害額

10年間「認定住宅の新築等に係る住宅借入金等特別控除の特例」の適用を受けた場合と、「認定住宅の新築等をした場合の所得税額の特別控除」の適用を受けた場合との差額100万円。

7 損害額から控除できる額

なし。

8 損害を回復する手段

なし。

9 未然防止策

・事前に十分な説明を行い有利選択を依頼者を含めて行う。

・意思決定の証拠を書面に残す。

・チェックリストの活用。

・チェック体制の構築。

事例
24
（所得税）

相続税対策のため、税理士の提案により、依頼者の所有する同族法人株式を発行法人に売却したが、みなし配当の計算を誤ったため、追徴税額が発生し、「正しい税額の説明を受けていれば売却は行わなかった。」として賠償請求を受けた事例

1 事例の概要

税理士は、相続税対策のため、依頼者の所有する同族法人株式を発行法人に売却することを提案した。その際、みなし配当所得の計算の基礎となる「資本金等の額」の解釈を誤り、利益剰余金をも含めたところの「株主資本」の金額に基づいて1株当りの資本金等の額を過大に計算してしまった。そのため、配当所得が過少で、譲渡所得が過大なシミュレーションで説明を行ってしまった。この誤ったシミュレーションにより、依頼者は同族法人への株式売却を決断し実行した。しかし、税務調査により、上記誤りを指摘され、結果として源泉所得税の追加納付を余儀なくされ、トータルでの税負担が当初のシミュレーションの金額より過大となってしまった。依頼者は正しい税額の説明を受けていれば売却は行わなかったとして、更正処分により増加した所得税額等7,000万円につき賠償を求めてきた。

2 ミスに至った経緯

H X4.12　自己株式について説明及び提案。

H X4.12　売買契約締結。

H X5. 3　みなし配当の計算を誤り、株式の譲渡所得を分離課税で過大に申告。

H X8. 1　税務調査でみなし配当課税の計算誤りにつき指摘を受ける。
H X8. 3　依頼者に報告。損害賠償請求を受ける。
H X8. 3　依頼者の同族法人に源泉所得税の賦課決定通知書が届く。
H X8. 5　依頼者の所得税につき更正通知書が届く。

3 基礎知識

みなし配当（法法24①、法令23①四）

同族法人の株主がその法人の自己株式の取得により金銭の交付を受けた場合において、その金銭の額が資本金等の額を超えるときは、その超える部分の金額は、剰余金の配当とみなされ、みなし配当として課税される。

譲渡損益（法法61の2①）

交付金銭の額からみなし配当を控除した残額が譲渡原価より大きい場合には、譲渡所得として課税される。

〈自己株式買取り時の課税関係〉

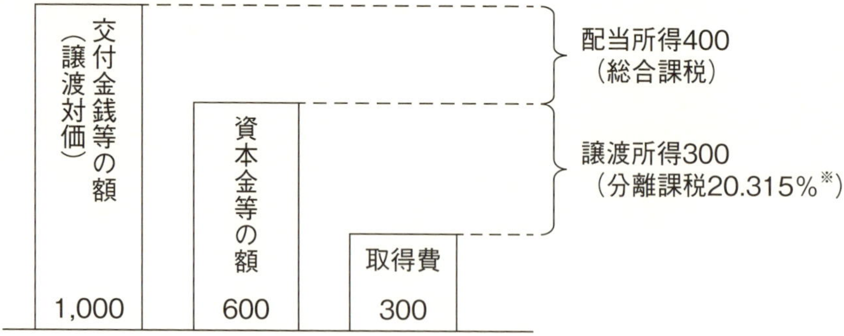

※所得税15.315%＋住民税5%

4 ミスの原因

税理士が同族法人株式を発行法人に売却する場合の課税関係（みなし配当）を理解していなかった。

5 責任の所在

依頼者は正しい税額の説明を受けていれば売却は行わなかったとして、更正処分により増加した税額につき賠償を求めてきた。しかし、相続税対策の観点から考えれば、当初の目的は達成している。したがって、税理士に責任はあるが、更正処分による増加税額は「本来納付すべき本税」であり、損害額とはいえない。

6 負担すべき損害額

なし（「本来納付すべき本税」）。

7 損害額から控除できる額

—

8 損害を回復する手段

—

9 未然防止策

・チェックリストの活用。
・チェック体制の構築。
・シミュレーションは慎重に。
・契約書を作成する。

事例 25 (所得税)

臨時所得の平均課税の説明をしなかったため、ぎりぎりで平均課税の適用を受けることができなくなってしまった事例

1 事例の概要

平成 X7 年分の所得税につき、土地賃貸借契約の更新時に受け取る更新料の価格設定について相談を受けたが、臨時所得の平均課税の説明をしなかったため、ぎりぎりのところで収受する更新料の金額が使用料年額の 2 倍以上にならず、平均課税の適用を受けることができなくなってしまった。これにより、当初申告と更新料の金額を使用料年額の 2 倍に設定して平均課税の適用を受けた場合との差額 100 万円につき損害が発生し賠償請求を受けた。

2 ミスに至った経緯

H X0. 4	依頼者の法人に関与開始。
H X7. 7	契約期間 30 年の借地権の契約更新に係る更新料の価格設定につき相談を受けたが、平均課税の説明は行わず。
H X7.10	依頼者がぎりぎり平均課税を満たさない更新料で契約を更新。
H X8. 3	平成 X7 年分の所得税申告作業中に上記事実が判明。
H X8. 3	依頼者に説明。損害賠償請求を受ける。

3 基礎知識

● 臨時所得の平均課税（所法 90）

臨時所得とは、数年分の収入が一括して支払われる性格の所得で、不動産等を 3 年以上の期間他人に貸付けることにより一時に受ける更新料等はこ

れに該当する。これらの所得者は毎年平均して所得の発生している者と比較すれば、累進税率の関係から税負担が重くなるため、更新料の金額が使用料年額の2倍以上であり、かつ、総所得金額の20%以上である場合には、平均課税により税負担が軽減される。なお、住民税は、税率が一律10%であるため、平均課税の適用はない。

4 ミスの原因

依頼者に事前に臨時所得の平均課税について説明をしなかった。

5 責任の所在

依頼者は臨時所得に該当する更新料の価格設定につき事前に税理士に相談していたが、税理士が臨時所得の平均課税について何の説明もしなかったため、1,536万円で契約を更新した。しかし、更新料を1,560万円で契約すれば、臨時所得に該当し、平均課税の適用が受けられた。税理士は申告作業中にその事実に気づき、依頼者に説明したところ、「事前に説明を受けていれば、更新料の金額は調整できた。」として、平均課税が適用できなかったことによる損害額につき賠償請求を受けた。事前相談の段階で臨時所得の平均課税の説明をしていれば更新料を1,560万円以上に設定し、平均課税を適用することは可能であったと思われることから、税理士に責任がある。

6 負担すべき損害額

当初申告税額と、更新料を1,560万円として平均課税を適用して計算した所得税額との差額100万円。

7 損害額から控除できる額

更新料増額分に係る住民税及び事業税の増加額。

8 損害を回復する手段

なし。

9 未然防止策

・チェックリストの活用。
・チェック体制の構築。
・コミュニケーションをとる。

第4章

相続税・贈与税編

事例 1（相続税）

「遺産が未分割であることについてやむを得ない事由がある旨の承認申請書」の提出を失念したため、「配偶者の税額軽減」及び「小規模宅地等の特例」の適用が受けられなくなった事例

1 事例の概要

被相続人甲の相続税の申告に際し、遺産の範囲及び分割の方法について相続人間（A、B、C、Dの４名）で分割がまとまらず、当初申告を未分割で行い、同時に「申告期限後３年以内の分割見込書」を提出した。その後、遺産分割が裁判に持ち込まれ、長期化してしまい、審判確定までに３年超を有してしまったため、３年を超えた場合に提出する「遺産が未分割であることについてやむを得ない事由がある旨の承認申請書」を提出すべきところ、これを失念した。その結果「配偶者の税額軽減」及び「小規模宅地等についての相続税の課税価格の計算の特例」（以下「小規模宅地等の特例」という。）の適用が受けられなかった。これにより、特例により減額できた金額400万円につき損害賠償請求を受けた。

2 ミスに至った経緯

H X2. 5	被相続人甲死亡。
H X3. 3	相続人Ａの弁護士より相続税申告業務を受任。
H X4. 3	相続税の申告及び「申告期限後３年以内の分割見込書」を提出。
H X6. 5	「遺産が未分割であることについてやむを得ない事由がある旨の承認申請書」の提出を失念。
H X7. 7	審判確定により遺産分割が確定。

H X7. 9　相続人B、C、Dの税理士より連絡があり失念が発覚。
H X7.11　更正の請求書及び嘆願書を提出。
H X7.12　税務署と交渉するも宥恕規定なしのため救済不可確定。
H X7.12　相続人より損害賠償請求を受ける。

3 基礎知識

遺産が未分割の場合

「配偶者の税額軽減」（相法19の2）及び「小規模宅地等の特例」（措法69の4）は未分割遺産については適用がない。ただし、申告書提出時に「申告期限後3年以内の分割見込書」を提出すれば、3年以内に分割が整えば適用を受けることができる（相規1の6③二）。さらに、3年経ってもなお分割が整わない場合には、その提出期限後3年を経過する日の翌日から2ヶ月以内に「遺産が未分割であることについてやむを得ない事由がある旨の承認申請書」を提出し、分割が整ってから4ヶ月以内に更正の請求等をすれば、その適用を受けることができる（相法19の2②、相令4の2②、措令40の2⑬）。

4 ミスの原因

依頼者または弁護士に裁判の進行状況を定期的に確認していなかったため、「遺産が未分割であることについてやむを得ない事由がある旨の承認申請書」の提出を失念した。

5 責任の所在

税理士は、期限内申告書提出時に「申告期限後3年以内の分割見込書」は提出したが、その後、裁判が長期化したにもかかわらず、「遺産が未分割であることについてやむを得ない事由がある旨の承認申請書」を提出することを失念してしまい、結果として「配偶者の税額軽減」及び「小規模宅地等の特例」の適用が受けられなくなってしまった。税理士は審判確定後に、他の相続人らの税理士から連絡を受けて、初めてその事実に気づいた。提出期限までに上記申請書を提出していれば上記特例の適用は受けられたことから、税理士に責任がある。

6 負担すべき損害額

「小規模宅地等の特例」により減額できた相続税額400万円。

7 損害額から控除できる額

なし。

8 損害を回復する手段

なし。

9 未然防止策

・契約書を作成する。
・コミュニケーションをとる。
・届出書の提出失念に注意する。
・依頼者又は弁護士から定期的に連絡をもらう。
・契約書を取り交わす。

事例 2 (相続税)

更正の請求期限を分割確定後1年であるものと誤認したため、期限を徒過し、「小規模宅地等の特例」の適用が受けられなくなってしまった事例

1 事例の概要

相続税の申告にあたり、遺産の範囲及び分割の方法について相続人間で分割がまとまらず、当初申告を未分割で行い、同時に「申告期限後3年以内の分割見込書」を提出した。その後、遺産分割が調停に持ち込まれ、調停が成立したことから、「小規模宅地等についての相続税の課税価格の計算の特例」(以下「小規模宅地等の特例」という。)を適用した更正の請求を行おうとしたところ、更正の請求期限を徒過した為、特例の適用が受けられなくなってしまった。これにより、特例により減額できた相続税額100万円につき損害が発生し、賠償請求を受けた。

2 ミスに至った経緯

H X4. 8	被相続人死亡。
H X5. 6	分割協議がまとまらず、未分割の相続税申告書及び「申告期限後3年以内の分割見込書」を提出。
H X6.10	調停により遺産分割が成立。
H X6.11	調停の調書を受領。
H X7. 3	更正の請求期限(請求失念)
H X7. 4	依頼者より更正の請求期限が過ぎているとの指摘を受け、請求失念に気付く。
H X7. 5	依頼者に報告し、損害賠償請求を受ける。

3 基礎知識

更正の請求の特則（相法32）

相続税について申告書を提出した者は、分割されていない財産について民法の規定による相続分の割合に従って課税価格が計算されていた場合において、その後当該財産の分割が行われ、共同相続人が当該分割により取得した財産に係る課税価格及び相続税額が過大となったときは、当該事由が生じたことを知った日の翌日から4ヶ月以内に限り、納税地の所轄税務署長に対し、その課税価格及び相続税額につき更正の請求をすることができる。

更正の請求事由	請求期限	根拠法令
通常の計算間違い等	法定申告期限から5年以内	国税通則法23条①
後発的な事由に基づく場合	それぞれの事由が生じた日の翌日から2ヶ月以内	国税通則法23条②
相続税法の特例に基づく場合※	それぞれの事由が生じた日の翌日から4ヶ月以内	相続税法32条

※相続税法の特例に基づく場合

(1)未分割財産について法定相続分による申告をしていた場合、分割が行われ当初の相続分による課税価格と異なることとなった場合
(2)認知の訴え、相続人の廃除又はその取消し、相続の放棄の取消し等に関する裁判の確定により、相続人に異動が生じた場合
(3)遺留分の減殺請求に基づき返還すべき、又は弁償すべき額が確定した場合
(4)遺贈に係る遺言書が発見され、又は遺贈の放棄があった場合
(5)条件付の物納許可が取り消され、その理由がその物納財産が土壌汚染等であることが判明した場合
(6)上記の事由に準ずるものとして次の事由が生じた場合
　①相続又は遺贈により取得した財産の権利の帰属に関する訴えの判決があった場合
　②分割後に被認知者からの請求があったことにより、弁済すべき額が

確定した場合
③条件付又は期限付の遺贈について、条件が成就し、又は期限が到来した場合
(7)裁判による特別縁故者への相続財産の分与が確定した場合
(8)未分割財産が、申告期限から3年以内に分割されたことにより配偶者の税額軽減の適用ができることとなった場合
(9)相続開始の年において、被相続人から贈与を受けた財産を贈与税の課税価格計算に算入していた場合

4 ミスの原因

未分割遺産が分割された場合の更正の請求について請求期限を理解していなかった。

5 責任の所在

「小規模宅地等の特例」は未分割遺産については適用がない。但し、申告書提出時に「申告期限後3年以内の分割見込書」を提出すれば、3年以内に分割が整えば適用を受けることができる。その場合、分割が整ってから4ヶ月以内に更正等をする必要がある。税理士は、期限内申告書提出時に「申告期限後3年以内の分割見込書」を提出し、調停が成立した直後に、調書を受け取っていた。しかし、更正の請求期限を分割確定後1年であるものと誤認し、依頼者からの指摘によりはじめて期限徒過に気付いている。提出期限までに更正の請求を行っていれば上記特例の適用は受けられたことから、税理士に責任がある。

6 負担すべき損害額

「小規模宅地等の特例」により減額できた相続税額100万円。

7 損害額から控除できる額

なし。

8 損害を回復する手段

4ヶ月以内に限り更正の請求が可能である。

9 未然防止策

・契約書を作成する。
・コミュニケーションをとる。
・依頼者又は弁護士から定期的に連絡をもらう。
・契約書を取り交わす。

事例
3
（相続税）

無道路地として評価できた宅地を不整形地として評価してしまった事例

1 事例の概要

被相続人甲（平成X1年10月死亡）の相続税申告において、接道義務を満たしていない被相続人の居住用宅地（旗竿地（はたざおち））につき、無道路地として評価できたにもかかわらずこれを不整形地として評価してしまった。これにより、課税価額が過大となり、過大となった課税価額に係る相続税額160万円につき賠償請求を受けた。

2 ミスに至った経緯

H X1.10	甲の死亡により相続開始。
H X2. 4	相続税申告の依頼を受ける。
H X2. 8	甲の居住用宅地（旗竿地）を不整形地として相続税の申告書を提出。
H X7. 8	更正の請求期限。（更正せず）
H X7.10	甲の配偶者乙死亡。別税理士が配偶者乙の相続税申告業務受任。
H X8. 4	別税理士の指摘により、甲の居住用宅地（旗竿地）につき無道路地として評価できたことが判明。
H X8. 5	相続人より損害賠償請求を受ける。

3 基礎知識

旗竿地

袋地から延びる細い敷地で道路（公道）に接するような土地をいい、その形が竿のついた旗に似ていることから旗竿地と呼ばれる。

無道路地の評価（評基通 20 － 2）

無道路地とは、道路[注1]に接しない宅地又は接道義務[注2]を満たしていない宅地をいう。無道路地は、道路に面している画地に比べるとその利用価値が低いため、道路に面した画地の価額である路線価を補正してその価額を評価する。具体的には無道路地を不整形地として評価した価額から、接道義務に基づき最小限度の通路を設けた場合の通路開設費を控除して評価する。したがって、無道路地の評価額は通常の不整形地の評価額より低くなる。

接道義務は、地方公共団体が条例により、必要な制限を付加することができることとなっている。

（注 1）建築基準法における道路とは、原則として「幅員 4m（特定行政庁指定区域内においては 6m）以上の一定のもの」をいう。（建築基準法第 42 条第 1 項）

（注 2）建築基準法においては、原則として「建築物の敷地は、道路に 2m 以上接していなければならない。」と定められている（建築基準法第 43 条）。

4 ミスの原因

接道している宅地は無道路地には該当しないものと思い込んでいた。

5 責任の所在

税理士は、相続税申告の依頼を受け、被相続人が生前居住の用に供していた宅地（旗竿地）を不整形地として評価し申告した。しかし、当該旗竿地は道路までの距離が 21m あるにもかかわらず、間口が 1.8m しかないため、接道義務を満たしておらず、無道路地で評価することができた。しかし、税理士はこれに気付かず、配偶者乙の死亡により二次相続が発生した際、これを受任した別税理士に指摘を受け、はじめてその事実に気付いている。宅地の評価をする際に無道路地の定義を確認し、上記の旗竿地を無道路地で評価していれば、相続税評価額を低くできたことから、税理士に責任がある。

6 負担すべき損害額

過大となった課税価額に対する相続税額160万円。

7 損害額から控除できる額

一時相続の過大納付税額に係る相次相続控除増加額。

8 損害を回復する手段

更正の請求が可能である。

9 未然防止策

・思い込みに注意する。
・現地調査の実施。

参考

接道義務（東京都建築安全条例の場合）

⑴住宅、長屋、事務所、小規模の飲食店等

・総床面積が200m^2以下で、道路までの距離が20m以下　2m
　道路までの距離が20m超　3m

・耐火建築物及び準耐火建築物以外の建物で、総床面積が200m^2超の場合で、
　道路までの距離が20m以下　3m
　道路までの距離が20m超　4m

⑵大規模建築物

・総床面積1,000m^2超　2,000m^2以下　6m
・総床面積2,000m^2超　3,000m^2以下　8m
・総床面積3,000m^2超　10m

事例

4

（相続税）

比準要素1の会社で評価すべきところ、一般の評価会社として低い価額で評価額を算定してしまった事例

1　事例の概要

平成X5年およびX6年分の贈与税につき、取引相場のない株式について、比準要素1の会社で評価すべきところ、評価明細書を誤記載したため、一般の評価会社として低い価額で評価額を算定してしまった。依頼者はこの評価額を基に贈与を実行し申告を行ったが、所轄税務署に評価誤りを指摘され、修正申告となった。これにより、修正申告に係る追徴税額につき賠償請求を受けた。

2　ミスに至った経緯

H X1.12	依頼者が代表者であるA社に関与開始。
H X5.11	依頼者よりA社の株式評価の依頼を受ける。
H X5.12	比準要素1の特定評価会社であるにもかかわらず一般の評価会社として誤った株式評価明細書を提示。
H X5.12	上記誤った評価明細書に基づき1回目の株式贈与を実行。
H X6. 1	比準要素1の特定評価会社であるにもかかわらず一般の評価会社として誤った株式評価明細書を提示。
H X6. 1	上記誤った評価明細書に基づき2回目の株式贈与を実行。
H X6. 3	第1回目に係る平成X5年分の贈与税申告書を提出。
H X7. 3	第2回目に係る平成X6年分の贈与税申告書を提出。
H X8. 4	所轄税務署より評価誤りによる過少申告の指摘を受ける。
H X8. 4	依頼者に報告。損害賠償請求を受ける。
H X8. 4	平成X5年およびX6年分の贈与税修正申告書を提出。

3 基礎知識

取引相場のない株式の評価（評基通178～186－3）

取引相場のない株式は第三者間における売買事例がないことから、客観的な時価が存在しないため、財産評価基本通達による評価額によって贈与時の時価を計算する。通常、一般の評価会社の場合には、併用方式において類似業種比準価額の割合が大きいため、特定の評価会社の比準要素1の会社より低い価額で評価でき、贈与税額は低くなる。

4 ミスの原因

評価明細書を誤記載したため、一般の評価会社として低い価額で評価額を算定してしまった

5 責任の所在

税理士は依頼者（同族会社である関与先法人A社の代表者）より、75歳と高齢であり、99%の株を保有していることから、役員である親族に贈与したい旨の相談を受け、同社の取引相場のない株式の評価を行った。その際、類似業種比準価額の計算要素のうち、配当金額と利益金額がゼロであったため、純資産価額のみの比準要素1の会社で評価すべきところ、利益金額欄を誤記載（所得金額に△31,000千円と記載すべきところ、ゼロと記載し、損金算入した繰越欠損金額に30,000千円と記載）したため、比準要素2の一般の評価会社となり、低い価額で評価額を算定してしまった。依頼者はこの評価額で納税できる額を計算し、贈与株数を決め、贈与を実行し申告を行った。しかし、所轄税務署に評価誤りを指摘され、修正申告となり追徴税額が発生した。そして、税理士は依頼者から修正申告に係る追徴税額につき損害賠償請求を受けた。

税理士は評価明細書を誤記載した自身の責任であると主張するが、正しい評価額は修正申告時のものであり、修正申告に係る追徴税額は「本来納付す

べき本税」であることから、損害額はない。

6 負担すべき損害額

なし（「本来納付すべき本税」）。

7 損害額から控除できる額

—

8 損害を回復する手段

—

9 未然防止策

・チェックリストの活用。

・チェック体制の構築。

・シミュレーションは慎重に。

事例 5（相続税）

障害者控除の適用ミスにより適用が受けられなくなってしまった事例

1 事例の概要

被相続人甲の相続税の申告につき、税理士の誤指導により、障害者である甲の長男に財産を取得させずに扶養義務者である依頼者（甲の長女）の相続税額から障害者控除を適用して申告してしまった。このため、所轄税務署から指摘を受け修正申告となった。これにより、適用が受けられなくなった障害者控除額250万円につき損害が発生し賠償請求を受けた。

2 ミスに至った経緯

H X6. 4	被相続人甲死亡。
H X6. 5	依頼者（甲の長女）より相続税申告業務受任。
H X7. 2	税理士の誤指導により、全く財産を取得していない甲の長男の扶養義務者である依頼者に甲の長男の障害者控除を適用して相続税申告書を提出。
H X7.11	所轄税務署より障害者控除は適用できない旨の連絡を受ける。
H X7.11	税理士が依頼者に説明して謝罪。損害賠償請求を受ける。
H X7.12	修正申告書提出。依頼者に損害賠償金支払う。

3 基礎知識

障害者控除（相法19の4）

相続税の障害者控除は、相続開始時において障害者である相続人が、相続により財産を取得した場合にその適用が認められる。さらに、障害者本人の相続税額から控除しきれなかった控除額がある場合には、その者の扶養義務者の相続税額から控除することができる。

4 ミスの原因

全く財産を取得していない長男の扶養義務者である長女に障害者控除を適用してしまった。

5 責任の所在

税理士は依頼者に障害者本人が相続財産を全く取得していなくても障害者控除は適用できると説明していた。そこで依頼者は、障害者である甲の長男に財産を全く取得させない分割協議を行い、扶養義務者である自身に障害者控除を適用して申告を行った。その後、所轄税務署から指摘を受け、修正申告となってはじめて上記ミスに気づいている。障害者控除を正しく認識していれば、甲の長男に財産を取得させることによって、障害者控除の適用を受けることは可能であったことから、税理士に責任がある。

6 負担すべき損害額

適用が受けられなくなった障害者控除額 250 万円。

7 損害額から控除できる額

なし。

8 損害を回復する手段

なし。

9 未然防止策

・チェックリストの活用。

・チェック体制の構築。

事例

6

（相続税）

「小規模宅地等の特例」の適用宅地の選択を誤ってしまった事例

1 事例の概要

被相続人甲の相続税申告につき、宅地、構築物及び動産の財産評価及び「小規模宅地等についての相続税の課税価額の計算の特例」（以下「小規模宅地等の特例」という。）の適用宅地の選択を誤ってしまった。財産評価の誤りについては、甲の配偶者の相続税申告を担当した別税理士の更正の請求により損害額は回復したが、「小規模宅地等の特例」については、甲の特定居住用宅地として80％減額の適用が受けられた宅地を選択せず、貸付事業用宅地等につき50％減額の適用をして申告していた。これにより過大納付となった相続税額800万円につき賠償請求を受けた。

2 ミスに至った経緯

H X7. 1	被相続人甲死亡。
H X7. 2	依頼者（甲の長男）より相続税申告業務を受任。
H X7.11	相続税申告書を提出。
H X8. 2	甲の配偶者の死亡により、配偶者の相続税申告を担当する別税理士が宅地、構築物及び動産の評価額につき更正の請求書を提出。
H X8. 2	別税理士より上記財産評価の誤り及び「小規模宅地等の特例」の適用宅地の選択誤りについて指摘を受ける。
H X8. 3	上記財産評価に係る更正の請求が認められる。
H X8. 4	依頼者と損害賠償に関する覚書締結。
H X8. 5	所轄税務署に「小規模宅地等の特例」の適用宅地の選択誤りに

ついての更正の請求書を提出。

H X8. 7　所轄事務署より更正の請求が認められない旨の通知を受ける。

上記覚書に従い過大納付税額を支払う。

3 基礎知識

特定居住用宅地等

被相続人等の居住用宅地等を同居親族が取得した場合で、取得した宅地等を申告期限まで引き続き所有し，かつ，その家屋に居住している場合には、特定居住用宅地等として330m^2まで80%減額の適用がある。

4 ミスの原因

「小規模宅地等の特例」の適用において特定居住用宅地の要件を正しく理解していなかった。

5 責任の所在

税理士は被相続人甲の相続税申告において、A市の宅地については正面路線を誤って評価していた。また、構築物及び太陽光発電設備については、準確定申告における未償却残高で評価していたが、財産評価基本通達によれば、構築物については「再建築価額から建築の時から課税時期までの期間の償却費の額の合計額を控除した金額の100分の70に相当する金額」で、太陽光発電設備については「小売価額からその動産の製造時から課税時期までの期間の償却費の額の合計額を控除した金額」で評価することができた。税理士はこれを甲の配偶者の相続税申告を担当した別税理士から指摘され、別税理士が更正の請求を行ったところこれが認められた。また、「小規模宅地等の特例」については、甲は健康上の理由からそれまで居住していたA市の自宅から依頼者である長男の自宅（土地建物は被相続人甲名義である。）に住民票を移して同居していた。したがって、長男の自宅の土地に対して特定居住用宅地として330m^2まで80%減額の適用が可能であった。しかし、税理士はこれを一時的な仮住まいと思い込み、A市の自宅も配偶者が施設に入居していたことから特定居住用宅地には該当しないものと判断して、別の貸家建付地に貸付事業用宅地等として200m^2まで50%減額のみを適用して申告していた。これにより相続税が過大納付となっていたため、所轄税務署に更正の請求を行ったが認められなかった。当初より財産評価基本通達に沿って評価を行い、甲の居住用宅地を確認して「小規模宅地等の特例」を適用していれば過大納付にはならなかったことから、税理士に責任がある。

6 負担すべき損害額

小規模宅地等の選定ミスにより過大納付となった相続税額800万円。

7 損害額から控除できる額

なし。

8 損害を回復する手段

なし。

9 未然防止策

・チェックリストの活用。
・チェック体制の構築。
・特例適用の可否は慎重に判断する。
・コミュニケーションをとる。
・現地調査の実施。

事例
7
（相続税）

借地権計上もれにより結果として小規模宅地の選定ミスとなってしまった事例

1 事例の概要

被相続人甲の相続税申告につき、所轄税務署より借地権の計上もれを指摘され、修正申告となった。当初申告において借地権を正しく認識していれば、借地権に「小規模宅地等についての相続税の課税価額の計算の特例」（以下「小規模宅地等の特例」と言う。）が使え、有利であった。これにより、修正申告で計上した借地権に対して「小規模宅地等の特例」が使えた場合と、使えなかった場合との差額300万円につき損害が発生し、賠償請求を受けた。

2 ミスに至った経緯

H X7. 1	被相続人甲死亡。
H X7. 2	依頼者（甲の長男）より相続税申告業務を受任。
H X7.11	相続税申告書提出。
H X8. 1	所轄税務署より借地権の有無につき確認の依頼があり、借地権の計上もれが発覚。
H X8. 3	当初申告において計上していれば「小規模宅地等の特例」が受けられた借地権につき「小規模宅地等の特例」を適用できずに修正申告書を提出。
H X8. 4	依頼者に説明。損害賠償請求を受ける。

3 基礎知識

小規模宅地等についての相続税の課税価額の計算の特例（措法69の4）

相続により取得した財産のうちに被相続人の事業の用又は居住の用に供されていた宅地等で建物や構築物の敷地の用に供されているものがある場合には、一定要件のもとこれらの宅地等につき一定割合の評価減が受けられる。「小規模宅地等の特例」は借地権にも適用があるが、修正申告により、適用対象宅地等を変更することはできない。

4 ミスの原因

借地権の計上を漏らしてしまったため、結果として最も有利な宅地に「小規模宅地等の特例」が使えなかった。

5 責任の所在

被相続人甲は自身の同族会社の敷地の用に供している借地権を有しており、この借地権は特定同族会社事業用宅地等として「小規模宅地等の特例」の適用が受けられるものであった。しかし、税理士はこれを相続財産に計上することを失念し、他の宅地に「小規模宅地等の特例」を適用して当初申告を行った。その後、所轄税務署から借地権の有無につき確認の連絡が入り、宅地の利用形態を確認したところ、借地権の計上もれが判明した。計上もれのあった借地権は「小規模宅地等の特例」の適用が受けられる宅地等の中で最も評価額が高いものであったため、「小規模宅地等の特例」を適用すれば最も課税価額が下がり有利であった。しかし、修正申告により適用対象宅地等を変更することはできないため、最も有利な選択での特例の適用ができなくなってしまった。当初申告において借地権を正しく認識していれば、借地権に「小規模宅地等の特例」の適用は受けられ、課税価額が下がり相続税を低くできたことから、税理士に責任がある。

6 負担すべき損害額

小規模宅地等の選定ミスにより過大納付となった相続税額300万円。

7 損害額から控除できる額

なし。

8 損害を回復する手段

なし。

9 未然防止策

・チェックリストの活用。
・チェック体制の構築。
・特例適用の可否は慎重に判断する。
・コミュニケーションをとる。
・現地調査の実施。

事例
8
（相続税）

申告期限前に売却してしまったため、「小規模宅地等の特例」の適用が受けられなくなってしまった事例

1 事例の概要

被相続人甲の相続税の申告につき、貸付事業用宅地として「小規模宅地等についての相続税の課税価額の計算の特例」（以下「小規模宅地等の特例」という。）の適用が受けられたにもかかわらず、事業継続及び保有継続の説明をしなかったため、対象物件を申告期限前に売却してしまった。これにより、「小規模宅地等の特例」の適用が受けられる宅地がなくなってしまった。そして、依頼者より「小規模宅地等の特例」が適用できた場合とできなかった場合との相続税差額3,600万円につき賠償請求を受けた。

2 ミスに至った経緯

H X7. 8	被相続人甲死亡。
H X7.10	依頼者（甲の甥）より相続税申告業務受任。
H X7.12	貸付事業用宅地に「小規模宅地等の特例」を適用した相続税額を提示。その際、特例の適用要件である申告期限までの事業継続及び保有継続の説明を失念。
H X8. 3	相続人が「小規模宅地等の特例」を適用した貸付事業用宅地を売却。
H X8. 3	上記貸付事業用宅地売却の報告を受ける。
H X8. 6	他に特例を適用できる宅地がないため、「小規模宅地等の特例」を適用せずに相続税申告書提出。
H X8. 7	依頼者より損害賠償請求を受ける。

3 基礎知識

貸付事業用宅地等における「小規模宅地等の特例」の適用要件

貸付事業用宅地等として「小規模宅地等の特例」の適用を受けるためには、相続開始の直前において被相続人等の貸付事業の用に供されていた宅地等を、相続人が相続等により取得し、事業継続（その宅地等に係る被相続人の貸付事業を相続税の申告期限までに引き継ぎ、かつ、その申告期限までその貸付事業を行っていること。）及び保有継続（その宅地等を相続税の申告期限まで有していること。）していなければならない。

4 ミスの原因

貸付事業用宅地等として「小規模宅地等の特例」の適用を受けるための要件を何ら説明していなかった。

5 責任の所在

税理士は、相続人に貸付事業用宅地に「小規模宅地等の特例」を適用した相続税額を提示していた。しかし、その適用要件である事業継続及び保有継続の説明をしなかったため、相続人は対象物件を申告期限前に売却してしまった。甲は他に宅地を所有していなかったことから、「小規模宅地等の特例」は適用できなくなってしまった。税理士は、売却の報告を受け、はじめて適用要件の説明失念に気付いている。相続税額を提示した時点で、「小規模宅地等の特例」の適用要件を説明していれば、売却せず、「小規模宅地等の特例」の適用を受けることは可能であったことから、税理士に責任がある。

6 負担すべき損害額

「小規模宅地等の特例」の適用が受けられなくなったことによる相続税の増加額 3,600 万円。

7 損害額から控除できる額

取得費加算額（措法39）の減少による所得税等の増加額。

8 損害を回復する手段

なし。

9 未然防止策

・文章等による証拠を残す。

・チェックリストの活用。

・チェック体制の構築。

・コミュニケーションをとる。

事例 9（贈与税）

「相続時精算課税選択届出書」を別途送付としたため、期限後の提出となってしまい、贈与を錯誤として取り消した事例

1 事例の概要

平成 X7 年分の贈与税につき、相続時精算課税を利用した財産の贈与を提案し、土地の贈与を実行したが、「相続時精算課税選択届出書」が期限後の提出となってしまった。これを所轄税務署より指摘されたため、贈与を錯誤として取り消すこととし、更正の請求を行ったところ、これが認められた。したがって、税額に損害はないが、錯誤による抹消登記費用及び、平成 X8 年に再度贈与を行ったことによる所有権移転登記費用等 150 万円につき損害が発生し、賠償請求を受けた。

2 ミスに至った経緯

H X7.10	相続時精算課税を利用した財産の贈与を提案。
H X7.12	実父より贈与を受け土地の登記。
H X8. 3	相続時精算課税を適用した贈与税申告書を電子申告。
H X8. 3	「相続時精算課税選択届出書」を別途送付。
H X8. 4	所轄税務署より上記届出書が申告期限までに提出されていないため、相続時精算課税制度は適用できないとの連絡を受ける。
H X8. 4	所轄税務署と交渉により、錯誤による登記抹消を行うことで了承を得る。
H X8. 5	錯誤により登記抹消。
H X8. 5	所轄県税事務所に「不動産取得税調査申請書」を提出。
H X8. 6	所轄税務署に「贈与税の更正の請求書」を提出。

H X8. 6　所轄県税事務所より「不動産取得税取消決定通知書」を受領。

H X8. 6　所轄税務署より「贈与税更正通知書」を受領。

3 基礎知識

相続時精算課税制度（相法 21 の 9〜相法 21 の 18）

相続時精算課税制度とは、生前の贈与について、納税者の選択により、贈与時に贈与財産に対して一定の贈与税を支払い、相続開始時にその贈与財産を相続財産にプラスして相続税を計算し、支払った贈与税を精算する制度である。ただし、特別控除額の 2,500 万円までは贈与税はかからず、さらに相続開始時にこれらの生前贈与財産をプラスしても相続税がかからない場合には、贈与税の負担なしで生前贈与が可能となる。なお、相続時精算課税制度の適用を受けるためには、申告期限までに「相続時精算課税選択届出書」を所轄税務署に提出しなければならない。

4 ミスの原因

「相続時精算課税選択届出書」を別途送付としたため、期限後の提出となってしまった。

5 責任の所在

税理士は相続時精算課税制度による贈与を提案し、依頼者は土地の贈与を実行した。贈与税申告書は電子申告により申告期限日に提出したが、「相続時精算課税選択届出書」を別途送付としたため、期限内に到着せず、期限後の提出となってしまった。これを所轄税務署より指摘されたため、贈与を錯誤として取り消すこととし、更正の請求を行ったところ、これが認められた。したがって、税額に損害はないが、錯誤による抹消登記費用及び、平成 X8 年に再度贈与を行ったことによる所有権移転登記費用等が余分にかかってしまった。提出期限までに届出書を提出していれば、平成 X7 年に相続時精算課税制度の適用は受けられ、余分な登記費用等は発生しなかったことから、税理士に責任がある。

6 負担すべき損害額

抹消及び再度の所有権移転登記にかかった登録免許税等 150 万円。

7 損害額から控除できる額

なし。

8 損害を回復する手段

なし。

参考　税理士職業賠償責任保険で補填される損害の範囲

税理士職業賠償責任保険においては、次のような損害賠償金や諸費用に対して保険金が補填される。ただし、いずれも事前に保険会社の同意が必要となる。

- 法律上被害者に支払うべき損害賠償金
- 弁護士報酬などの争訟費用
- 損害賠償を受ける権利の保全または行使のため、または既に発生した事故に係る損害の発生・拡大の防止のために支出した費用など

9 未然防止策

・事前に十分な説明を行い有利選択を依頼者を含めて行う。

・意思決定の証拠を書面に残す。

・届出書の提出失念に注意する。

事例
10
（贈与税）

「住宅取得資金の贈与に係る相続時精算課税の特例」を適用して申告したが、申告期限までに住宅用家屋の新築工事が完了していなかったことから、特例が受けられなくなってしまった事例

1 事例の概要

平成X7年分の贈与税につき、60歳未満の実母からの現金の贈与につき、特定贈与者の年齢制限がない「住宅取得資金の贈与に係る相続時精算課税の特例」を適用して申告したが、申告期限までに住宅用家屋の新築工事が完了（少なくとも屋根を有する状態）していなかったことから、特例が受けられなくなってしまった。これにより、暦年贈与での申告となり、暦年贈与による贈与税額720万円につき賠償請求を受けた。

2 ミスに至った経緯

H X7.10　自宅新築の請負契約を締結。

H X7.12　母親より現金2,000万円の贈与を受ける。

H X8. 2　住宅取得資金として相続時精算課税制度による贈与を受けたい旨の相談を受ける。

H X8. 3　上記現金の贈与を相続時精算課税制度を適用して申告。

H X8. 5　所轄税務署より申告期限までに住宅用家屋の新築が完了（少なくとも屋根を有する状態）していないことから．相続時精算課税制度が適用できない旨の連絡を受ける。

H X8. 5　依頼者に報告。損害賠償請求を受ける。

3 基礎知識

相続時精算課税（相法21の9～相法21の18）

相続時精算課税制度とは、60歳以上の父母、祖父母から20歳以上の推定相続人及び孫への生前の贈与について、納税者の選択により、贈与時に贈与財産に対して一定の贈与税を支払い、相続開始時にその贈与財産を相続財産にプラスして相続税を計算し、支払った贈与税を精算する制度である。ただし、特別控除額の2,500万円までは贈与税はかからず、さらに相続開始時にこれらの生前贈与財産をプラスしても相続税がかからない場合には、贈与税の負担なしで生前贈与が可能となる。

住宅取得資金に係る相続時精算課税制度の特例（措法70の3）

相続時精算課税制度について、自己の居住の用に供する一定の家屋の取得又は増改築をするための資金の贈与を受ける場合に限り、60歳未満の親からの贈与についても特別控除2,500万円として適用できる。

なお、住宅用家屋の新築につき、この特例を受けるためには、申告期限までにその住宅取得資金の全額により住宅用家屋を新築し、同日後遅滞なく特定受贈者の居住の用に供することが確実と見込まれる場合に限られる。

住宅取得資金に係る相続時精算課税制度の特例を受けるための添付資料

⑴新築工事請負契約書
⑵住宅用家屋が新築に準ずる状態にあることを証する書類で、工事完了予定年月の記載があるもの
⑶完成後遅滞なく居住の用に供し、その証明となる住民票及び登記簿謄本を提出することを約する書類で、居住開始予定時期の記載があるもの

住宅用家屋の新築の場合（措令23の6①）

新築に準ずる状態とは、屋根（その骨組みを含む。）を有し、土地に定着した建造物として認められる時以後の状態とする。

4 ミスの原因

住宅用家屋の新築工事が完了しなかった場合に、暦年課税による申告になることについて説明していなかった。

5 責任の所在

税理士は依頼者から、住宅用家屋の新築にあたり、実母から受けた現金贈与につき、相続時精算課税制度の適用を受けたい旨の相談を受け、実母の年齢が60歳未満であったことから、住宅取得資金贈与の特例を説明して相続時精算課税制度を選択させ、同制度を適用して贈与税の申告を行った。しかし、諸事情により工事が遅れ、特例の適用要件である申告期限までに住宅用家屋の新築工事が完了している状態（少なくとも屋根を有する状態）にはならなかったことから、特例の適用が受けられなくなってしまった。依頼者は、住宅用家屋の新築工事の完了が特例の適用要件であることを事前に説明してもらえれば、贈与は受けなかったと主張するが、贈与は税理士に相談する前に行われており、また、新築工事が完了しなかったことは不可抗力であり、税理士の責任ではないことから、依頼者の主張に根拠はない。しかし、住宅用家屋の新築工事が完了しなかった場合には暦年課税による申告になることについて説明していなかったことについては税理士にも落ち度がある。

6 負担すべき損害額

—

7 損害額から控除できる額

—

8 損害を回復する手段

—

9 未然防止策

・事前に十分な説明を行い有利選択を依頼者を含めて行う。

・意思決定の証拠を書面に残す。

・国税庁のチェックシートの活用。

・コミュニケーションをとる。

事例 11（贈与税）

相続時精算課税を選択していれば贈与税がかからなかったところ、暦年課税を選択したため、贈与税の支払いが発生し、支払った贈与税について損害賠償請求を受けた事例

1 事例の概要

平成 X5 年分の贈与税につき、相続時精算課税の適用を受けることができる祖母からの土地の贈与につき、受贈者である依頼者から相続時精算課税と暦年課税のどちらを選択した方が有利であるか相談を受けた。税理士は、医師である依頼者の顧問税理士であり、依頼者が当時両親の相続につき相続人ともめていたことから、相続時精算課税を選択すると本件土地の贈与が必ず他の相続人に知れてしまうこと、及び遺留分減殺請求されやすい事等を説明して暦年課税を薦め、暦年課税での申告を行い、950 万円の贈与税を納付した。ところが贈与から 3 年以内の平成 X7 年に祖母が死亡したため、贈与を受けた土地を持ち戻して相続税の申告を行ったが、相続人の見積りによれば、相続財産の合計額が基礎控除以下となったため、相続税は発生しなかった。このため、依頼者より、平成 X5 年分の土地の贈与に相続時精算課税を適用していれば、贈与税は支払わずに済んだとして、支払った暦年贈与税額につき損害賠償請求を受けた。

2 ミスに至った経緯

H X2. 4	依頼者経営のクリニックと顧問契約開始。
H X5.10	相続時精算課税の適用を受けることができる祖母より土地の贈与を受ける。

H X5.11 贈与税の申告につき相談を受け、暦年課税を薦める。
H X6. 2 暦年課税により贈与税申告。
H X7. 4 贈与者である祖母が死亡。
H X7.10 相続人代表の伯父より相続税の申告は行わない旨の連絡が依頼者に入り、依頼者より相続時精算課税を選択しなかった理由の問い合わせがある。
H X7.10 贈与税申告時の状況を説明。
H X8. 3 クリニックの顧問契約解除。依頼者より損害賠償請求を受ける。

3 基礎知識

相続時精算課税（相法 21 の 9～相法 21 の 18）

生前の贈与について、納税者の選択により、贈与時に贈与財産に対して一定の贈与税を支払い、相続開始時にその贈与財産を相続財産にプラスして相続税を計算し、支払った贈与税を精算する制度である。ただし、特別控除額の 2,500 万円までは贈与税はかからず、さらに相続開始時にこれらの生前贈与財産をプラスしても相続税がかからない場合には、贈与税の負担なしで生前贈与が可能となる。

暦年課税（相法 21～相法 21 の 8）

年間 110 万円を超える部分に関しては贈与税がかかるが、相続開始前 3 年を超える贈与に関しては、相続財産から切り離して相続税の計算をすることができる。

相続時精算課税等に係る贈与税の申告内容の開示等（相法 49）

相続税の申告や更正の請求をしようとする者は、他の相続人等が被相続人から受けた相続開始前 3 年以内の贈与又は相続時精算課税制度適用分の贈与に係る贈与税の課税価格の合計額について開示請求をすることができる。

4 ミスの原因

税理士が依頼者に暦年課税と相続時精算課税の選択の判断となるメリット、デメリットを正しく説明していなかった。本件事例の場合には少なくとも以下の説明が必要であった。

・贈与者である祖母の相続開始時に、生前贈与財産をプラスしても相続税がかからない場合には相続時精算課税が有利であること。
・暦年贈与の場合、3年経過すれば相続税法49条「相続時精算課税等に係る贈与税の申告内容の開示等」の対象にはならないが、不動産の贈与であれば登記履歴が残るため、どちらの制度を選択しても相続人に知れてしまうこと。

他に説明すべき主なメリット、デメリットには次のようなものがある。

	暦年課税	相続時精算課税
メリット	・3年経過で相続財産から切り離せる ・贈与者、受贈者制限なし ・3年経過で相法49条の開示対象外 ・税制改正に対応しやすい	・2,500万円まで無税で移せる ・将来価値が上昇する財産有利 ・収益物件有利
デメリット	・基礎控除110万円しかない ・累進税率がきつい ・大型贈与には不向き	・相続財産から切り離せない ・贈与者・受贈者限定的 ・相法49条の開示対象 ・税制改正に対応しにくい

上記説明責任を履行したうえで、書面で依頼者の意思決定を証拠として残しておく必要があったがこれを怠った。

5 責任の所在

贈与が税理士主導で行われた場合で、依頼者（本件事例の場合には受贈者）が贈与者の財産をもれなく把握していて、税理士にこれを提示し、税理士が贈与者の相続開始時に相続税がかからないことを十分把握できる状況であったにもかかわらず、暦年贈与を選択して、贈与税を支払っている場合には税理士の責任が問われることになるものと思われる。

6 負担すべき損害額

支払った暦年贈与税額 950 万円。

7 損害額から控除できる額

なし。

8 損害を回復する手段

なし。

9 未然防止策

・事前に十分な説明を行い有利選択を依頼者を含めて行う。
・意思決定の証拠を書面に残す。
・国税庁チェックシートの活用。
・コミュニケーションをとる。

事例
12
(贈与税)

利用状況の異なる2棟の建物の敷地の一部について分筆せずに贈与税の配偶者控除を適用しようとした事例

1 事例の概要

平成X7年分の贈与税につき、贈与税の配偶者控除を適用して生前贈与を行おうとしたが、贈与対象土地が居住用宅地と賃家建付地とが一筆になっている土地であった。利用状況の異なる2棟の建物の敷地となっている土地について贈与税の配偶者控除を適用しようとする場合には、居住用部分を特定して申告しなければならない。税理士はこれを指導しないまま贈与を実行し、申告直前になってこれに気づき、贈与をなかったこととして贈与税の申告を取りやめ、贈与登記を錯誤として無効とした。これにより、登記費用等50万円につき損害が発生し、賠償請求を受けた。

2 ミスに至った経緯

H X7. 7	貸家建付地と居住用宅地が一筆となっている土地のうち、居住用宅地部分について、贈与税の配偶者控除を使って生前贈与を受けたい旨の相談を受ける。
H X7. 9	上記業務を受任し、司法書士に依頼して持分による登記が完了する。
H X7.12	不動産取得税を支払う。
H X8. 2	平成X7年分の贈与税申告の準備中に居住用宅地を分筆して特定しないと贈与税の配偶者控除の適用が受けられない事が判明。
H X8. 3	贈与税の申告を取りやめ、錯誤で登記を無効とした。その後、課税団体より不動産取得税還付の連絡を受ける。

3 基礎知識

● 贈与税の配偶者控除（相法21の6）

その年において贈与によりその者との婚姻期間が20年以上である一定の配偶者から居住用不動産を取得した者が、当該取得の日の翌年3月15日までに当該居住用不動産をその者の居住の用に供し、かつ、その後引き続き居住の用に供する見込みである場合には、その年分の贈与税については、課税価格から2,000万円を控除する。

● 居住用と居住用以外の建物の敷地となっている土地の持分である本件受贈財産のそのすべてが居住用家屋の敷地であるとはいえないとした事例

（国税不服審判所　裁決事例集No.62-329頁。平成13年9月13日裁決）

請求人は、居住用と居住用以外の建物の敷地となっている不動産につき持分で贈与を受けた場合には、贈与当事者の真意を汲んで配偶者の特別控除の特例の適否を判定すべきであると主張するが、当該特例は、生存配偶者の老後の生活安定に配慮する趣旨から、一生に一度限り、その取得した居住用財産の課税価格から2千万円を限度として控除することを、登記簿の謄本等の提出を要件として認める措置であり、その解釈は厳格にされるべきである。したがって、本件においては、本件受贈財産のそのすべてが居住用家屋の敷地であるとはいえず、請求人の更正の請求には理由がない。

4 ミスの原因

利用状況の異なる2棟の建物の敷地となっている土地について贈与税の配偶者控除を適用しようとする場合には、居住用部分を特定して申告しなければならないところ、これを行わなかった。

5 責任の所在

税理士は、依頼者から、貸家建付地と居住用宅地が一筆となっている土地について贈与税の配偶者控除を適用した生前贈与の相談を受けた際、適用が可能であると説明し、分筆しないまま持分贈与を実行し、登記を行った。そして贈与税の申告にあたり、裁決事例を確認していて、分筆して居住用部分を特定しないと適用が受けられない事に気づき、贈与をなかったこととして贈与税の申告を取りやめ、贈与登記を錯誤により無効とした。贈与の相談を受けた段階で、分筆の指導をしていれば、贈与税の配偶者控除の適用は受けられたことから、税理士に責任がある。但し、本事例においては、錯誤登記により不動産取得税が還付されたことから、過大納付税額は発生していない。しかし、税理士の誤指導による贈与登記費用45万円と錯誤による抹消登記費用5万円（合計50万円）は、損害額となる。

6 負担すべき損害額

税理士の誤指導による登記費用等50万円。

7 損害額から控除できる額

なし。

8 損害を回復する手段

なし。

9 未然防止策

・情報収集を心がける。
・特例適用の可否は慎重に判断する。

事例

13

（贈与税）

居住用部分の床面積だけで判定したため、修正申告となり、「直系尊属から住宅取得等資金の贈与を受けた場合の贈与税の非課税」の特例の適用が受けられなくなってしまった事例

1 事例の概要

平成27年分の贈与税につき、「直系尊属から住宅取得等資金の贈与を受けた場合の贈与税の非課税」を適用をして申告したが、床面積要件を満たしていなかったため、暦年課税で修正申告することになってしまった。これにより、過大納付となった贈与税額177万円につき損害が発生し、賠償請求を受けた。

2 ミスに至った経緯

H 27. 4	関与開始。店舗兼住宅を建て替える旨の相談を受け、「直系尊属から住宅取得等資金の贈与を受けた場合の贈与税の非課税」の適用について説明を行う。
H 27. 5	実父から住宅取得資金1,000万円の贈与を受ける。
H 27. 7	店舗設備資金の負担や店舗レイアウトについても相談を受ける。
H 27. 8	店舗兼住宅の完成。
H 27.10	店舗兼住宅の建築に係る経理処理と登記持分を指示する。
H 28. 3	平成27年分の贈与税を「直系尊属から住宅取得等資金の贈与を受けた場合の贈与税の非課税」を適用して申告。
H 28. 4	所轄税務署より床面積について問い合わせを受ける。
H 28. 4	床面積要件を満たしていないため、特例不適用になることが発覚。

H 28. 5　依頼者に報告し、損害賠償請求を受ける。

H 28. 6　平成27年分の贈与税を暦年課税で修正申告及び納付。

3 基礎知識

直系尊属から住宅取得等資金の贈与を受けた場合の贈与税の非課税（措法70の2①）

平成27年中に直系尊属からの贈与により一定の住宅用家屋の新築等に充てるための金銭の取得をした一定の受贈者が、住宅用家屋の新築等についてそれぞれ一定の要件を満たすときは、その贈与により取得した住宅取得等資金のうち1,000万円までの金額については、贈与税の課税価額に算入しない。この非課税制度には、取得した新築住宅の床面積が$50m^2$以上$240m^2$以下でなければならないという基準が設けられており、床面積基準の判定は、贈与を受けた者の居住の用以外の用に供されている部分も含めた家屋全体の床面積で行わなければならない。

住宅用家屋の要件（措令40の4の2①）

非課税制度の対象となる住宅用家屋とは、特定受贈者の居住の用に供する家屋で、次の要件を満たすものをいう。

(1) その家屋の床面積の2分の1に相当する部分が、専ら居住の用に供されるものであること。

(2) 国内にあること

(3) 次のいずれかの要件を満たすものであること。

　① 1棟の家屋で床面積が$50m^2$以上$240m^2$以下であること

　② 区分所有家屋である場合には、特定受贈者が区分所有する部分の床面積が$50m^2$以上$240m^2$以下であること

したがって、店舗兼住宅の場合でも、居住用部分の床面積だけで判定するのではなく、家屋全体の床面積で判定を行わなければならない。

4 ミスの原因

家屋全体の床面積で判定すべきところ、居住用部分の床面積だけで判定してしまった。

5 責任の所在

依頼者は店舗兼住宅の建て替えに当り、実父から１千万円の贈与を受けることを事前に相談しており、税理士は「直系尊属から住宅取得等資金の贈与を受けた場合の贈与税の非課税」の適用が受けられることを説明していた。税理士は床面積要件があることは承知していたが、居住用部分の床面積だけで判定するものと思い込んでいた。したがって、居住用部分の床面積が240m² を超えないように店舗レイアウトや登記持分を指示していた。しかし、実際には、区分登記でない限り、家屋全体の床面積で判定することから、240m² 超となり、非課税の適用要件を満たしていなかった。税理士は平成27年分の贈与税を「直系尊属から住宅取得等資金の贈与を受けた場合の贈与税の非課税」の適用をして申告したところ、所轄税務署から指摘を受け、はじめてその事実に気付いている。依頼者から相談を受けた際に、非課税の適用要件を確認し、正しい指導を行っていれば、贈与税の非課税の適用は受けられたことから、税理士に責任がある。

6 負担すべき損害額

贈与税の過大納付税額 177 万円。

7 損害額から控除できる額

なし。

8 損害を回復する手段

なし。

9 未然防止策

・国税庁チェックシートの活用。
・チェックリストの活用。
・チェック体制の構築。
・特例適用の可否は慎重に判断する。

事例

14

（贈与税）

期限後申告となったことから、「直系尊属から住宅取得等資金の贈与を受けた場合の贈与税の非課税」の特例の適用が受けられなくなってしまった事例

1 事例の概要

平成27年分の贈与税につき、申告書の提出失念により期限後申告となったことから、「直系尊属から住宅取得等資金の贈与を受けた場合の贈与税の非課税」の特例の適用が受けられなくなってしまった。これにより、過大納付となった贈与税額400万円につき損害が発生し、賠償請求を受けた。

2 ミスに至った経緯

H 27. 4	依頼者が実父より住宅取得資金1,500万円の贈与を受ける。
H 27. 9	非課税の適用要件を満たしている良質な住宅用家屋を新築。
H 28. 2	贈与税の申告相談を受け、関与開始。
H 28. 2	依頼者本人が国税のe-Taxソフトを使って自身で作成した贈与税申告書の提出依頼を受ける。
H 28. 3	贈与税申告書の提出期限（提出失念）。
H 28. 3	依頼者に申告書の控えを送付しようとしたところ、申告書の提出失念が発覚。
H 28. 3	依頼者に報告。損害賠償請求を受ける。

3 基礎知識

直系尊属から住宅取得等資金の贈与を受けた場合の贈与税の非課税（措法70の2）

直系尊属から一定の住宅用家屋の新築等のための金銭の贈与を受け、一定要件に該当する場合には、贈与を受けた金銭のうち一定金額（平成27年中の贈与で良質な住宅用家屋に係るものについては1,500万円まで。）については贈与税が非課税となる。ただし、期限内申告が条件となる。

4 ミスの原因

贈与税申告書の伝送を失念してしまった。

5 責任の所在

依頼者は実父から住宅取得資金1,500万円の贈与を受け、非課税の適用要件を満たしている良質な住宅用家屋を新築していた。依頼者は国税のe-Taxソフトを使い、自ら贈与税の申告書を作成しており、税理士に申告書の提出のみを依頼していた。しかし、依頼者の作成した申告書が白黒で印刷されており、控えの申告書に収受印を望まなかったこと等から、提出済と勘違いしてしまい、期限内に提出していなかった。そして、申告期限後に依頼者に申告書の控えを送付しようとしたところ、それが依頼者自身が作成した申告書そのものであったことから、はじめて提出失念に気付いている。贈与税申告書を期限内に提出していれば、非課税の適用は受けられたことから、税理士に責任がある。

6 負担すべき損害額

過大納付となった贈与税額400万円。

7 損害額から控除できる額

なし。

8 損害を回復する手段

なし。

9 未然防止策

・チェックリストの活用。

・チェック体制の構築。

事例
15
（相続税）

経済産業大臣の認定を失念したため、「相続税の納税猶予の特例」の適用を受けることができなくなってしまった事例

1 事例の概要

被相続人甲の相続税につき、相続人より「非上場株式等についての相続税の納税猶予及び免除の特例」（以下単に「相続税の納税猶予の特例」という。）の適用を受けての申告を依頼されたが、相続開始後8ヶ月以内に行わなければならない経済産業大臣の認定を失念したため、相続税の納税猶予の適用を受けることができなくなってしまった。これにより、納税猶予が受けられなくなった税額120万円につき損害が発生し、賠償請求を受けた。

2 ミスに至った経緯

H X7. 2	被相続人甲の相続開始。同時に申告業務受任。
H X7. 4	申告書作成に着手。同族会社の株式につき、後継者である相続人に「相続税の納税猶予の特例」を適用しての申告を依頼される。
H X7.10	経済産業大臣の認定期限（認定失念）。
H X7.11	上記認定失念に気付く。
H X7.11	依頼者に報告し、損害賠償する旨の説明。
H X7.12	損害賠償金を支払う。
H X7.12	納税猶予の適用を受けない相続税申告書を提出。

3 基礎知識

非上場株式等についての相続税の納税猶予及び免除の特例（措法70の7の2）

経営承継相続人等（後継者）が、相続等により、経済産業大臣の認定を受ける非上場会社の株式等を被相続人（先代経営者）から取得し、その会社を経営していく場合には、その後継者が納付すべき相続税のうち、その株式等（一定の部分に限る。）に係る課税価格の80％に対応する相続税の納税が猶予され、後継者の死亡等により、納税が猶予されている相続税の納付が免除される。

《相続税の納税猶予制度の流れ》

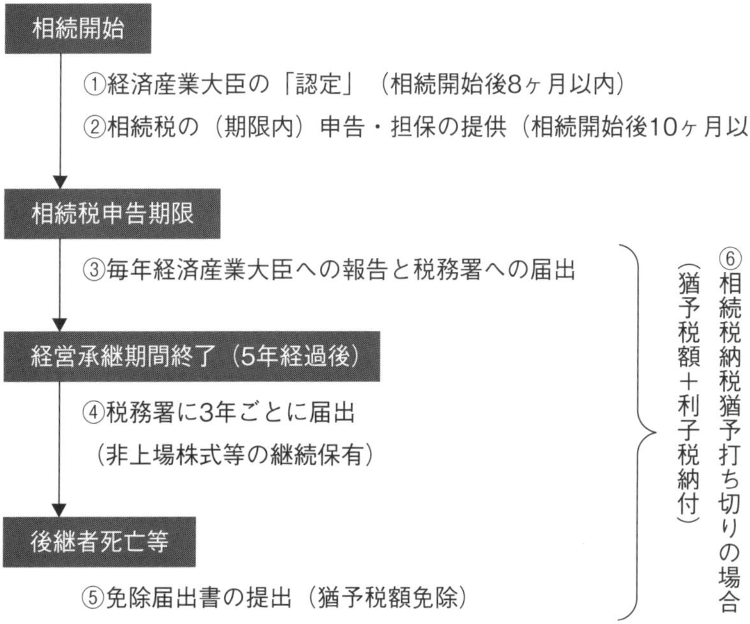

納税猶予期限の確定と猶予税額の納付

猶予期間内に以下の事由に該当した場合には、納税猶予は打ち切られ、猶予税額の全額と利子税を納付しなければならない。

納税猶予の主な納付事由	経営承継期間内 （申告期限後５年以内）	経営承継期間経過後 （申告期限５年経過後）
①経営承継相続人等が認定承継会社の代表者でなくなった場合	全額納付	納税猶予継続
②相続開始の日における従業員数が事業承継期間中（5年間）の平均で80%未満となった場合	全額納付	納税猶予継続
③特例非上場株式等の全部又は一部の譲渡等をした場合	全額納付	譲渡等した部分に対応する部分の猶予税額を納付
④認定承継会社が資産保有型会社または資産運用型会社に該当した場合（例外規定あり）	全額納付	全額納付
⑤経営承継相続人等と同族関係者が保有する議決権総数が50%以下となった場合	全額納付	納税猶予継続
⑥経営承継相続人等が同族内で筆頭株主でなくなった場合	全額納付	納税猶予継続
⑦認定承継会社の総収入金額がゼロになった場合	全額納付	全額納付
⑧認定承継会社が解散をした場合	全額納付	全額納付

4 ミスの原因

相続開始後8ヶ月以内に経済産業大臣に「認定申請書」を提出しなければならないところ、これを失念してしまった。

5 責任の所在

税理士は「相続税の納税猶予の特例」を適用した申告を依頼されていた。この特例の適用を受けるためには、相続開始後8ヶ月以内に経済産業大臣の認定を受けなければならない。しかし、税理士はこれを失念し、認定期間経過後にはじめてその事実に気付いた。相続開始後8ヶ月以内に認定申請書を提出していれば、納税猶予の適用は受けられたことから、税理士に責任がある。ただし、経営承継期間内は毎年、経営承継期間経過後は3年ごとに所轄税務署に「継続届出書」の提出が義務付けられていることから、免除が確定するまでは、同様の書類の提出を受け、納付事由に該当していないかどうかを確認する必要がある。

6 負担すべき損害額

納税猶予が受けられなくなった相続税額120万円。

7 損害額から控除できる額

なし。

8 損害を回復する手段

なし。

9 未然防止策

・特例適用の可否は慎重に判断する。
・契約書を作成する。
・届出書の提出失念に注意する。
・契約書等を取り交わす。

事例 **16** （贈与税）

負担付贈与について、贈与者に譲渡課税が行われることを説明していなかったため、「正しい説明を受けていれば負担付贈与は行わなかった。」として、損害賠償請求を受けた事例

1 事例の概要

依頼者の離婚に伴う財産分与にあたり、依頼者の配偶者の要望により、実子３名の財産保全のため、配偶者に分与される居住用建物の残りの持分及びその敷地を、依頼者の実母から実子３名に死因贈与することとした。しかし、この契約は取得時の残債務の負担を条件としていたため、負担付贈与となり、贈与者に譲渡課税が行われることとなる。税理士はこの事実を依頼者に説明せず、依頼者の実母が亡くなり、死因贈与が確定し、依頼者の実母の準確定申告書を作成して依頼者に説明したところ、「正しい説明を受けていれば負担付贈与は行わなかった。」として、負担付贈与に係る譲渡所得税額等900万円について損害賠償請求を受けた。

2 ミスに至った経緯

H X4. 5.20　離婚に伴う財産分与について相談を受け、関与開始。

H X5. 5. 5　離婚合意書と同時に実子３名の財産保全のため、依頼者の実母から実子３名に残りの持分を負担付で死因贈与することで合意。その際、税理士は贈与者に譲渡所得税が課税されることを説明せず。

H X5.11.10　実母死亡。

H X6. 3. 5　実母の準確定申告で上記負担付贈与に係る譲渡所得税を計算

して押印を求めたところ、「正しい説明を受けていれば負担付贈与は行わなかった。」として、損害賠償請求を受ける。

3 基礎知識

負担付贈与（相基通21の2－4）

受贈者に一定の債務を負担させることを条件にした財産の贈与をいう。個人から負担付贈与を受けた場合は贈与財産の価額から負担額を控除した価額に課税されることになる。

この場合の課税価格は、贈与された財産が土地建物等である場合には、受贈者は土地建物の贈与時の時価から負担額を控除した価額の贈与を受けたものとされ、贈与者は負担額で土地建物を譲渡したものとされる。

【具体例】

父が通常の取引価額3,000万円の土地（10年所有で取得価額1,000万円）を子にその残債務2,000万円の負担を条件に贈与した場合。

受贈者：子（贈与税課税）

（3,000万円－2,000万円－110万円（基礎控除））×40％－125万円＝231万円

贈与者：父（譲渡所得税課税）

（2,000万円－1,000万円）×20.315％＝2,031,500円

4 ミスの原因

負担付贈与について、贈与者に譲渡課税が行われることを説明していなかった。

5 責任の所在

税理士は、依頼者の離婚に伴う財産分与について相談を受け、依頼者の配

偶者の要望により、実子３名の財産保全のため、配偶者に分与される居住用建物の残りの持分及びその敷地を、その所有者である依頼者の実母より死因贈与を受けることになった。その際、税理士は贈与者に譲渡所得課税が行われることを説明しなかった。依頼者及びその実母は、受贈者が贈与税を負担すれば課税関係が完結するものと思い込み、負担付贈与を実行した。しかし、実際には贈与者側にも多額の譲渡所得税が課税されることとなった。税理士は、贈与契約後間もなく依頼者の実母が亡くなり、死因贈与が確定したため、準確定申告において、上記負担付贈与に係る譲渡所得税を計算して押印を求めたところ、依頼者から、「正しい説明を受けていれば負担付贈与は行わなかった。」として、損害賠償請求を受けた。

贈与契約時に譲渡所得税について何ら説明をしなかったことについては税理士に責任があるが、主目的である実子３名の財産保全は達成されており、他に取り得た手段もないことから、負担付贈与に係る譲渡所得税は「本来納付すべき本税」であり、損害額はない。

6 負担すべき損害額

なし（「本来納付すべき本税」）。

7 損害額から控除できる回復額

―

8 損害を回復する手段

―

9 未然防止策

・文章等による証拠を残す。

・契約書を作成する。

事例

17

（贈与税）

代表者及びその配偶者が所有する同族会社債権を放棄させたため、同族会社の株主間で株価上昇分の価値の移転が発生し、みなし贈与となった事例

1 事例の概要

税理士の主導により、同族会社の代表者の相続税対策及び同族会社の財務体質改善のため、代表者（以下甲という）及びその配偶者（以下乙という）が所有する同族会社債権を放棄させた。これにより、同族会社の株主間で株価上昇分の価値の移転につきみなし贈与が発生した。しかし、実際には甲に相続税はかからず、また、同族会社も休業状態となったことから、これらの債権放棄は、贈与税を負担してまでも行う必要がなかった。したがって、債権放棄に係るみなし贈与により負担した贈与税270万円につき損害が発生したとして賠償請求を受けた。

2 ミスに至った経緯

H X4. 6	甲の相続税の試算の依頼を乙より受ける。
H X4.11	甲の相続税の試算結果を、乙に報告。
H X5. 3	甲が同族会社に対する債権2,200万円を放棄。これにより、株価が上昇し、乙に40万円のみなし贈与税が発生。
H X6. 3	甲が同族会社に対する債権1,300万円を放棄。これにより、株価が上昇し、乙にみなし贈与が発生。ただし、相続開始年分の被相続人からの贈与のため、贈与税はかからず。
H X6. 3	乙が同族会社に対する債権2,300万円を放棄。これにより、株価が上昇し、甲に230万円のみなし贈与税が発生。

H X6.11　甲死亡（相続開始）。

H X7. 3　甲の相続税の計算過程で、みなし贈与が発覚。

H X7. 6　平成X5年分の贈与税を期限後申告。税理士が贈与税を負担。

H X7. 8　相続税及び平成X6年分贈与税準確定申告を行う。税理士が贈与税を負担。

3 基礎知識

●同族会社に対する債権放棄とみなし贈与（相法9、相基通9-2）

同族会社に対して、株主等から債権放棄、資産の無償又は低額譲受け等があったことにより、その同族会社の株式又は出資の価額が増加した場合には、債権放棄等を行った者から、他の株主に、その株式の価額の増加分に相当する利益の供与があったものとして、贈与税が課税される。

4 ミスの原因

債権放棄により同族会社の株主間にみなし贈与課税の問題が発生することを理解していなかった。債権放棄によって相続税の軽減を図る場合には、相続税のみならず、受贈益に対する法人税課税のほか、他の株主に対する贈与税や所得税の課税関係についてもあらかじめ確認し、依頼者に説明しておく必要があったが、これを怠った。

5 責任の所在

甲は自身が120株（議決権割合60%）、乙が80株（議決権割合40%）を所有する同族会社の代表取締役であった。甲は平成X3年に体調を崩し、平成X5年頃から寝たきりの状態となった。同族会社はホテル業を営んでいたが、売り上げの低迷により、近年は赤字続きであった。税理士は、甲の相続税対策及び同族会社の財務体質改善のため、平成X5年6月期には甲の同族会社に対する貸付金2,200万円、平成X6年6月期には甲の同族会社に対する貸付金等1,300万円及び乙の同族会社に対する貸付金等2,300万円を放棄させた。しかし、これにより、平成X5年には甲から乙に、平成X6年には乙から甲に、株主間におけるみなし贈与税が発生した。甲の債権放棄は相続財産を減少させるうえで一定の効果はあったものの、債権放棄をしなくても、相続税はかからなかった。また、乙の債権放棄も、同族会社が平成X7年から休業状態となったことから、贈与税を支払ってまで行う必要はなかった。したがって、これら一連の取引は税理士に責任がある。

6 負担すべき損害額

債権放棄に係るみなし贈与により負担した贈与税額270万円。

7 損害額から控除できる額

なし。

8 損害を回復する手段

なし。

9 未然防止策

・文章等による証拠を残す。
・チェックリストの活用。
・チェック体制の構築。
・シミュレーションは慎重に。
・債権放棄をする場合の課税関係に注意する。

第5章

その他の税目

事例 1 (事業所税)

事業所税の課税標準の特例を知らなかったため、長年にわたり過大納付となっていた事例

1 事例の概要

平成 X8 年 3 月期から平成 Y7 年 3 月期の事業所税につき、生活協同組合の納付すべき事業所税は地方税法第 701 条の 41 の規定により、課税標準が通常の 2 分の 1 とされているところ、通常の課税標準により申告及び納付をし続けてしまった。これにより、納付税額が過大となり、過大納付税額 1 千万円につき損害が発生し、賠償請求を受けた。

なお、平成 Y3 年 3 月期以降は更正により損害が回復しているため、損害期は平成 X8 年 3 月期から平成 Y2 年 3 月期までの 5 期である。

2 ミスに至った経緯

H X3. 1	関与開始。
H X8. 5	平成 X8 年 3 月期の事業所税につき、生活協同組合は課税標準が通常の 2 分の 1 となるところ、これを失念したまま通常の課税標準により申告。以後、平成 Y7 年 3 月期まで同様。
H Y7.10	S 市役所より過大納付の指摘を受け発覚。
H Y7.10	平成 Y3 年 3 月期から平成 Y7 年 3 月期の更正の請求書を提出。
H Y7.11	平成 Y3 年 3 月期から平成 Y7 年 3 月期の更正決定通知書を受領。
H Y8.10	更正の期限徒過分につき、依頼者から損害の賠償請求通知書を受ける。

3　基礎知識

生活協同組合の事業所税の課税標準

事業所税とは、都市環境の整備及び改善に関する事業の財源にあてるための地方税で、一定規模以上の事業を行っている事業主に対して課税され、事業所等の床面積を対象とする資産割と従業者の給与総額を対象とする従業者割との合計額により計算される。

依頼者は生活協同組合であるため、地方税法第701条の41の事業所税の課税標準の特例により、資産割、従業者割ともに課税標準額が通常の2分の1となる。

4　ミスの原因

生活協同組合においては、資産割、従業者割ともに課税標準額が通常の2分の1となるという事実を知らなかった。

5　責任の所在

関与先は生活協同組合であるため、地方税法第701条の41の事業所税の課税標準の特例により、資産割、従業者割ともに課税標準額が通常の2分の1となる。しかし、税理士はこれを知らず、通常の課税標準のまま計算し、申告及び納付をし続けてしまった。その後、S市役所から過大納付の指摘を受け、はじめて上記ミスに気付いている。事業所税の課税標準の特例を正しく理解していれば、過大納付は発生しなかったことから、税理士に責任がある。

6　負担すべき損害額

過大納付税額から更正の請求等が認められた金額を控除した550万円。

7 損害額から控除できる額

過大納付事業所税が損金算入されることによる法人税等の節税額。

8 損害を回復する手段

期間内の更正の請求が可能である。

9 未然防止策

・チェックリストの活用。
・チェック体制の構築。
・情報収集を心がける。
・担当者の変更。

参考　第701条の41　事業所税の課税標準の特例

次の表の各号の上欄に掲げる施設に係る事業所等において行う事業に対して課する資産割又は従業者割の課税標準となるべき事業所床面積又は従業者給与総額の算定については、当該資産割又は従業者割につき、それぞれ当該各号の中欄又は下欄に割合が定められている場合には、当該施設に係る事業所等に係る事業所床面積又は従業者給与総額から当該施設に係る事業所床面積又は従業者給与総額にそれぞれ当該各号の中欄又は下欄に掲げる割合を乗じて得た面積又は金額を控除するものとする。

施設	資産割に係る割合	従業者割に係る割合
一　法人税法第２条第７号の協同組合等がその本来の事業の用に供する施設	２分の１	２分の１

事例2（事業所税） 従業者割が免税点以下であったにもかかわらず申告し続けてしまった事例

1 事例の概要

平成X8年3月からY7年3月期の事業所税につき、従業者割が免税点（100人）以下であったにもかかわらず、従業者割を申告し続けてしまった。これにより、納付税額が過大となり、過大納付税額600万円につき損害が発生し、賠償請求を受けた。

なお、平成Y3年3月期からY7年3月期までの期間については更正の請求により損害が回復しているため、損害期は平成X8年3月から平成Y2年3月までの5期である。

2 ミスに至った経緯

H X8. 5	平成X8年3月期の事業所税を免税点を超える誤った人員で申告。以後Y7年3月期まで同様。
H Y7. 6	依頼者より指摘を受け発覚。
H Y7. 6	平成Y3年3月期からY7年3月期までの更正の請求書を提出。
H Y7. 7	平成Y3年3月期からY7年3月期の更正決定通知書を受領。
H Y7. 7	更正の請求期限徒過部分につき損害賠償請求を受ける。

3 基礎知識

事業所税の課税標準

事業所税の課税標準は、従業者割にあっては、課税標準の算定期間の末日現在における従業者数により計算され、従業者数の合計が100人以下の場合は免税となる。なお、この場合の従業者数は、勤務時間の少ないパートタイマー、障害者、高齢者は含まれない。

4 ミスの原因

従業者数には、勤務時間の少ないパートタイマー、障害者、高齢者は含まれない事を依頼者に伝えていなかった。

5 責任の所在

税理士は、従業者の数については毎年依頼者に確認していたが、上記事実を伝えていなかったため、従業者数に高齢者等の人数を含めたまま申告していた。その後、依頼者の担当者から指摘を受け、はじめてその誤りに気付いた。事業所税における従業者数の意義を正しく理解していれば、従業者割は免税となったことから、税理士に責任がある。

6 負担すべき損害額

過大納付税額から更正の請求等が認められた金額を控除した600万円。

7 損害額から控除できる額

過大納付事業所税が損金算入されることによる法人税等の節税額。

8 損害を回復する手段

期間内の更正の請求が可能である。

9 未然防止策

・チェックリストの活用。

・チェック体制の構築。

・コミュニケーションをとる。

・担当者の変更。

事例
3
（事業所税）

事業所税の課税対象とならない月極駐車場の床面積を課税対象に含めて計算したため過大納付となった事例

1 事例の概要

平成X6年から平成Y6年3月期の事業所税につき、課税対象とならない月極駐車場の床面積を課税対象に含めて計算していたところ、課税団体である横浜市から連絡があり、更正期限までの平成Y2年から平成Y6年3月期分の過大納付税額が還付されることになった。このため、更正が受けられなかった平成X6年から平成Y1年3月期分の事業所税の過大納付税額850万円につき損害賠償請求を受けた。

2 ミスに至った経緯

H X7. 5	平成X6年3月期事業所税につき、課税対象外の月極駐車場を課税対象に含めて申告。以後平成Y6年3月期まで同様。
H Y8. 1	横浜市より平成Y2年から平成Y6年3月期分の事業所税過大納付分につき更正決定による還付の連絡がある。
H Y8. 1	依頼者に報告。更正が受けられなかった金額につき損害賠償請求を受ける。

3 基礎知識

事業所税の納税義務者等（地法701の32他）

事業所税は、事業所等において法人又は個人の行う事業に対し、当該事業所等所在の指定都市等において、当該事業を行う者に資産割額及び従業者割額の合計額によって課する。この場合、いわゆる貸ビル等にあっては、その所有者ではなく、その全部又は一部を借りて現実にそこで事業を行っている者（テナント）が納税義務者となる。ただし、貸ビル等の貸主がビルの管理を行っている場合、管理のための施設は当該貸主が納税義務者となる。

●事業所税の課税標準（地法701の40）

事業所税の課税標準は、資産割にあっては、課税標準の算定期間の末日現在における事業所床面積とし、従業者割にあっては、課税標準の算定期間中に支払われた従業者給与総額とする。

●駐車場の取扱いについて（「事業所税貸付申告の手引き」横浜市）

貸ビル等内の駐車場について使用者が特定されている場合は、当該使用者の事業所床面積として算定します。

⑴月極貸し、年貸し等の駐車場の場合

月極駐車場のように特定の者が専用借りする場合の駐車場に係る床面積は、当該専用借りする者の事業所床面積として算定します。

この場合、駐車場を専用借りする者が、貸ビル等の入居者（＝テナント）であるかどうかは問いません。

⑵時間貸し等の駐車場である場合

時間貸し駐車場のように不特定多数の者が使用する場合の駐車場に係る床面積は、当該駐車場を管理・運営する者の事業所床面積として算定します。

●更正、決定等の期間制限（地法17条の5）

更正又は決定は、法定納期限の翌日から起算して5年を経過した日以後においては、することができない。

賦課決定は、法定納期限の翌日から起算して3年を経過した日以後においては、することができない。ただし、地方税の課税標準又は税額を減少させる賦課決定は、法定納期限の翌日から起算して5年を経過する日まですることができる。

4 ミスの原因

課税対象となる床面積を確認せずに、長年にわたり依頼者が作成した申告書に署名押印していた。

5 責任の所在

不動産賃貸管理業を営む依頼者は貸ビルと月極駐車場を所有しており、貸ビルの自社使用部分と月極駐車場の床面積を合計して事業所税の申告をしていた。しかし課税団体である横浜市においては、月極駐車場は専用使用するものの事業所床面積に算入されるため、依頼者の事業所床面積には含まれなかった。事業所税の申告は、依頼者が作成し、税理士は署名押印だけを行っていた。税理士は長年にわたってこれに気づかず、横浜市より更正決定の連絡があってはじめてその事実に気付いている。事業所税の申告を依頼された際に課税対象となる床面積の範囲を確認していれば過大納付は防げたことから、税理士に責任がある。

6 負担すべき損害額

更正が受けられなかった事業所税の過大納付税額 850 万円。

7 損害額から控除できる額

過大納付事業所税に係る法人税等の節税額。

8 損害を回復する手段

期間内の更正の請求が可能である。

9 未然防止策

・チェックリストの活用。

・チェック体制の構築。

・コミュニケーションをとる。

・担当者の変更。

・根拠となる資料を提出してもらい、変更があったら連絡をもらう。

・地方税の課税標準には注意する。

事例

4

（法人住民税・市民税）

寮等の実態のない賃貸アパートを均等割の対象として申告し続けてしまった事例

1　事例の概要

平成X4年3月期からY7年3月期の法人地方税につき、寮等に該当しない賃貸アパートを寮等として申告し続けてしまった。これにより、均等割額が過大納付となり、過大納付となった納付税額250万円につき損害が発生し、賠償請求を受けた。

なお後任税理士等により、平成Y4年3月期から平成Y7年3月期は更正の請求、平成Y3年3月期は更正の申出が行われ、これが認められたため、損害期は平成X4年3月期からY2年3月期の9期である。

2　ミスに至った経緯

H X1. 1	賃貸アパートを購入。前任税理士が寮等として届出書提出。
H X3. 7	関与開始。
H X4. 3	上記賃貸アパートの実態を確認しないままA県及びB市へ誤って法人県民税及び市町村民税均等割を納付。以後Y7年3月期まで同様。
H Y7. 3	顧問契約解除（本件事故とは無関係）。
H Y7.11	後任税理士が前年申告書を調査し、上記誤りに気づく。
H Y8. 1	後任税理士が平成Y4年3月期から平成Y7年3月期は更正の請求、平成Y3年3月期は更正の申出を行い認められる。
H Y8. 2	依頼者より損害賠償請求を受ける。

3 基礎知識

法人住民税（市民税）均等割

事務所、事業所又は寮等を有する法人で従業者がいる場合は、その事務所等の所在地の法人住民税（市民税）が課され、所得がない場合でも、均等割は発生する。

事務所、事業所又は寮等

事務所または事業所とは、事業の必要から設けられた人的および物的設備であって、そこで継続して事業が行われる場所で、店舗、工場、病院等の施設も含まれる。寮等とは、寮（独身寮、社員住宅等は含まない。）、クラブ、保養所、集会所その他これらに類するもので、法人が従業員の宿泊、慰安、娯楽等の便宜をはかるために常時設けられている施設をいう。なお、事務所、事業所または寮等については、それが自己の所有に属するものであるか否かを問わない。

社員の慰安・娯楽のための保養所

事務所等に該当しないため分割基準の対象にはならない。ただし、保養所は寮等に該当するため、法人住民税（市民税）の均等割の申告が必要になる。

4 ミスの原因

賃貸アパートの実態を確認しないまま漫然と前任税理士と同様の申告を続けてしまった。

5 責任の所在

税理士は、地方税法上の寮等に該当しない依頼者の管理人の居ない賃貸アパートを、長年に亘り誤って寮等として法人住民税及び市民税の申告をし、均等割を納付していた。その後、別件で顧問契約を解消したところ、後任税理士がその誤りに気づき、平成Y3年3月期以後は更正の請求等により損害が回復した。そして、更正の請求等により損害が回復しなかった平成X4年3月期からY2年3月期までの9期分につき賠償請求を受けた。関与開始の時点で賃貸アパートの状況を確認していれば、均等割は納付せずに済んだことから、税理士に責任がある。

6 負担すべき損害額

過大納付税額から更正の請求等が認められた金額を控除した160万円。

7 損害額から控除できる額

法人住民税及び市民税は損金不算入であることから回復額はない。

8 損害を回復する手段

期間内の更正の請求が可能である。

9 未然防止策

・チェックリストの活用。
・チェック体制の構築。
・コミュニケーションをとる。
・担当者の変更。

事例
5
（不動産取得税）

共有不動産を持分に応じて分割する手順を間違えたため、不動産取得税が課税されてしまった事例

1　事例の概要

平成X5年12月に行った土地の共有物の分割に係る一連の取引につき、共有不動産を持分に応じて分割した後に持分の売買を行えば不動産取得税が非課税となったにもかかわらず、売買を行った後に共有物の現物分割を行ったため、不動産取得税が課税されてしまった。これにより、課税された不動産取得税80万円につき過大納付が発生し、賠償請求を受けた。

2　ミスに至った経緯

H X4.12	依頼者甲の父の相続により兄弟姉妹3名（甲、乙、丙）が父所有土地を相続により共有で取得。
H X5.10	共有土地の上に依頼者である甲、乙の居住用家屋があることから、税理士が土地の持分関係の整理について提案。
H X5.12	共有土地をそれぞれの底地となるよう持分そのままで2筆に分割。
H X5.12	上記2筆の土地のうち、上物のない丙の持分を甲、乙がそれぞれ売買により取得。
H X7.12	上記2筆の土地につき甲、乙それぞれの居住用家屋の底地の単独所有となるように共有物の現物分割を行う。
H X8. 1	不動産取得税の納税通知書が届き事故が発覚。
H X8. 3	N県に対して審査請求書を提出。
H X8. 6	N県から却下の採決が下される。

H X8. 8　依頼者に報告。損害賠償請求を受ける。

3 基礎知識

形式的な所有権の移転等に対する不動産取得税の非課税（地法73条の7二の三）

共有状態を解消することを目的として行った「共有物の分割による所有権の取得」は、形式的な所有権の移転等に該当し、不動産取得税は非課税になる。しかし、この規定は、一つの共有物を分割した場合の規定であり、本件のように複数土地の場合には、互いに隣接し、その共有者が同一で、かつ、持分割合が同じである場合において、合筆することなく当該隣接する複数の共有地を一体としてとらえて当該持分に応じた分筆をしたと認められるときは、一つの共有物を分割した場合に準じて非課税規定の適用が可能とされている。

4 ミスの原因

共有不動産を持分に応じて分割した後に持分の売買を行えば不動産取得税が非課税となったにもかかわらず、売買を行った後に共有物の現物分割を行ったため、不動産取得税が課税されてしまった。

5 責任の所在

本件土地は、甲、乙、丙の持分をそのままに、まずは分筆を行った。そして甲、乙それぞれの居住用家屋の底地が単独所有となるように上物を持たない丙の持分をそれぞれが買い取った。この時点で分筆後の2筆の土地は非課税の要件である「持分割合が同じ」という要件を欠いてしまった。したがって、その後に行った持分の移転は、非課税の共有物分割とはならず、不動産取得税が課税されてしまった。共有物分割を先に行い、その後に売買を行えば、「共有物の分割による所有権の取得」となり、不動産取得税は非課税となったことから、税理士に責任がある。

6 負担すべき損害額

課税された不動産取得税 80 万円。

7 損害額から控除できる額

なし。

8 損害を回復する手段

なし。

9 未然防止策

・特例適用の可否は慎重に判断する。
・思い込みに注意する。

第6章

回復の手段

I 更正の請求

1 期間制限

平成23年度の税制改正により平成23年12月2日以後に法定申告期限が到来する国税については更正の請求期間が法定申告期限から5年に延長された。更正の請求ができる期間が5年に延長する一方で、課税庁の更正期限も5年とされた。地方税についても同様である。これをまとめると次表になる。

税　　目	更正の請求	増額更正※3	減額更正※3
法人税※1	5年	5年	5年
消費税	5年	5年	5年
所得税	5年	5年	5年
相続税※2	5年	5年	5年
地方税	5年	5年	5年

※1　移転価格税制は6年、純損失の金額については9年（平成29年4月1日以降10年）
※2　贈与税については6年
※3　脱税の場合は7年

国税と連動する地方税（法人事業税の所得割や法人県民税の法人税割など）は、国税において確定した所得金額及び法人税額により計算するため、国税において更正を受けるまで更正ができない。国税の更正を理由とした地方税の更正の請求を行う場合は、国税において更正があった日から2ヶ月以内に、「地方税の更正請求書」を所管の都道府県及び市区町村へ提出する。なお、地方税の更正の請求を行わない場合であっても、国税において更正があった場合は、国税の更正により確定した所得金額及び法人税額に基づき更正される。

なお、平成23年12月1日以前のものであっても、減額更正ができる期間内に「更正の申出書」を提出すれば、過大納付分の還付が受けられる可能性がある。

さらに、平成23年度の税制改正では、更正の請求の範囲も拡大された。具体的には以下の2つになる。

2 当初申告要件の廃止

当初申告の際、申告書に適用金額を記載した場合に限り適用が可能とされていた措置のうち、一定の措置については、更正の請求により事後的に適用を受けることができるようになった。具体的には以下のようなものがその対象となる。

保証債務を履行するために資産を譲渡した場合の所得税額の計算の特例（所法64）
純損失、雑損失の繰越控除（所法70、71）
変動所得及び臨時所得の平均課税（所法90）
外国税額控除（所法95、法法41）
受取配当等の益金不算入（法法23）
外国子会社から受ける配当等の益金不算入（法法23の2）
所得税額控除（法法68）
配偶者に対する相続税額の軽減（相法19の2）
贈与税の配偶者控除（相法21の6）

3 控除額の制限の見直し

控除等の金額が当初申告の際の申告書に記載された金額に限定される「控除額の制限」がある措置について、更正の請求により、適正に計算された正当額まで当初申告時の控除額等の金額を増額することができる。具体的には以下のようなものがその対象となる。

外国税額控除（所法 95、法法 41）
青色申告特別控除（65 万円）（措法 25 の 2）
受取配当等の益金不算入（法法 23）
所得税額控除（法法 68）
試験研究を行った場合の法人税額の特別控除（措法 42 の 4）
エネルギー環境負荷低減推進設備等を取得した場合の法人税額の特別控（措法 42 の 5）
中小企業者等が機械等を取得した場合の法人税額の特別控除（措法 42 の 6）

「❷当初申告要件の廃止」と「❸控除額の制限の見直し」の両方に該当する措置については、原則として更正の請求で回復することになるため、税賠保険を申請する前に所要の手続きが必要になる。

Ⅱ 課税期間の短縮

消費税においては「消費税課税期間特例選択届出書」で課税期間を区切ることにより、損害額を抑えることができる。具体的には以下の4つのケースが考えられる。

なお、「消費税課税期間特例選択届出書」は課税期間を1ヵ月に短縮するものと3月に短縮するものがあり、2年間の継続適用要件がある。したがって、2年継続した課税期間の末日までに忘れずに「消費税課税期間特例選択不適用届出書」を提出する必要がある。

1 ケース1（課税事業者有利）

還付が恒常的であり、課税事業者が有利にもかかわらず「消費税課税事業者選択届出書」の提出を失念した場合。

➡気づいた時点で「消費税課税期間特例選択届出書」と「消費税課税事業者選択届出書」を提出すれば、免税事業者の期間を短くすることができる。

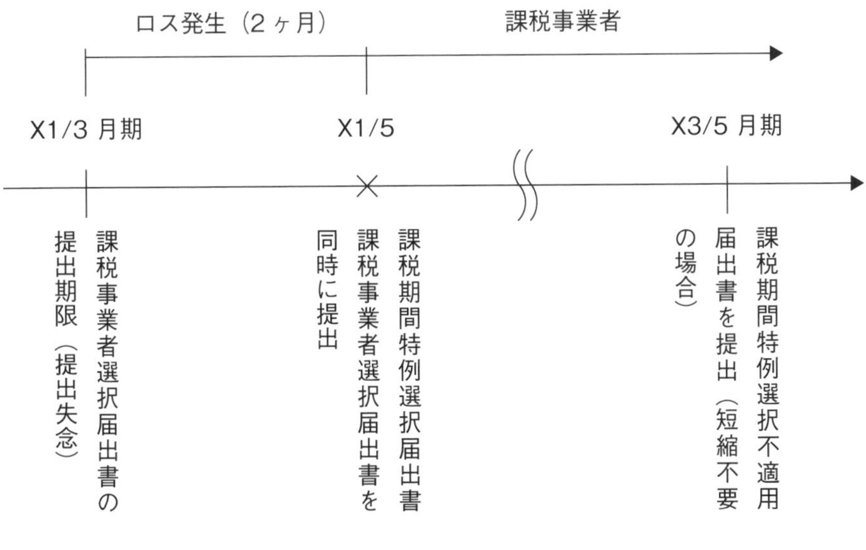

2 ケース2（免税事業者有利）

免税事業者に該当することとなったにもかかわらず、過去に提出した「消費税課税事業者選択届出書」の効力により課税事業者となってしまった場合。

➡気づいた時点で「消費税課税期間特例選択届出書」と「消費税課税事業者選択不適用届出書」を提出すれば、課税事業者としての申告期間を短くすることができる。

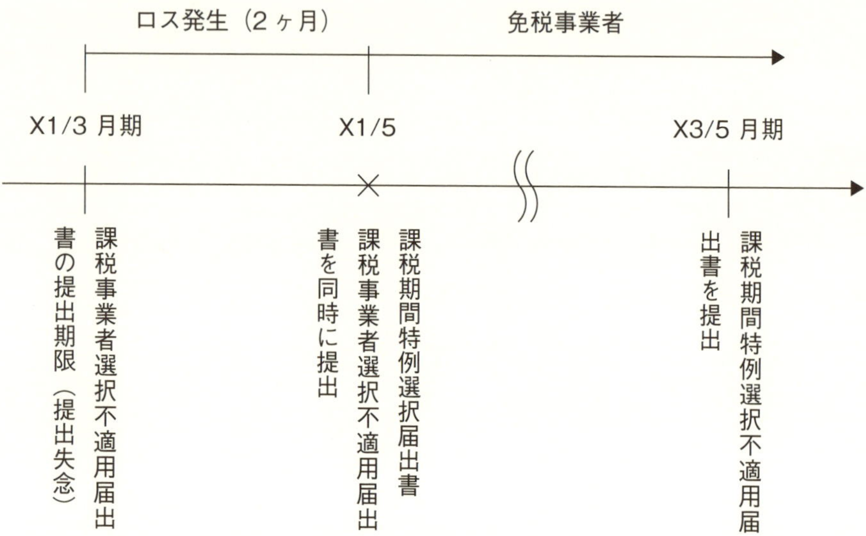

3 ケース3（原則課税有利）

業態変更等により原則課税が有利となったにもかかわらず「消費税簡易課税制度選択不適用届出書」の提出を失念した場合。

➡気づいた時点で「消費税課税期間特例選択届出書」と「消費税簡易課税制度選択不適用届出書」を提出すれば、不利な原則課税での申告期間を短くすることができる。

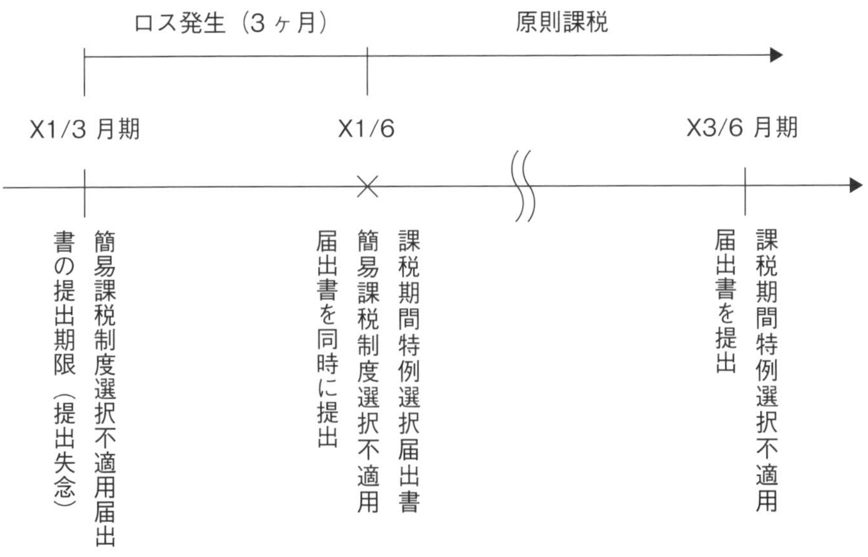

4 ケース4（簡易課税有利）

簡易課税有利にもかかわらず「消費税簡易課税制度選択届出書」の提出を失念した場合

➡気づいた時点で「消費税課税期間特例選択届出書」と「消費税簡易課税制度選択届出書」を提出すれば、不利な原則課税での申告期間を短くすることができる。

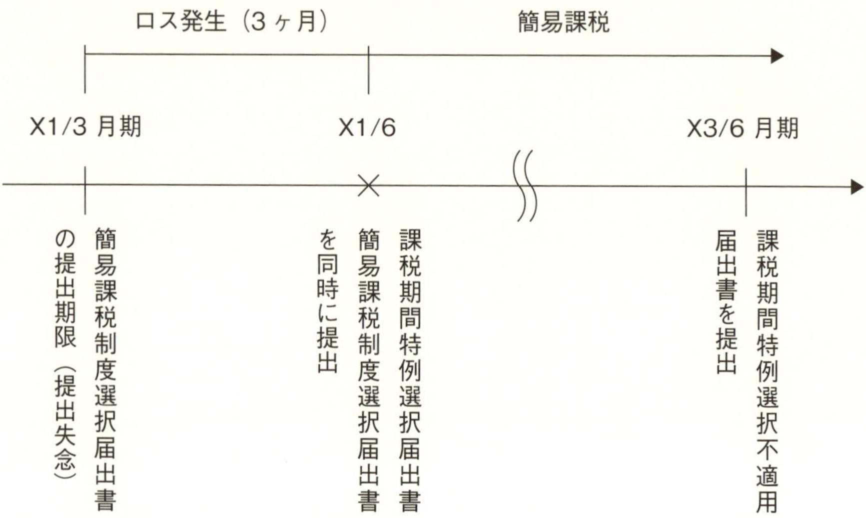

Ⅲ 税賠保険の申請

1 事故発生時の対応

万一事故が発生した場合（将来、損害賠償請求を受けるおそれのある原因・事故を知った時を含む。）は以下の対応を行う。

①保険会社へ報告
②損害の発生及び拡大の防止
③損害賠償請求を受けた場合は保険会社に連絡
④訴訟を提起された場合は保険会社に連絡
⑤保険会社の同意を得ずに示談金等は支払わない

2 保険金請求手続き

(1) 事故を分析する

依頼者から損害賠償請求を受けた場合、冷静ではいられないのが普通である。しかし、よくよく考えてみると結果論であったり、税理士に責任がある場合でも、損害額が全部回復するようなケースもある。したがって、まずは冷静に事故を分析することが必要である。

事故の分析に役立つのが時系列図の作成である。特に消費税の場合には、時系列図を作成してみると、「依頼者の主張に矛盾はないか」、「依頼者が報告義務を果たしているか」、「届出書の提出期限までに提出が可能であったか」、などがみえてくることがある。後の保険金請求手続きにおいても提出資料であることから早い段階で作成してみると良い。

(2) 保険会社への連絡

次に、所属地域会ごとに定められた保険会社に連絡する。保険会社の担当者は次のような項目についてヒヤリングを行い、「支払い対象の可能性がある」と判断した場合には、「事故状況報告書」等を郵送してくれる。しかし、この段階で保険金の支払いが決まったわけではない。あくまでも「支払い対象の可能性がある事故を受け付けた。」という位置付けであることに留意されたい。なお、保険会社に連絡した後に、依頼者との話し合いにより解決した場合にはいつでも取り下げることができる。

①保険の対象となる税理士業務から生じた損害か
②税理士に責任があるか
③免責条項に該当しないか
④事故に係る税金は納付されているか
⑤損害額の軽減方法は手当てされているか
⑥損害額はいくらか

◆【保険事故に関するご相談・受付窓口】

所属税理士会	査定幹事会社
北海道・東北・東京地方・東京・関東信越・千葉	損害保険ジャパン日本興亜株式会社 本店専門保険金サービス部 専門賠償・保証保険金サービス課 ＴＥＬ：03－5913－3858
東海・名古屋・北陸・近畿・中国・四国・九州北部・南九州・沖縄	東京海上日動火災保険株式会社 本店損害サービス部 企業財産・専門賠責損害サービス課 ＴＥＬ：03－3515－7507

(3) 必要資料の提出

上記(2)により郵送された資料を作成して、保険会社に提出する。通常、次の様な資料が必要になる。(①から③は保険会社から郵送される専用用紙を使う。)⑧や⑨を早期に提出すれば、認容損害額の算定がスムースに進むことになる。

①事故報告書

②時系列表

③被保険者のミスが発覚した原因報告書

④当該申告書関係（収受印等のあるもの）のコピー（注）

⑤税務代理権限証書（収受印等のあるもの）のコピー

⑥納付書（損害期の該当科目に係るもので、収納印等のあるもの）のコピー

⑦関与先法人の履歴事項全部証明書のコピー

⑧損害額一覧表（事業年度ごと税目ごとに区分したもの）

⑨回復額計算表（回復額がある場合）

（注）主な税目別申告書関係必要資料

税　目	申告書関係必要資料
法人税	①損害期の法人税申告書一式※1 ②損害期のあるべき申告書※2
消費税	①損害期の消費税申告書一式 ②損害期のあるべき申告書 ③損害期及び損害期直前二期分（基準期間から損害期まで）の法人税又は所得税申告書一式 ④損害期の消費税申告書作成の基礎となった勘定科目別の課非区分表
所得税	①損害期の所得税申告書一式※1 ②損害期のあるべき申告書 ③損害期に係る住民税納税通知書
相続税	①損害に係る相続税申告書一式 ②損害に係るあるべき申告書

※1「法人税申告書一式」とは、法人税申告書、決算書、内訳書及び地方税申告書一式をいう
「所得税申告書一式」とは、所得税申告書及び決算書一式をいう
※2「あるべき申告書」とは税理士に責任がなければ選択できた税制により作成した申告書をいう

税理士職業賠償責任保険の内容の詳細は次章（第７章）を参照されたい。

第7章

税理士職業賠償責任保険の基礎知識

1 保険の内容

❶ 保険契約者

保険契約者は日本税理士会連合会で、税理士は団体契約の被保険者として保険に加入する。

❷ 加入資格

所属する税理士会を通じて日本税理士会連合会の会員となっているすべての税理士及び税理士法人に加入資格がある。

❸ 被保険者

個人事務所の場合は、税理士のほか、税理士の業務を補助した補助税理士が被保険者となる。事務所職員は被保険者ではないが、税理士が使用者責任を負うため、結果として保険の対象となる。税理士法人の場合には、税理士法人に加えて、社員税理士、使用人税理士が被保険者となる（税理士特約条項第２条）。

❹ 保険料

個人事務所の場合には、保険開始日の「事務所総人数」により、税理士法人の場合には、「社員税理士数」及び「事務所人数」により契約タイプごとに決められている。職員のうち、税務、会計業務（帳簿入力等の業務を含む。）に全く携わっていない者は「事務所総人数」及び「事務所人数」に含める必要はない。なお、保険料は全額経費となる。

❺ 保険で填補される範囲

次のような損害賠償金や諸費用に対して保険金が補填される。ただし、いずれも事前に保険会社の同意が必要となる。

⑴法律上被害者に支払うべき損害賠償金

⑵弁護士報酬などの争訟費用

⑶損害賠償を受ける権利の保全または行使のため、または既に発生した事故に係る損害の発生・拡大の防止のために支出した費用など

❻ 支払限度額

損害賠償金については、その額から回復額（詳細は「❹回復額の考え方」参照）及び免責金額（現行30万円）を差し引いた額に対して、支払限度額を限度に保険金が支払われる（縮小填補は平成24年度で廃止されている。）。

保険金支払額＝(損害額－回復額－免責金額30万円)＋争訴費用等

なお、支払限度額・免責金額の適用において、同一の原因・事由に起因して被保険者に対してなされた請求を「1請求」とする。したがって、申告期が複数期にわたっていても、同一の原因・事由であれば1請求となる。

〈具体例〉

①平成X8年から平成Y8年までの10年分の所得税につき、平成X8年に被相続人から相続により取得した貸店舗について、被相続人の取得価額で引き継ぐべきところ、未償却残高で引き継いでしまい、ミスに気づく平成Y8年まで過大納付が発生した事例
→10年分を1請求とする。

②準確定申告において、純損失の繰戻しによる還付請求を行わなかったとして、相続人代表者から還付不能額につき賠償請求を受けた事例
→相続人全員分を1請求とする。

❼ 補償期間延長に関する特則

被保険者において以下の事由が生じた場合においても、保険期間の末日まで保険に加入していた場合には、保険期間終了後10年以内に被保険者等に対して損害賠償請求がなされた時でも、保険により補償される。

⑴登録を抹消した場合
⑵開業税理士が税理士法人の社員税理士へ登録を変更した場合等
⑶税理士法人が解散した場合

2 保険の対象となるもの

❶ 事故日と保険期間の関係

税賠保険における事故日とは原則として、被保険税理士が依頼者から損害賠償請求を受けた日である。但し、被保険税理士が依頼者から損害賠償請求を受けていない場合でも、税理士自らがそのミスに気づいた時には、そのミスに気付いた時を事故日としている。

したがって、例えば、数年前に犯したミスについても、保険期間内に損害賠償請求を受けるか、自らミスに気付いた場合には保険の対象となる。

事故日＝損害賠償請求を受けた日（自らミスに気づいた日）

但し、保険期間開始時に既に損害賠償請求のおそれを知っていた場合や知りえた場合には保険の対象にはならない。

❷ 保険の対象となる税理士業務の範囲

この保険の対象となる税理士業務の範囲は次のとおりである。

⑴税務代理（税理士法第２条第１項第１号） ⑵税務書類の作成（税理士法第２条第１項第２号） ⑶税務相談（税理士法第２条第１項第３号） ⑷上記⑴～⑶の業務に付随して行う財務書類の作成または会計帳簿の記帳の代行（税理士法第２条第２項） ⑸裁判所における補佐人としての陳述（税理士法第２条第２項）

❸ 免責条項

免責条項のうち主なものは以下である（税理士特約条項第５，６条抜粋）。

以下の項目については、保険金支払いの対象とはならない。

⑴過少申告加算税、無申告加算税、不納付加算税、延滞税、利子税または過少申告加算金、不申告加算金もしくは延滞金に相当する損害
⑵次の①から③までに掲げる本税（累積増差額を含む。）等の全部または一部に相当する損害
① 本来納付すべき本税
② 本来還付を受けられなかった税額
③ ①②に連動して賦課または還付される本税
※「本来納付すべき本税」および「本来還付を受けられなかった税額」とは、税制選択その他の事項に関する被保険者の過失がなかったとしても被害者が納付する義務を負う本税または被害者が還付を受ける権利を有しない税額をいう。
⑶被保険者の犯罪行為もしくは不誠実行為またはその行為が法令に反することもしくは他人に損害を与えるべきことを被保険者が認識しながら行った行為に起因する賠償責任
⑷重加算税または重加算金を課されたことに起因する賠償責任
⑸税理士業務報酬の返還にかかる賠償責任
⑹遺産分割もしくは遺贈に関する助言または指導に起因する賠償責任

3 保険会社による事故調査

❶ 事故処理の流れ

事故処理は概ね以下の手順で行われる。

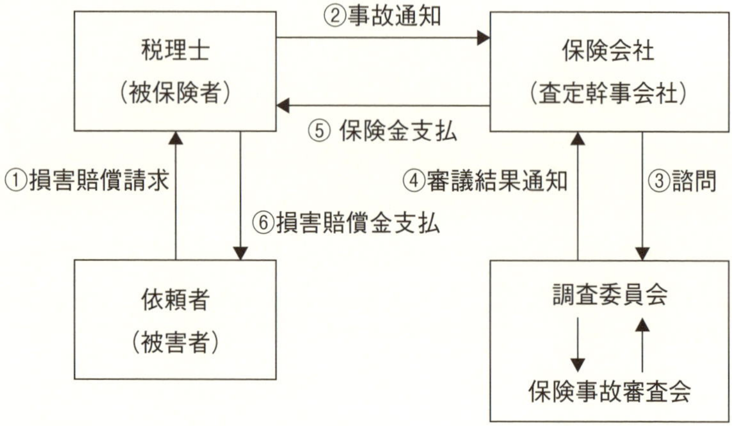

①依頼者から損害賠償請求を受ける

②被保険税理士が保険会社に通知

③保険会社が調査機関に諮問

④調査機関より保険会社に審議結果の通知

⑤保険会社から被保険税理士に保険金支払い

⑥被保険税理士が依頼者に損害賠償金の支払い

❷ 諮問機関

保険事故は、税理士業務の法的な責任及び賠償額を認定しなければならないことから、税法・税制の専門的な知識、及び税理士としての業務内容に関する知識が必要となる。そこで、以下の諮問機関を設け、専門家にその判断を委ねている。

(1) 保険事故調査会

日本税理士会連合会から推薦された税理士、弁護士、保険会社から構成され、事故の有無責及び損害額の妥当性について調査・審議・決定を行う。

(2) 保険事故審査会

保険事故調査委員会で諮問された案件で、以下の項目に該当するような案件については、調査会の上部組織として保険事故審査会という審査機関を設置している。

①賠償金額が1,000万円以上になる高額な案件
②保険事故調査委員会だけでは法律上の賠償責任が明確に判断しきれなかった難事案

保険事故審査会では税制・税法・賠償責任理論に詳しい著名な学者及び有識者、調査会委員である税理士から構成され、事故の有無責及び損害額の妥当性について再度審議・決定することになっている。

なお、調査会は概ね毎月1回、審査会は概ね2か月に1回開催されている。

3 調査項目

保険会社は諮問機関に諮問するために事故内容を調査する。保険会社での調査は概ね以下の項目で行われる。

⑴保険の対象となる税理士業務から生じた損害か
⑵税理士に責任があるか
⑶免責条項に該当しないか
⑷事故に係る税金は納付されているか
⑸損害額の軽減方法は手当てされているか
⑹損害額はいくらか
⑺回復額はいくらか
⑻容損害額はいくらか

損害額は、通常は「当初申告」と「あるべき申告」との差額である。「あるべき申告」とは税理士に責任がなければ選択できた税制による申告をいう。

回復額は、損害である過大納付税額が損金（個人の場合には経費）算入さ

れることによる節税額で、損害額から控除する。詳細については「4回復額の考え方」で詳解する。

認容損害額は、通常次の算式により計算される。但し、依頼者との間で過失相殺等が考慮され、認容損害額以下の金額で示談が成立している場合には示談金額が認容損害額となる。

認容損害額＝損害額－回復額

上記項目を確認後、はじめて調査機関に諮問される。

4 回復額の考え方

1 回復額の考え方

税賠保険は、過大納付や還付不能となった税金を補填するものであるが、消費税や事業税のようにその支払が損金（個人の場合には経費）または還付金が益金（個人の場合には雑収入）になる税金については、原則として過大納付分を損金算入したことによる節税額や、還付不能分が益金算入されないことによる節税額を考慮した後の金額を損害額として認定している。この節税額を回復額と呼んでいる。

2 回復あり（回復額を考慮する）

回復額を税目別に検討すると以下のようになる。

(1) 消費税

消費税は損金（個人の場合には経費）となるので、原則として回復額が発生する。具体的には以下になる。

①過大納付がある場合

過大納付額が損金になるため、法人税等の節税額が回復額となる。

②還付不能額がある場合

イ）設備投資に係る消費税の還付不能額

当初申告が税込処理されていて、あるべき申告が税抜処理の場合には、減価償却を通じて回復するため、①税込償却費と②税抜償却費の差額を現在価値に置き換えた金額（税賠保険はホフマン係数を使用）を回復額とする。

ロ）その他の還付不能額

還付不能額が益金（個人の場合には雑収入）となるため、法人税等の節税額（益金算入しなくて済んだことによる節税額）が回復額となる。

(2) 法人税

法人事業税が損金となるため、法人事業税が連動する場合には原則として回復額が発生する。ただし、税額控除のように法人事業税が連動しない場合には回復額は発生しない。

(3) 所得税

所得税においても、個人事業税が経費となるため、個人事業税が発生する事業所得や不動産所得の場合には原則として回復額が発生する。但し、税額控除のように個人事業税が連動しない場合には回復額は発生しない。

(4) 相続税（贈与税）

相続税（贈与税）は経費にならず、また、事業税とも連動しないため、上記の考え方からすれば回復額は発生しない。しかし、厳密に考えれば、相続税は過大納付によって手持ち財産が減少するので回復額が発生する。また、贈与税に関しても、通常、相続税対策として生前贈与を行うことを考えれば、相続開始時に回復額があると考えるべきである。しかし、相続開始が何年後になるかわからないなど不確定要素が多いので、現実的に回復額を考慮するケースは限定される。

(5) その他の税目

その他事例が多い税目には事業所税、不動産取得税、固定資産税などがある。

事業所税は損金になるため回復額がある。不動産取得税、固定資産税も損金になるため、原則として回復額がある。但し、収益物件でない個人の取得資産に係るものについては回復額は発生しない。

❸ 回復なし（回復額を考慮しない）

上記損害額が発生する税目のなかでも、以下のようなケースにおいては回復額は発生しない。

(1) 租税特別措置法上の税額控除

租税特別措置法上の税額控除制度は、中小企業育成策などの観点から設けられた制度で、一定金額を法人税等から直接控除するものである。事業税には影響がないため、回復額は発生しない。事故の多い税額控除には以下のようなものがある。

試験研究を行った場合の法人税額の特別控除（措法 42 の 4）
エネルギー環境負荷低減推進設備等を取得した場合の法人税額の特別控除（措法 42 の 5）
中小企業者等が機械等を取得した場合の法人税額の特別控除（措法 42 の 6）

(2) 損害期が赤字の場合（過大納付税額が繰越欠損金を構成している場合）

赤字の場合でも、過大納付税額等が繰越欠損金等を構成している場合には、繰越欠損金等が使われた時点で回復額が発生する。したがって、最低実効税率を適用して、回復額を計算する。

(3) 損害期が黒字の場合で繰越欠損金がなくならない場合（過大納付税額が繰越欠損金を構成していない場合）

損害期が黒字であり、過大納付税額を経費から除外しても繰越欠損金がなくならない場合には、回復額を考慮しない。

(4) 損害期に損害額を織り込み済みの場合

税理士が損害期において損害額を計算して決算書に織り込んでいる場合には回復額は考慮しない（税理士特約条項第8条）。

〈具体例〉

消費税の課税事業者選択届出書の提出を失念したため、設備投資に係る消費税額500万円の還付が受けられなかった場合。

この様なケースの場合、申告書作成時点で損害額が確定できることが多い。この場合、決算書に以下の仕訳を計上することにより、損害がなかった状態に戻すことができる。

未収金　500万円 ／ 雑収入　500万円

このように損害期において既に損害額が計上され、本来の決算書と同様の状態になっている場合には回復額は考慮しない。そして、来期以降に損害が補填された時点で未収金を取り崩す。

◆ 税目別回復額のまとめ

<table>
<tr><th>税目</th><th>経費性</th><th>原則</th><th>例外</th></tr>
<tr><td>法 人 税</td><td rowspan="2">なし</td><td rowspan="2">事業税に連動する場合に考慮する</td><td rowspan="6">法人税、所得税において
・事業税に連動しない場合
・損害期が黒字の場合で繰越欠損金がなくならない場合
・損害期に損害額を織り込み済みの場合
→考慮しない</td></tr>
<tr><td>所 得 税</td></tr>
<tr><td>消 費 税</td><td rowspan="4">あり</td><td rowspan="4">考慮</td></tr>
<tr><td>事業所税</td></tr>
<tr><td>不動産取得税</td></tr>
<tr><td>固定資産税</td></tr>
<tr><td>相続税・贈与税</td><td>なし</td><td>考慮しない</td><td>具体的に計算できる場合に考慮する</td></tr>
</table>

④ 全部回復

税理士に責任があり、損害額が発生する場合でも、以下のような項目に関しては、その損害額が全部回復し、実質的な損害額がないため、税賠保険の対象にならない。

(1) 圧縮記帳の適用失念

圧縮記帳は、本来は課税所得となる特定の利益について、一定の要件の下にその課税を繰り延べるものである。圧縮記帳をすると、通常以下の仕訳が計上されるため、譲渡益だけが計上された場合と比較して、所得は減少し、税額が減少する。したがって、圧縮事業年度において、圧縮記帳の適用を失念すると、一時的には大きな損害が発生する。

固定資産圧縮損×× ／ 固定資産××

しかし固定資産の取得価額が小さくなるため、取得資産が減価償却資産の場合には、減価償却により、土地などの非減価償却資産の場合には、売却により損害額が回復する。したがって、圧縮記帳の適用失念は損害額が全部回復することから、原則として保険金支払いの対象にはならない。

(2) 特別償却の適用失念

特別償却は、その資産の取得を奨励するため、事業供用年度に限り、普通償却限度額に加えて、取得価額の一定割合の額を減価償却費として計上することが認められる。特別償却を適用すると、通常以下の仕訳が計上されるため、普通償却限度額だけが計上された場合と比較して、所得は減少し、税額が減少する。したがって、その資産の事業供用年度において、特別償却の適用を失念すると、一時的には大きな損害が発生する。

減価償却費×× ／ 固定資産××

しかし特別償却は、減価償却費の先取りにすぎず、耐用年数期間全体でみれば計上できる減価償却費は変わらないことから、耐用年数後半において減価償却費が減少し、所得は増加し、税額が増加するため、損害額が回復することになる。したがって、特別償却の適用失念は損害額が全部回復することから、原則として保険金支払いの対象にはならない。

なお、特別償却と選択適用となっている税額控除は、取得価額の一定割合を法人税額等から控除するものであり、取得資産の計上額は変わらないことから、上記のような回復額はない。

(3) 期ずれ

税務調査において非違事項を指摘され、修正申告等となった場合において、別表五で留保された金額については原則として保険金支払いの対象にはならない。

例えば、得意先に対する売掛金の貸倒損失を計上したが、税法要件が満たされておらず、税務調査で否認され、修正申告書を提出した場合には、貸倒損失が別表四で加算され、売掛金が別表五で留保される。このようなケースにおいて、仮に税理士に責任があり、免責条項に該当しない場合で、これにより損害額が発生していたとしても、別表五で留保された金額は、いわゆる期ずれ（計上時期尚早）であり、税法要件が具備された場合には、減算され、全部回復することから、原則として保険金支払いの対象にはならない。

(4)「欠損金の繰戻しによる還付請求書」の提出失念

欠損金の繰戻しとは、当期に欠損金が生じた場合、当期前1年以内に開始した事業年度の所得金額を通算して法人税額を求めた結果、前期に納めすぎとなった税金がある場合に、これを還付してもらう制度であり、適用を受けるためには欠損事業年度の申告期限までに「欠損金の繰戻しによる還付請求書」を提出しなければならない。この請求書の提出を失念した場合には、適用が受けられず、還付が受けられなくなった法人税額につき損害が発生する。

しかし、還付が受けられなかった当期に発生した欠損金が、欠損金の繰越控除の対象となるときは、繰戻還付と同様の税効果が期待できるため、原則として保険金支払いの対象にはならない。

5 その他特別なケースにおける保険対応

❶ 相続時精算課税選択届出書の提出失念の場合

贈与税の申告には暦年課税制度と相続時精算課税制度の2つがある。相続時精算課税制度は選択制であるため、最初に選択した年の申告期限までに、「相続時精算課税選択届出書」を提出しないと、認められない。この届出書の提出失念により、相続時精算課税制度が選択できず、暦年課税制度での申告となり、暦年課税制度で支払った贈与税額につき損害賠償請求される事故が多い。

しかし、相続時精算課税制度は文字通り、相続開始時に精算する制度であるため、相続時精算課税制度を使って生前贈与を受けた財産は特定贈与者の相続開始時に相続財産に全て持ち戻されて相続税が計算されることから、暦年課税制度による贈与税額が損害額となるためには、相続開始時に相続税が課税されないことが前提となる。また、贈与を受けることが一義的な目的であると考えれば、目的は達成されているため、税金の多寡は二義的な問題であるとも考えられる。

そこで税賠保険においては、原則として当事者間で贈与を取消してもらい、それでも還ってこない税金を損害額としている。この場合、不動産登記を錯誤で戻す費用は税賠保険で補填される。

❷ 調査等で修正に応じた場合

調査によって非違事項の指摘があり、修正に応じた場合には、その時点で修正申告に係る追徴税額は「本来納付すべき本税」となり、原則として税賠保険の対象にはならない。また、修正に応じず職権で更正された場合においても、これを納付した場合には同様である。

❸ 依頼者との間で訴訟となった場合

依頼者との間で損害賠償の請求について訴訟となった場合には、原則として判決があるまで損害額は確定しない。また和解に至った場合においても、税理士側に責任がないと判断される事案については、保険金支払いの対象とならないこともあり得る。

❹ 2年間の継続適用要件がある場合

消費税において2年間の継続適用要件がある次の制度の選択に係る事故については、原則として2年後の確定申告を待たなければ損害額が確定しない。したがって保険金の支払いまで時間を要することになる。

- 消費税課税事業者選択届出書
- 消費税簡易課税制度選択届出書
- 消費税の原則課税における一括比例配分方式

〈具体例〉

免税事業者が設備投資を行い、「消費税課税事業者選択届出書」を提出して課税事業者となり、設備投資に係る消費税の還付を受けようとする場合、2年間の継続適用要件により、翌期も課税事業者として拘束される。このようなケースにおいて「消費税課税事業者選択届出書」の提出を失念した場合には、損害期の通常の回復額の他に、翌期に課税事業者として拘束された場合に納付したであろう消費税額も回復額になる。したがって、損害額の確定は翌期の申告額確定以降になる。

6 損害賠償金に対する課税

支払われた保険金は、税理士を通じて依頼者に支払われる。これを受け取った依頼者は益金（個人の場合には雑収入）に計上するため、これにより法人税等の負担が増加することになる。これを上記4と同様に考えれば、いわば逆回復額として認容損害額に加算すべきとも考えられる。しかし、税賠保険では保険金は税理士に支払うもので、その後の処理は考慮しないとの立場をとっている。

したがって、損害賠償金に対する課税は考慮せずに損害額の認定を行っている（税理士特約条項第1条第2項）。

7 任意加入の担保特約

❶ 事前税務相談業務担保特約

主契約の「税務相談」には該当しないが、「顧客の求めに応じて、将来的な課税要件事実の発生を前提とする個別の税額計算等に関する事項の相談を行う業務（＝事前相談業務）」により、損害賠償請求を受けた場合に保険金が支払われる。

〈具体例〉

①子会社との合併を検討していた依頼者に繰越欠損金の引継可能な合併日を誤指導し、欠損金が引継げなかったため過大納付が生じた事例

②設立事業年度を11ヶ月としたため、「特定期間における課税売上高による納税義務の免除の特例」により2期目から消費税の課税事業者となってしまった事例（消費税：事例22）

③設立初年度は基準期間もなく、特定期間もないため、資本金に関係なく納

税義務が免除されるものと誤認し、資本金1千万円で法人設立を指導した事例

④翌年夏に引渡しを受けるマンションにつき「直系尊属から住宅取得資金の贈与を受けた場合の贈与税の非課税」を誤適用したため、贈与税が発生してしまった事例

(税理士職業賠償責任保険事故事例 2015 年度版/㈱日税連保険サービスより)

❷ 情報漏えい担保特約

情報漏えいとは、①ネットワーク上で生じた事象②紙または磁気ディスク等の盗難または紛失③被保険者の使用人による持ち出し等の事由によって個人情報、法人情報が、本人・被害法人以外の第三者に知られたことにより生じた損害に対して保険金が支払われる。

第8章

未然防止策

I 全科目共通の防止策

1 事前に十分な説明を行い有利選択を依頼者を含めて行う

事故事例を分析すると、十分な説明をせずに税理士の思い込みにより選択が行われ、後にトラブルになっているケースが多い。

税制選択の余地がある次の制度については、事前にいずれが有利になるかの検討を依頼者を含めて必ず行う。その際、税理士は、起こり得るメリット、デメリットをもれなく説明し、納税者が正しい判断が行えるようにしなければならない。

課税事業者か免税事業者か（消費税）
原則課税か簡易課税か（消費税）
個別対応方式か一括比例配分方式か（消費税）
上場株式の配当等について申告分離課税で申告をするかしないか（所得税）
暦年課税か相続時精算課税か（贈与税）

2 意思決定の証拠を書面に残す

有利選択の結果、最終的にどちらを選択するかの意思決定は依頼者に求め、その判断を「意思決定通知書」などを作成して依頼者に提出してもらう等、選択の事実を証拠として書面に残すことが重要である。

※「意思決定通知書」のひな形は巻末の参考資料を参照されたい。

3 税制改正は必ず確認する

事故の多くは改正の内容を正しく理解していなかったことにより起きている。改正は毎年必ずあることから、年末に公表される税制改正大綱や、それに関連する定期刊行物の記事等から、主な税制改正項目については把握しておくべきである。その際、関与先ごとに改正による影響がないかどうかを確認したい。

4 主な税制改正事項については事前に説明を行う

主な税制改正項目は事前に説明を行う。特に納税者にとって有利な新設税制で、事前に届出書等の提出が要件となっているものに関しては、一通り説明を行った上で依頼者が適切な判断を行えるようにすべきである。

5 文章等による証拠を残す

十分な説明を行った場合でも、依頼者から説明を受けていないとして、損害賠償請求される場合もある。そこで、将来紛争になった場合に、必要な説明を行ったことを証明できるように、メール、FAX等文章による証拠を残しておくことが重要である。

6 国税庁チェックシートの活用

資産税の特例は特に適用要件が複雑であることから、国税庁のホームページに以下のような様々なチェックシートが設けられている。これらのチェックシートを記入することにより、事前に適用の有無や、提出書類の確認などができるため、可能な限り依頼者に記入してもらい、適用の有無や、特例の説明に活用したい。

贈与税の配偶者控除の特例のチェックシート
相続時精算課税を選択する場合のチェックシート
住宅取得等資金の非課税のチェックシート
固定資産（土地や建物など）を交換した場合の特例チェックシート
収用等により土地などが買い取られた場合の5,000万円特別控除の特例

チェックシート
居住用の家屋や敷地（居住用財産）を売却した場合の特例チェックシート
特定居住用財産の譲渡損失の損益通算及び繰越控除の特例チェックシート
株式等に係る譲渡所得等申告のチェックシート

7 チェックリストの活用

申告時のミスは、期中処理と違い、ある程度は申告書自体をチェックすることで防げる。まずは申告書作成者に、申告書と一緒にチェックリストを提出させ、セルフチェックを行うことにより、よくあるミスは防げるはずである。株式会社日税連保険サービスが毎年以下の「自己診断チェックリスト」をホームページ上で公表しているので参考にされたい。

法人税申告チェックリスト
消費税申告チェックリスト（法人編）
消費税選択チェックリスト
相続税申告チェックリスト
譲渡所得税（土地等・建物の譲渡）申告チェックリスト

8 チェック体制の構築

組織再編や、海外がらみ等の複雑な案件は、届出書の提出失念が多額の損害賠償請求につながることから、チームを組む等複数人で担当し、担当者だけでなく、所長または有資格者によるダブルチェック等、所内でのチェック体制を構築することが必要である。

9 情報収集を心がける

法律や通達にはないが、裁決事例にほとんど同様の事例の結論とも言える情報が掲載されていることも少なくない。判断に迷うような依頼を受けた場合には、法律や通達だけでなく、国税庁から発せられる情報や、国税不服審判所の裁決事例、さらには判決事例などにも関心を持ち、常にアンテナを張り、情報収集を心がけたい。

また、顧問契約等によらない単発の依頼については、所轄税務署に事前に確認をすることも有効である。

10 シミュレーションは慎重に

当初のシミュレーションが依頼者の意思決定につながるような場合には、シミュレーションの数字が判断のポイントとなるため、慎重に作成する必要がある。特に税理士サイドから提案するような場合には、単独では行わず、複数人でチームを組んで対応するのが望ましい。

11 特例適用の可否は慎重に判断する

納税者にとって有利な特例には様々な適用要件や適用除外がある。税務相談に応ずるときは、口頭ではなく、相談内容を文章等書面に起こしてもらい、適用要件を満たしているか、適用除外に該当していないかを、条文等を見ながら依頼者とひとつひとつ確認していく等慎重に行いたい。そして与えられた前提条件とその検討内容、相談結果等を書面で残すことも重要である。

12 思い込みに注意する

税理士の勝手な思い込みから、適用関係を十分に確認せず、結果として事故になっているものが散見される。本事例の中でも以下のようなものがこれに該当する。勝手な思い込みはせずに、例外があることを念頭に、常に条文等に当たるように心がけたい。

「収用等の特別控除」は対価補償金以外は対象にならない。（事例　法人税 15）
課税事業者の選択は事前でなければならない。（事例　消費税 5）
土地・建物等の譲渡所得と他の所得との損益通算は認められない。（事例　所得税 8）
無道路地とは道路に接していない土地である。（事例　相続税 3）

13 契約書を作成する

顧問契約書等を交さずに長年にわたって関与している税理士も少なくない。税目に限らず、複数年にわたって業務を請け負う場合には契約書を交し、受任業務の内容、具体的な成果物、それに対する報酬、責任の範囲などを明確化しておくべきである。

14 コミュニケーションをとる

その重要性を認識できなかった依頼者がすぐに税理士に報告しなかったことにより起きた事故は多い。税理士は常日頃から、依頼者とのコミュニケーションをとり、資産の状況等に変化がある場合には、税理士にその情報が伝わるような仕組みを作っておくことが必要である。

15 税務調査には税理士が立ち会う

税務調査は事前の通知を原則とすることから、日程調整するなどして、税理士が必ず立ち会うようにしたい。特に事実認定によるところが大きいような非違事項については、税理士が立ち会っていれば、反論の余地もあろうことから、税務調査には税理士が必ず立ち会うべきである。

16 担当者の変更

税賠事故には、長年にわたって同じミスをしていて、これに気づかず、気づいた時には損害額も多額になっていたというケースが多い。このようなケースの場合には、定期的に担当者を変更することによって、新しい担当者が先入観なく一から確認ができる機会を作ることも必要である。

17 自己研鑽

税理士は、自らの知識習得のみならず、所内の職員等にも税務の知識を習得させることを心掛けたい。職員のミスは、所長税理士のミスと同視されるからである。職員の知識のレベルアップのため、研修や教育の体制を整えることは、税理士の自衛策の一つである。

18 税賠保険への加入

どんなに気をつけて業務を行っていてもミスは起こるものである。したがって、不測の事態に備え、税賠保険に加入しておきたい。なお、損害額が大きくなるような案件を受託した場合には、より大きな賠償請求に備え、保障額の大きなタイプの税賠保険への加入見直しや、特約への加入も必要である。

Ⅱ 税目別の防止策

1 法人税

❶ 関与開始時に設立時の届出書類を確認する（事例：法人税 1, 2）

新設法人のみならず、新規に法人に関与する場合には、次のような提出書類は、必ず控えのコピー（収受印等のあるもの）を入手して、「各種届出書類等」としてパーマネントファイル（永久保存ファイル）に保管しておくべきである。

なお、このうち事故事例として多いのは「青色申告の承認申請書」の提出失念である。

◆ 法人税関係の主な届出書又は申請書設（設立時）

届出書又は申請書	提出期限
法人設立届出書	法人設立の日（設立登記の日）以後 2ヶ月以内
青色申告の承認申請書	青色申告によって申告書を提出しようとする事業年度開始の日の前日まで。ただし、設立の日の属する事業年度の場合は、設立の日以後 3ヶ月を経過した日と当該事業年度終了の日とのうちいずれか早い日の前日まで。
棚卸資産の評価方法の届出書	確定申告書の提出期限まで
有価証券の一単位当たりの帳簿価額の算出方法の届出書	
減価償却資産の償却方法の届出書	
申告期限の延長の特例の申請書	事業年度終了の日まで
給与支払事務所等の開設届出書	開設があった日から 1ヶ月以内
源泉所得税の納期の特例の承認に関する申請書	特になし（原則として、提出した日の翌月に支払う給与等から適用。）。
事業開始等届出書（地方税）	遅滞なく

❷ 依頼を受けたらすぐに提出する（事例：法人税 8, 13, 19）

法人税において提出失念が多い書類には次の様なものがある。依頼者から適用を受けたい旨の申し出があった場合には、期限まで余裕がある場合でも、提出が可能なものに関しては間を空けずにすぐに提出することを心がけたい。

届出書又は申請書	提出期限
事前確定届出給与に関する届出書	事業年度開始の日の属する会計期間開始の日から4ヶ月を経過する日まで
欠損金の繰戻しによる還付請求書	欠損事業年度の確定申告書の提出期限まで
先行取得資産に係る買換えの特例の適用に関する届出書	先行取得資産の取得をした日を含む事業年度終了の日の翌日から2ヶ月以内

❸ 事前に当事者である公共事業者等に確認する（事例：法人税14, 15）

「収用等の特別控除」は計上時期だけでなく、補償金の名称も様々で、名称が類似していてもその内容で適用の有無が変わるなど判断に迷うことも多い。このような場合には当事者である公共事業者や所轄税務署に事前に照会するなどして、適用間違いのないよう、細心の注意を払いたい。

❹ 情報収集を心がける（事例：法人税3）

今回の事例は、外形標準課税の資本割の軽減措置である「持株会社特例」における特定子会社株式の帳簿価額（分子）が法人税法上の簿価であることを知らなかったために起こった事故であったが、同様の争点（分子の特定子会社株式の帳簿価額とは会計上か法人税法上か）で裁判が行われており、裁判所は、「会計上の簿価を用いる旨が地方税法の条文で明記されていないことなどから、特定子会社株式の簿価については法人税法上の簿価を用いるべき」と判断している（東京地裁平成26年2月28日判決）。税理士は、税制改正はもちろん、国税庁から発せられる通達や情報、国税不服審判所の採決事例、さらには判決事例などにも関心を持ち、常にアンテナを張り、情報収集に心がけたい。

❺ 資本金の増減には注意する（事例：法人税18）

法人税の場合、中小企業者だけに適用を認める特別償却や特別控除があるため、増資や減資があった場合には特例の適用の有無をその都度確認する必要がある。中小企業者の判定には、対象法人だけでなく、その親法人の資本金が関係してくるケースもあるので注意が必要である。グループ会社内では別の税理士が関与しているケースもあることから、少なくとも申告時には親法人の資本金を確認するようにしたい。なお、中小企業者等で資本金3,000万円超の法人には特別控除の適用はない（特別償却のみ適用可能である）ので併せて注意したい

2 消費税

❶ 関与開始時に届出書類を確認する（事例：消費税1, 3, 6, 19）

消費税については、次のような届出書が提出されているかどうかを必ず確認し、控えのコピー（収受印等のあるもの）を入手して、「各種届出書類等」としてパーマネントファイル（永久保存ファイル）に保管しておくこと。

◆消費税関係の主な届出書

届 出 書	届出の期限
消費税課税事業者届出書	事由が生じた場合、速やかに
消費税の納税義務者でなくなった旨の届出書	
消費税課税事業者選択届出書	適用を受けようとする課税期間の初日の前日まで（適用を受けようとする課税期間が事業を開始した日の属する課税期間等である場合には、その課税期間中）
消費税課税事業者選択不適用届出書	
消費税簡易課税制度選択届出書	
消費税簡易課税制度選択不適用届出書	
消費税課税期間特例選択届出書	
消費税課税期間特例選択不適用届出書	
外国公館等に対する消費税免除指定店舗申請書	–

❷ 設立初年度は慎重に（事例：消費税3, 6, 16, 17, 21, 25）

設立初年度から消費税の納税義務者となる場合には、設立初年度の実績しかないため、原則、簡易の判定はもとより、原則課税の場合においても、個

別対応方式、一括比例配分方式のいずれが有利になるかの検討は依頼者を含めて必ず行う。その際、2年間の継続適用要件のある簡易課税や原則課税における一括比例配分方式については、2年間のトータルで有利、不利の判断をする必要がある。

❸ 非課税売上が発生する業種には注意する（事例：消費税 8, 16, 17, 18, 26, 27）

不動産業や不動産賃貸業、医療法人などの非課税売上げがあり、課税売上割合が恒常的に低い業種については、非課税売上対応課税仕入が多額に発生する事業年度には、一括比例配分方式が有利になる可能性があることを念頭に、事前にシミュレーションを行い、有利判定を行うように心がけたい。

❹ 設立2期目の納税義務に注意する（事例：消費税 20, 21, 22, 23, 24）

以前は資本金1,000万円未満で法人を設立すれば、基準期間のない設立当初2年間は必ず免税事業者であった。しかし平成25年以降は、設立当初より半年で課税売上高及び給与等支払額の合計額が1千万円を超える事が明らかな場合には、特例の適用により設立2期目から消費税の納税義務が発生することを念頭に、法人設立のアドバイスや、原則、簡易の有利選択等を行わなければならない。

❺ 選択不適用届出書提出の検討（事例：消費税 12, 13, 14, 19）

当初、有利選択で提出した消費税の届出書は、その目的が達成された場合には不適用届出書を提出して、当初の状態に戻しておく。そして、改めて毎期末に翌期の消費税の検討を行えば、過去に提出した届出書の効力による事故を防ぐことができる。

❻ 時系列で管理（事例：消費税 11）

特定目的会社の消費税選択は設立時、対象不動産購入時、配当時によって有利選択が異なり、それぞれに期限があることから、複数の特定目的会社に関与している場合には、会社ごとに時系列で管理する。

❼ 決定のプロセスや責任の所在を明らかにし書面に残す（事例：消費税22）

法人設立の際の資本金額や決算期等は依頼者法人が決めるべき事項である。したがって税理士のアドバイスによってこれらの事項が決定された場合であっても、税賠保険の対象となる税理士業務とはみられないこともあることを念頭に、決定のプロセスや責任の所在を書面に残し、明らかにしておくことが重要である。

3 所得税

❶ 関与開始時に設立時の届出書類を確認する（事例：所得税1, 2）

新設開業のみならず、新規に個人に関与する場合には、次のような提出書類は、必ず控えのコピー（収受印等のあるもの）を入手して、「各種届出書類等」としてパーマネントファイル（永久保存ファイル）に保管しておくべきである。

なお、このうち事故事例として多いのは「青色申告承認申請書」「青色事業専従者給与に関する届出・変更届出書」の提出失念である。

◆ 所得税関係の主な届出書又は申請書

届出書又は申請書	提出期限
個人事業の開業・廃業等届出書	事業の開始等の事実があった日から1ヶ月以内
青色申告承認申請書	青色申告書による申告をしようとする年の3月15日まで（その年の1月16日以後、新たに事業を開始等した場合には、その事業開始等の日から2ヶ月以内。）
棚卸資産の評価方法・減価償却資産の償却方法の届出書	確定申告期限まで
有価証券の評価方法の届出書	
給与支払事務所等の開設届出書	開設があった日から1ヶ月以内
源泉所得税の納期の特例の承認に関する申請書	特になし（原則として、提出した日の翌月に支払う給与等から適用。）。
青色事業専従者給与に関する届出・変更届出書	必要経費に算入しようとする年の3月15日まで（その年の1月16日以後に開業等の場合には、その開業等の日から2ヶ月以内）

❷ 毎年新しい「目」で確認する（事例：所得税 6, 10, 11, 12, 14）

所得税の確定申告で特に不動産所得の場合には、確定申告だけを依頼される、いわゆる年一の関与先も多い。また、売上、経費が毎年同じであることが多いため、本事例のように長年にわたってミスに気づかず、気づいた時には更正の請求の期限を徒過してしまっていて、金額も多額になっていたというケースが多い。

このようなケースの場合、一人の確認ではなかなかミスに気づかないため、担当者の変更や、所内でのダブルチェック等、毎年新しい「目」での確認ができる体制の構築が必要である。

❸ 証券会社に確認する（事例：所得税 19）

投資信託、特に証券投資信託は名称だけでは判断できないものが多い。そこで、総合課税で申告する場合には、特定口座を開設している証券会社等に確認をし、配当控除が適用できるか、さらに、適用できる場合の配当控除率は何％であるのかを事前に確認すべきである。

4 相続税

❶ 届出書の提出失念に注意する（事例：相続税 1, 9, 15）

相続税において届出書の提出失念が事故となるものには次の様なものがある。依頼者から適用を受けたい旨の申し出があった場合には、期限まで余裕がある場合でも、提出が可能なものに関しては間を空けずにすぐに提出することを心がけたい。

◆ 相続税関係の主な届出書又は申請書

届出書又は申請書	提出期限
申告期限後３年以内の分割見込書	相続税の申告期限まで
遺産が未分割であることについてやむを得ない事由がある旨の承認申請書	申告期限後３年を経過する日の翌日から2ヶ月を経過する日まで
相続税（贈与税）の納税猶予の特例における経済産業大臣への認定申請書	相続開始後8ヶ月以内
贈与税の納税猶予の継続届出書（農地等）	贈与税又は相続税の申告期限の翌日から起算して毎３年を経過するごとの日まで
相続税の納税猶予の継続届出書（農地等）	
非上場株式等についての贈与税・相続税の納税猶予の継続届出書	贈与税又は相続税の申告期限後５年間は毎年、５年経過後は３年ごと
相続時精算課税選択届出書	贈与税の申告期限まで

❷ 債権放棄をする場合の課税関係に注意する（事例：相続税 17）

債権放棄によって相続税の軽減を図る場合には、相続税のみならず、受贈益に対する法人税課税のほか、他の株主に対する贈与税や所得税の課税関係についてもあらかじめ確認し、依頼者に説明しておく必要がある。そして、説明した事実を証拠として書面に残すことが重要である。

❸ 依頼者又は弁護士から定期的に連絡をもらう（事例：相続税 1, 2）

毎年申告がある所得税や法人税に比べると，相続税の申告業務は，納税者たる相続人との関係が希薄であることが多い。したがって，遺産分割が調停に持ち込まれた場合には、分割されるまで定期的に分割協議や調停等の進捗状況を確認する方法や、相続人から報告を受ける方法を決めておく必要がある。これにより、上記申請書や更正請求書の提出失念を防止することができる。

❹ 契約書等を取り交わす（事例：相続税 1, 2, 15）

相続税の申告のような、継続的な関与が行われない単独の業務を受任する場合には、口頭での約束だけで、契約書等の書面による契約を取り交わさないケースも散見される。しかし、当初申告だけで完結せず、その後3年以上もの長期にわたるような場合には、必ず契約書等を取り交わし、受任範囲を明確にしておく必要がある。その際、上記の報告を、依頼者が税理士に対してすべきこと、及びその報告方法も明記しておくべきであろう。さらに、依頼者から報告がなかった場合や報告が誤っていた場合の責任についても明記しておけば、その後の賠償請求を回避できる可能性もある。

⑤ 現地調査の実施（事例：相続税3, 6, 7）

土地等の財産評価にあたっては、必ず現地調査を行い、現況を確認することが大切である。現場確認によって、書面による資料だけで把握することが困難な評価上の減額要因が明らかになることが少なくないからである。また、財産評価基本通達では、建築基準法、都市計画法、文化財保護法、土壌汚染対策法等の規定に対応し、さまざまな評価減の規定が設けられていることから、これらの確認をとるため、所在地の市区町村の都市計画課、道路課、建築指導課等で該当の有無を確認することも必要である。

5 その他の税目

① 根拠となる資料を提出してもらい、変更があったら連絡をもらう（事例：その他の税目3）

事業所税の申告は依頼者が作成して税理士が確認し、署名押印するケースがほとんどであろう。なぜなら、事業所床面積まで税理士が把握することは困難だからである。しかし、署名押印をするのであれば、課税標準が適正であるか、税額が正しく計算されているかどうか等を確認する義務がある。提出初年度に、根拠となる図面等の提出を受け、変更がある都度、報告を受ける様な仕組みを作る必要がある。

② 地方税の課税標準には注意する（事例：その他の税目3）

地方税の場合、課税団体側で課税標準が異なる場合がある。本事例も、目的税たる事業所税の趣旨からすれば、月極駐車場は貸し手側の床面積に算入するのが通常であろう。実際に貸し手側の床面積に算入して事業所税を計算している課税団体は少なくない。

したがって、地方税の申告の際には、このような場合を想定し、課税団体の発行する「申告の手引き」に目を通し、場合によっては、市税条例、市条例施行規則等を確認する必要がある。

課税事業者の選択について

平成　　年　　月　　日

＿＿＿＿＿＿＿＿御中

○○○○税理士事務所

貴社は免税事業者ですが、下記のような場合には、あえて消費税の課税事業者を選択しほうが有利なことがあります。

記

1．来期多額の設備投資をする計画がある場合
2．業種、業態の変更があり、そのため多額の支出が予想される場合
3．例年より多額の仕入れ、多額の経費の支出が見込まれる場合
4．大規模修繕の計画がある場合　等

以上

上記のような予定がある場合には当事務所担当者にご相談下さい。

意　思　決　定　通　知　書

平成　　年　　月　　日

○○○○税理士事務所
税理士＿＿＿＿＿＿＿殿

当社が来期（自平成　　年　　月　　日　至平成　　年　　月　　日）は消費税の免税事業者であること、課税事業者の選択ができることの説明を○○○○税理士事務所より受けました。

その上で、消費税の課税事業者を……　　選択しません。　　選択します。
（いずれかを○で囲んで下さい。）

住　所＿＿＿＿＿＿＿＿＿＿＿＿＿＿＿＿

社　名＿＿＿＿＿＿＿＿＿＿＿＿＿＿＿＿

平成　　年　　月　　日

消費税課税方式の選択について

＿＿＿＿＿＿＿＿御中

○○○○税理士事務所

貴社は消費税の課税事業者に該当いたしますが、原則課税方式で申告するか簡易課税方式で申告するかの判断が必要になります。

〈判断材料〉

1．簡易課税制度によるみなし仕入率と、実際の仕入率とによる判断（前期決算を基にした場合）

（1）簡易課税制度によるみなし仕入率

第一種事業割合	％	みなし仕入率９０％
第二種事業割合	％	みなし仕入率８０％
第三種事業割合	％	みなし仕入率７０％
第四種事業割合	％	みなし仕入率６０％
第五種事業割合	％	みなし仕入率５０％
第六種事業割合	％	みなし仕入率４０％
適用されるみなし仕入率	％	

（2）実際の仕入率

課税仕入高　　　　　　　　円／課税売上高　　　　　　　　円＝実際の仕入率　　　％

（3）（1）と（2）を比較しますと

原則課税方式　／　簡易課税方式　　のほうが有利です。

2．多額の設備投資、もしくは多額の仕入れ等通常より課税仕入れが増加すると見込まれる場合は原則課税方式が有利となることがあります。

3．業種・業態の変更が予想される場合には、課税仕入率が変わってきます。

4．簡易課税方式を選択した場合には、２年間は変更できませんので、２年のうちに多額の設備投資が予想される場合には、簡易課税を選択しないほうが良い場合があります。

意　思　決　定　通　知　書

平成　　年　　月　　日

○○○○税理士事務所

税理士　○○○○　殿

消費税の課税方式について当社では、　原則課税方式　・　簡易課税方式　を選択します。

（いずれかを○で囲んで下さい。）

住　所＿＿＿＿＿＿＿＿＿＿＿＿＿＿＿＿

社　名＿＿＿＿＿＿＿＿＿＿＿＿＿＿＿＿

平成　　年　　月　　日

消費税の仕入税額控除方式の選択について

＿＿＿＿＿＿＿＿御中

○○○○税理士事務所

貴社は仕入税額控除方式につき、全額控除ができないため、個別対応方式か一括比例配分方式を選択する必要があります。

〈判断材料〉

1．前期決算を基にした場合

（1）個別対応方式

（2）一括比例配分方式

（3）（1）と（2）を比較しますと

個別対応方式　／　一括比例配分方式　　のほうが有利です。

2．個別対応方式は課税仕入を３つ（①課税資産の譲渡等にのみ要するもの、②その他の資産の譲渡等にのみ要するもの及び③これらに共通して要するもの）に区分する必要がありますが、一括比例配分方式は区分しなくてよいため、事務負担が軽くてすみます。

3．一括比例配分方式は２年間継続適用した後でなければ個別対応方式には戻れません。

4．一括比例配分方式は課税売上割合に準ずる割合の適用ができません。

意　思　決　定　通　知　書

平成　　年　　月　　日

○○○○税理士事務所

税理士　○○○○ 殿

消費税の仕入税額控除方式について当社では、　個別対応方式　・　一括比例配分方式　を選択します。

（いずれかを○で囲んで下さい。）

住　所＿＿＿＿＿＿＿＿＿＿＿＿＿＿＿＿＿＿

社　名＿＿＿＿＿＿＿＿＿＿＿＿＿＿＿＿＿＿

上場株式等の配当等の申告について

平成　　年　　月　　日

＿＿＿＿＿＿＿＿様

○○○○税理士事務所

上場株式等の配当等は確定申告不要ですが、上場株式等の譲渡損失や繰越損失がある場合には、申告分離課税で申告した方が、損益通算が可能になり、税額上有利になります。しかし、一方で下記のようなデメリットも考えられます。

記

1．合計所得金額が38万円を超えると配偶者控除や扶養控除の対象から外れる。
2．合計所得金額が増えると介護保険料の負担が増える。
3．総所得金額等が増えると国民健康保険（後期高齢者医療保険）料の負担が増える。
※合計所得金額は譲渡損通算後、繰越損失通算前の金額で計算され、総所得金額等は譲渡損通算後、繰越損失通算後の金額で計算されます。

等

意　思　決　定　通　知　書

平成　　年　　月　　日

○○○○税理士事務所
税理士○○○○　殿

上場株式等の配当等につき、申告分離課税で申告した方が、税額上有利であるが、一方で上記のデメリットがあることを○○○○税理士事務所より説明を受けました。

そのうえで、上場株式等の配当等につき申告分離課税での申告を選択

します。　しません。（いずれかを○で囲んで下さい。）

住　所＿＿＿＿＿＿＿＿＿＿＿＿＿＿＿＿

氏　名＿＿＿＿＿＿＿＿＿＿＿＿＿＿＿＿

贈与税の課税制度の選択について

平成　　年　　月　　日

＿＿＿＿＿＿＿＿＿＿御中

○○○○税理士事務所

贈与税の課税制度には暦年課税制度と相続時精算課税制度があり、相続時精算課税制度を選択すると、2,500万円までは贈与税の負担なしに贈与が受けられますが、下記のようなデメリットも考えられます。

記

1．選択した贈与者からの贈与には今後、暦年課税制度は選択できない。
2．相続時精算課税制度を使って贈与を受けた財産は相続財産から切り離せない。
3．相法49条（相続時精算課税等に係る贈与税の申告内容の開示等）の開示対象になる。

等

意　思　決　定　通　知　書

平成　　年　　月　　日

○○○○税理士事務所
税理士○○○○　殿

　　　　　様から平成　　年　　月　　日に贈与を受けた財産につき、贈与税の申告方法に暦年課税制度と相続時精算課税制度があり、別紙のメリット、デメリットについて○○○○税理士事務所より説明を受けました。

そのうえで、贈与税の申告方法につき　暦年課税制度・相続時精算課税制度　を選択します。（いずれかを○で囲んで下さい。）

住　所＿＿＿＿＿＿＿＿＿＿＿＿＿＿＿＿＿＿＿＿

氏　名＿＿＿＿＿＿＿＿＿＿＿＿＿＿＿＿＿＿＿＿

■著者紹介

齋藤 和助（さいとう わすけ）

税理士（齋藤和助税理士事務所）

東京都出身　法政大学卒

平成 12 年　税理士試験合格

平成 13 年　税理士登録

平成 15 年　東京都千代田区にて税理士として独立開業

TAC 税法実務講座相続税法講師

長年にわたり税賠保険事故の調査を担当

【主要著書】

『法人税是否認事例詳解』共著（税務経理協会）

『相続税贈与税の実務』（TAC 出版）

『税理士の専門家責任とトラブル未然防止策』共著（清文社）

『税理士損害賠償請求頻出事例に見る原因・予防策のポイント』（「Professi
on Journal」連載中）など

税理士損害賠償請求事例にみる事故原因と予防策

2016年10月27日　発行

著　者　齋藤 和助 ©

発行者　小泉 定裕

発行所　株式会社 清文社

東京都千代田区内神田1－6－6（MIFビル）
〒101－0047　電話03(6273)7946　FAX 03(3518)0299
大阪市北区天神橋2丁目北2－6（大和南森町ビル）
〒530－0041　電話06(6135)4050　FAX 06(6135)4059
URL http://www.skattsei.co.jp/

印刷：倉敷印刷㈱

■本書の内容に関するお問い合わせは編集部までFAX（03-3518-8864）でお願いします。

ISBN978-4-433-63696-8